컬 × 처 × 덱

CULTURE
컬 × 처 × 덱

조직 문화를 선언하는 가장 강력한 방법

박창선 지음

DECK

AM

추천의 글

경영진과 구성원을 불문하고 누구나 한 번쯤 이러한 고민을 하게 될 것입니다. '우리 조직은 모두 같은 곳을 바라보고 있는 걸까?', '우리가 정의하는 승리와 우리다운 행동은 무엇이고 어떻게 제시하는 것이 좋을까?' 하지만 막상 이러한 고민을 해소하기 위해 어디서부터 어떻게 해야 할지 막막하게 느껴질 때가 많습니다. 이 책은 우리 회사의 정체성과 지향하는 가치를 구성원에게 보다 명확하게 전할 수 있는 방법을 제시합니다. 풍부한 경험과 노하우를 바탕으로 정리된 컬처덱의 Why, What, How를 통해 많은 기업이 시행착오를 줄일 수 있을 것입니다. 특히 사업과 조직 규모 모두 가파르게 성장하는 스타트업에게는 훌륭한 구성원과 함께 더 큰 목표로 나아가기 위해 컬처덱은 필수적인 존재라고 생각합니다. 비즈니스의 발전만큼 조직 문화에 진심이라면, 우리의 컬처를 보다 명확한 목소리로 표현하고 싶다면 망설임 없이 이 책을 추천합니다.

— **강석훈**, 에이블리 대표

춘천에 내려온 뒤 5년이 될 때까지, 그러니까 작년까지는 무에서 유를 만드는 제로 투 원(Zero to One) 작업을 했습니다. 올해부터는 1에서 2, 2에서 4, 4에서 8로 스노우 볼을 굴리는 일, 사업을 지속 가능하도록 만드는 작업을 했습니다. 스스로 크리에이터라고 생각했고, 내가 가장 잘하는 것은 배를 만드는 일이라고 생각했습니다. 올해는 내가 만든 배에 많은 크루가 승선해 있고, 내가 이 크루를 안전하게 목적지까지 데리고 가야 하는 임무가 맡겨져 있다는 것을 알게 된 시간이었습니다. 그리고 이 크루와 함께 안전하게 목적지까지 가기 위해 가장 먼저 해야 하는 일은 단연 컬처덱을 만드는 일이라고 생각합니다. 목적지에 도달하는 것도 중요하지만, 가는 동안 안전하고 즐거운 항해를 하는 것도 중요하다고 생각합니다. 그 지침서가 되어줄 수 있는 것이 바로 컬처덱입니다. 컬처덱을 만들면서 길을 헤매지 않도록 완벽한 가이드를 해줄 이 책을 스타트업 대표님들과 인사 담당자님들께 추천합니다.

— **이미소**, BATT 대표

마이크로소프트에서 20여 년 근무하며 기업의 성장에 문화가 얼마나 지대한 영향을 끼치는지 몸소 체험했습니다. 십수 년간 부진의 늪에 빠져 허우적되던 마이크로소프트는 경쟁적으로 일하며 모든 것을 알아야 했던 문화에서 서로 협력하고 배워가는 성장 마인드셋 문화로 탈바꿈하며 다시 재도약하기에 이릅니다. 이러한 변화의 시점에 회사가 지향하는 문화의 변화를 모든 구성원이 선명하게 인식할 수 있도록 하기 위해 구체적이고 체계적인 컬처덱을 만들어 끊임없이 소통했습니다. 이제 어떤 기업이나 조직도 이 책만 있다면 내가 느낀 변화를 속속들이 배우고 탐구할 수 있을 것입니다. 그리고 그 변화를 직접 만들어갈 수도 있게 될 것입니다. 조직 문화의 변화를 꾀한다면 친절하고 고마운 나침판 같은 이 책을 강력히 추천합니다.

— **이소영**, 마이크로소프트 아시아 총괄 리전 매니저

이 책을 읽고 나면 컬처덱이라는 것이, 조직 문화를 정의한다는 것이 어느 날 대표님이 "우리도 컬처덱 좀 만들자"라고 해서 되는 일이 아님을 여실히 깨달을 것입니다. 뿐만 아니라 컬처덱이라는 문서에 조직 생활의 일거수일투족을 드러내기만 하면 될 거라는 편견도 단번에 깨질 것입니다. 이 책을 읽게 될 여러분은 어쩌면 컬처덱을 만들기도 전에 조직에 대해 새롭게 정의해야 할 수많은 과제와 맞닥뜨리면서 막막함부터 느낄지도 모릅니다. 인재상 하나만 해도 이것을 정의하기 위해 동료와 괴로운 소통과 의사 결정을 해야 한다는 사실에 현타를 세게 맞을지도 모르기 때문입니다. 그래서인지 이 책은 독자를 향해 심심한 위로를 전하고 있습니다. 컬처덱이란 기업이 생존하는 한 끝나지 않을 프로젝트라는 것을, 어느 누가 하루 아침에 완벽한 정의를 가져다줄 수 없다는 것 또한 알려줍니다. 이 책을 가이드 삼아 조직을, 동료를, 나를, 우리를 천천히 살펴봅시다. 우리 조직만의 역사와 이야기는 그 누가 모방할 수도, 반대로 배껴올 수도 없습니다. 세상에서 단 하나뿐인, 우리의 살아 있는 이야기를 들여다볼 마음의 준비가 되었다면 이 책을 펼쳐 컬처덱의 세계로 들어가 봅시다.

― **황조은**, 강남언니 커뮤니케이션 리더

차례

추천의 글 4

CHAPTER 1 　WHAT FOR?

1. 왜 문화를 기록하는가 　　　　　　　　　　　　　17
   기록의 정의와 이유
2. 컬처덱은 무엇인가 　　　　　　　　　　　　　　23
   컬처덱만의 특징, 정의, 태도
3. 컬처덱은 이미 우리 곁에 있었다 　　　　　　　　29
   컬처덱을 구성하는 익숙한 요소들
4. 왜 꼭 컬처덱으로 만들어야 하는 걸까 　　　　　　38
   컬처덱이어야 하는 3가지 이유
5. 업무와 선언과 강령의 복합체, 컬처덱 　　　　　　47
   컬처덱을 지탱하는 4개의 기둥
6. 어떤 기업이 컬처덱을 갖춰야 하는가 　　　　　　54
   컬처덱이 필요한 기업의 모습
7. 언제 컬처덱을 만들게 되는가 　　　　　　　　　60
   컬처덱을 찾게 되는 6가지 변혁의 시기
8. 컬처덱을 만들기 위해 무엇이 필요할까 　　　　　66
   과거 정리 그리고 미래 규정
9. 컬처덱 제작 진행은 어떻게 해야 할까 　　　　　74
   성공 확률을 높일 주 단위 스프린트 계획

10. 컬처덱 제작팀은 어떻게 세팅할까   **78**
내부 TFT 구성과 협력 업체 선정

11. 컬처덱 프로젝트 성공을 위한 첫 단추   **82**
오프닝 세리머니

12. 컬처덱 이후 새로운 여정의 첫 걸음   **87**
엔딩 세리머니

13. 내부 워크숍의 목표는 무엇일까   **91**
가진 것을 모두 꺼내 재정비하는 과정

14. 구성원 대상 서베이의 목표는 무엇일까   **97**
핵심 가치, 정성적 태도, 인식의 얼라인먼트

15. 대표는 어떤 태도를 가져야 할까   **102**
대표보다 권위를 가져야 하는 규범

16. 기업의 메타 정보를 포함해야 할까   **109**
우리 조직의 스펙 그리고 주의할 점

17. 판형, 구성, 제작 형태 결정하기   **113**
중요성에 걸맞는 물리적 조건에 대한 고민

CHAPTER 2 **HOW TO PLANNING**

18. 컬처덱의 첫 번째 독자는 내부 구성원이다 조직 문화의 유지를 위한 메타인지의 필요성	123
19. 컬처덱의 두 번째 독자는 예비 구성원이다 맥락 있는 경험을 위한 세심한 리딩 설계의 필요성	131
20. 컬처덱의 또 다른 독자는 관련 업계이다 메시지에 힘을 싣는 존경과 선한 의지, 혁신, 기여	135
21. 컬처덱의 독자는 고객이 되기도 한다 팬덤 형성, 인재 영입, 이미지 구축의 전략	141
22. 컬처덱은 투자자에게 어필할 때도 사용된다 건강한 관리 시스템을 증명하는 5가지 요소	149
23. 컬처덱 사례 1 : 넷플릭스 '자율과 책임' 업무에 대한 명확한 규정과 강렬한 메시지	155
24. 컬처덱 사례 2 : 밸브 '새로운 멤버를 위한 핸드북' 유쾌함과 특유의 콘셉트	163
25. 컬처덱 사례 3 : 자포스 '컬처북' 디자인에서부터 느껴지는 기업 문화	170
26. 컬처덱 사례 4 : 브랜디 '컬처덱' 확실하게 보여주는 업무에 대한 자부심과 허들	177

27. 컬처덱 사례 5 : 딜라이트룸 '컬처덱'   186
분명한 목적과 구체적인 액션 플랜

28. 컬처덱 실패 사례 1   193
협의 없는 시작, 놀라는 구성원, 망가진 프로젝트

29. 컬처덱 실패 사례 2   200
글과 행동이 다를 때 생기는 사태

30. 컬처덱 실패 사례 3   206
모든 것이 강압 속에 이루어질 때

31. 컬처덱 실패 사례 4   213
완성되었지만, 표류하게 된 컬처덱

32. 컬처덱 실패 사례 5   220
아름답지만, 본래 목적을 상실한 컬처덱

CHAPTER 3 **HOW TO MAKE**

0. 들어가기 전에 **228** | 1. 목차 **230** | 2. 프롤로그 **232** | 3. 정체성 챕터 **234**

4. 브랜드 정의 **236** | 5. 브랜드 철학 **238** | 6. 브랜드 미션 **240**

7. 브랜드 비전 **242** | 8. 브랜드 가치 **244** | 9. 주요 고객 **246**

10. 주요 시장 **248** | 11. 우리의 언어 **250** | 12. 우리의 구조 **252**

13. 우리의 인재 **254** | 14. 우리의 기원 **256** | 15. 우리의 성과 **258**

16. 슬로건과 의미 **260** | 17. 우리의 대전제 **262** | 18. 액션 챕터 **264**

19. 우리의 고객 **266** | 20. 발견한 문제점 **268** | 21. 해결 방식 **270**

22. 타깃 시장 **272** | 23. 우리의 비즈니스 모델 **274** | 24. 플라이 휠 **276**

25. 월드 맵 **278** | 26. 서비스 정의 **280** | 27. 우리가 이뤄낸 성과 **282**

28. 마케팅 전략 **284** | 29. CS 전략 **286** | 30. 피드백 관리 **288**

31. 사용자 리뷰 **290** | 32. 주요 뉴스 **292** | 33. 브랜드 넘버스(트랙션) **294**

34. 마일스톤 **296** | 35. 달성 전략 **298** | 36. 기능적 특징 **300**

37. 경험적 특징 **302** | 38. 카테고리 및 포지션 **304**

39. 업데이트 방식 **306** | 40. 필요 역량 및 구성 필수 요소 **308**

41. 발전시켜야 하는 고객 경험 **310** | 42. 우리의 태도 **312**

43. 우리의 최종 성장 목표 **314** | 44. 워크 챕터 **316** | 45. 조직도 **318**

46. 역할과 책임 **320** | 47. 직급과 직책 **322** | 48. 업무의 대전제 **324**

49. 팀별 업무 특징 **326** | 50. 키 디렉션 설정 방법 **328**

에필로그 418

51. 성과 측정 방식 330 | 52. 필요 스킬셋 332 | 53. 필요 마인드셋 334
54. 사용하는 언어 336 | 55. 사용 툴 338 | 56. 주 소통 방법과 채널 340
57. 히스토리 관리 342 | 58. 파일 공유법 344
59. 내부 커뮤니케이션(미팅) 346 | 60. 내부 커뮤니케이션(보고) 348
61. 외부 커뮤니케이션(전화) 350 | 62. 외부 커뮤니케이션(메일) 352
63. 외부 커뮤니케이션(미팅) 354 | 64. 채용과 온보딩 챕터 356
65. 채용 프로세스 358 | 66. 직무별 채용 원칙 360 | 67. 채용 기준 362
68. 면접 가이드 364 | 69. 컬처핏 서베이 366 | 70. 온보딩 프로세스 368
71. 상세 프로세스 370 | 72. 출퇴근 원칙 372 | 73. 성장과 기회 374
74. 이별을 맞이하는 법 376 | 75. 문화와 제도 챕터 378
76. 사내 미팅 정책 380 | 77. 사내 개발 정책 382
78. 우리 문화의 현재 상태 384 | 79. 앞으로 나아가야 할 상태 386
80. 지향점에 도달하기 위한 노력 388
81. 문화 전파를 위한 필수 요소 390 | 82. 하지 말아야 할 것 392
83. 경영 원칙 394 | 84. 우리 구성원의 성향 396 | 85. 내부 분위기 398
86. 지원 정책 400 | 87. 휴가 정책 402 | 88. 사옥 소개 404
89. 컴퍼니 인포 406 | 90. 드리는 말씀 414

CHAPTER 1

WHAT FOR?

# 1

왜 문화를 기록하는가

기록의 정의와 이유

컬처덱 이야기를 시작해보려 합니다. 다소 생소한 이름이죠. 문화를 기록한 장표, 거창해 보이는 이 문서는 기업이 만들 수 있는 기록물의 끝판왕과도 같습니다. 눈으로 보이는 제도와 업무 방식, 복지, 온보딩 프로세스(입사자의 적응을 돕고 조직의 규율과 업무 방식을 일원화할 목적으로 일정 기간 진행되는 일련의 프로세스)는 물론 눈에 보이지 않는 회사의 지향점과 핵심 가치, 암묵적 문화와 예의까지 회사에서 일어나는 거의 모든 것을 기록해놓은 것이죠. 크게 보면 하나의 목적지를 위한 선명한 등대와 같고, 작게 보면 파일 전달 방법까지 알려주는 소소한 가이드북이기도 합니다. 기업의 의지와 규정들이 체계적으로 담겨 있는 셈이죠. 이 때문에 컬처덱은 기업의 '법전'이라고 표현합니다. 다만 특이

한 점이 있습니다. 우리나라 법전에 '빨리빨리 문화'가 규정되어 있던가요? 컬처덱은 이런 내용까지 포함하고 있습니다. 구성원들이 만든 특수한 행동 양식과 의미도 함께 기재되죠. 이는 단순히 사회의 질서와 체제 유지를 위한 법전과는 달리 컬처덱의 목적이 기업의 성장과 목표 달성에 있기 때문입니다.

여기서 우린 하나의 질문이 생깁니다. '왜 굳이 기록해야 하는가?' 그렇습니다. 말로 해도 되고, 영상으로 보여줘도 되고, 그림으로 그려도 될 텐데 기업들은 이를 문자로 기록하려 합니다. (물론 영상이나 그림도 기록의 한 형태이지만 여기서는 문자를 이용한 기록만으로 한정하겠습니다.)

잠시 옛날 이야기를 해보겠습니다. 메소포타미아의 점토판, 이집트의 파피루스, 지중해의 양피지, 중국의 갑골문과 죽간까지 사람들은 오랜 역사를 통해 무언가를 기록해왔습니다. 문자가 탄생하기 전까지는 그림이나 기호를 이용했죠. 그러나 '지금 사카라 지역에 엄청난 폭우가 내리고 있다'라는 내용을 그림으로 남기려 하니 문제가 생깁니다. 같은 그림도 사람마다 다르게 해석했던 것이죠. 게다가 복잡한 내용을 전달하기 위해서는 수많은 그림이 필요한 데다 원본을 복사하기도 쉽지 않았습니다. 문자의 발명이 혁신적이었던 것은 이런 문제를 해결했기 때문입니다.

문자를 이용한 기록은 4가지 특징이 있습니다. 진본성, 신뢰성, 무결성, 이용 가능성이죠. 작성자와 작성의 목적을 분명하게 알 수 있고 내용을 명확하게 이해하고 신뢰할 수 있습니다. 복제를 통해 왜곡될 가능성이 없고, 실제로 유용한 정보를 담을 수 있다는 점입니다. 그리고 이렇게 기록된 정보를 '손쉽게 전승하고 전파할 수 있다는 점'이 문자의 가장 큰 매력이죠. 과거의 정보가 현재의 판단 기준이 됩니다. '역사歷史'는 '기록'을 전제로 합니다. 기록이 없다면 매번 새로운 것 투성일 것입니다. 불확실성이 높아지고, 새로운 기준을 그때그때 세워야겠죠. 이 때문에 우리 조상들도 기록물을 보호하는 것에 진심이었습니다. 조선왕조실록은 철저한 '백업 정신'의 결과물입니다. 이렇게 기록된 실록은 현재 우리나라의 정체성, 철학, 팩트를 기반으로 한 문화적 권리 주장, 미래를 위한 지혜의 근거로 쓰이고 있죠.

같은 맥락으로 기업의 기록도 이와 비슷합니다. 창업 낭시부터 시작된 기록은 기업의 정체성, 철학, 사실 관계, 법적 증빙, 업무와 재무적인 사항의 근거가 되어줍니다. 마찬가지로 성장을 위한 의사 결정의 토대가 되기도 하죠. 다만 기업에서는 일어나는 모든 일을 일일이 기록할 수 없기 때문에 선택적으로 기록물을 작성하고 모아야 합니다. 이에 랜돌프 칸Randolph Kahn, 바클레이 T. 블레어Barclay T. Blair가 쓴 《인포메이션 네이션Information Nation: Seven Keys to Information Management Compliance》에서는 기록물의 자격을 다음과 같이 정의하고 있습니다.

- 규제 기관이나 법령에서 보관해야 한다고 언급한 기록
- 규제 기관에 제출해야 하는 정보

- 계약이나 협상에 사용된 인스턴트 메시지
- 판매 예측을 위한 기록
- 계약서 최종 버전
- 역사적, 운영적, 사업적으로 중요한 규정

이처럼 대내외적으로 의미 있는 자료를 '기록'이라고 정의하고 있습니다. 오늘 점심 식사로 무엇을 먹을지 사내 메신저로 이야기한 것은 포함되지 않죠. 하지만 기업에는 사관이 따로 있지 않습니다. 모두가 각자 기록하고 모두가 그 결과물을 각자 보관합니다. 자신의 컴퓨터나 공유 폴더에 말이죠. 상황이 이렇다 보니 정말 수많은 정보들이 복잡하게 쌓이기 시작합니다. 기업의 규모가 어느 정도 커지고 나면 통제할 수 없는 지경이 되기도 합니다. 원본은 어디로 갔는지 알 수 없고, 기억에 의존한 사본만이 떠돌기도 합니다. 기업은 이러한 혼란을 막기 위해 정보를 어떻게 축적해야 하는지 정의한 규정과 시스템을 만들어 준수하도록 강제합니다. 이것이 잘 작동한다면 기업의 수많은 정보는 각자 있어야 할 폴더에서 명확한 파일명으로 존재하게 되겠죠.

여기서 중요한 2가지 사실을 확인할 수 있습니다. 우선 모든 기록은 '완결성'을 전제로 합니다. 원래 '레코드record'라는 단어는 법률 용어입니다. 마무리된 소송의 완전한 증거가 담긴 서류를 의미했죠. 이 때문에 기록이란 완결된 형태를 가져야 합니다. 쓰다 만 기획안은 기록이 아니죠. 결정권자의 컨펌을 받은 최종 기획안만 기록으로 인정받을 수 있습니다.

또 하나 중요한 점이 있습니다. '아카이빙archiving'은 기록이 아니라는 점입니다. 기록학자 반 뷰셀van Bussel의 '아카이브-애즈-이즈archive-as-is 모델'에 따르면 아카이빙은 "완전하지 않은 기록의 형태이며, 활동의 퇴적을 일정한 프로세스에 의해 묶은 상태"라고 규정하고 있습니다. 회사 공유 폴더에는 어마어마한 규모의 파일로 가득하겠지만, 단순히 쌓여 있는 상태를 기록이라고 보기는 힘들다는 것이죠.

'완성된 최종 기획안은 기록인데, 그것이 쌓여 있는 것은 기록이 아니라고?' 이 혼란스러움에 대한 대답이 바로 컬처덱의 시작점이 될 것 같습니다. 기록은 효용과 의미가 있어야 합니다. 우린 이것을 시멘틱simentic 정보라고 부르죠. 완성된 최종 기획안은 실세 그 업무를 수행하는 기초 사료가 됩니다. 마케터, 디자이너, 재무 담당자는 그 기획안을 바탕으로 많은 일을 처리하겠죠. 이 기록물은 의미가 있고 효용이 있습니다. 그래서 이것은 기록이라고 부를 수 있습니다.

그러나 A 기획안과 B 기획안이 모여 있는 상태는 어떤 효용이 있을까요. 이것은 단순히 모여 있는 것이지 A, B 기획안을 바탕으로 무언가를 수행할 수 없습니다. 개별적으로는 의미가 있을지 몰라도 함께했을 때 그저 쌓인 상태에 불과하다면 이는 기록이라고 보기 힘들다는 것입니다. 그렇기 때문에 이 자료들이 기록이 되기 위해서는 각각의 기록물이 좀 더 세분화되어 모여 있어야 하고 추후 기업의 의사 결정이나 행위를 위한 데이터로 쓸 수 있을 만큼 유용하게 가공되어야 한다는 점입니다.

컬처덱 이야기로 다시 돌아와 정리를 해보겠습니다. 우리는 기록의 특성과 역할, 기록인 것과 아닌 것을 알아보았습니다. 앞서 컬처덱은 기업이 만들 수 있는 기록물의 끝판왕이라고 말씀드렸죠. 컬처덱은 정보를 아카이빙한 자료가 아닙니다. '기록'해 놓은 것이죠. 기록의 이유는 명쾌합니다. 믿을 수 있는, 완전한, 이용 가능한 정보를 전파하기 위함이죠. 이러한 이유로 기업은 그동안 홈페이지, 공유 폴더, 노션 페이지, 누군가의 컴퓨터에 들어 있던 온갖 자료를 발굴해 재구성하고, 아직 기록되지 않은 것들을 기록의 형태로 바꿔 한데 모으기 시작했습니다. 듣기만 해도 웅장하게 느껴지는 작업이죠. 이제부터 우리가 알아볼 것은 이 기록을 전파하는 것이 조직에 어떤 쓸모가 있느냐 하는 것입니다. 실제로 기업 경영에 어떤 도움을 주는지, 문화를 규정하기 위해서는 어떤 작업이 필요한지, 컬처덱의 전파가 어떤 변화를 불러오는지 등을 차근차근 알아보도록 하겠습니다.

컬처덱은 무엇인가

컬처덱만의 특징, 정의, 태도

이제 우리는 컬처덱이 어떻게 만들어지는지 알아볼 것입니다. 그 전에 이 생소한 이름의 기록물이 무엇인지 이해할 필요가 있겠죠. 컬처덱만의 특징, 정의, 태도로 구분하여 이야기해 보겠습니다.

컬처덱의 특징

컬처덱은 법전입니다. 특별한 점이 있다면 문화 특성과 핵심 가치를 포함하고 있다는 것입니다. 먼저 이 특수성부터 이야기해 보겠습니다.

문화 특성은 많은 사람들이 암묵적으로 합의한 집단의 독특한 면모입니다. 헌법에 문화가 명문화되어 있지 않은 이유는 이것을 통제할 수도, 통제할 이유도, 통제했을 때 얻는 이득도 없기 때문입니다. 사회는 열린 계界입니다. 하지만 기업은 다릅니다. 기업은 사회와 달리 목적성을 지닌 집단입니다. 닫힌 계죠. 하나의 목적을 이루기 위해서는 동일한 문화를 공유하는 사람들이 모여야 합니다. 그래야 문화 충돌로 인한 비효율을 줄일 수 있습니다. 그래서 보통 암묵적으로 퍼져 있는 행동이나 사고방식 등을 명문화해 하나의 명확한 프레임을 만듭니다. 어찌 보면 울타리를 만든 후 자격 조건을 제시해 그에 부합하는 사람들만 울타리 안에 품겠다는 의지와도 같죠.

핵심 가치는 게임으로 설명할 수 있습니다. '문명'이라는 게임이 있습니다. 엄청난 중독성으로 한때 악마의 게임으로 불렸던 작품이죠. 이 게임에서는 고대부터 미래까지 한 국가를 발전시키면서 각 시대마다 정책을 선택할 수 있습니다. 명예, 평등, 체제, 전통, 합리, 신앙, 자유 등 국가 전체의 핵심 가치를 선택해 걸맞는 이득을 얻을 수 있죠. 이 가치는 일정 기간 유지되며, 국가를 발전시키는 방향성이 됩니다. 예를 들어 합리를 선택했다면 과학이나 연구 쪽에서 큰 이득을 얻어 빠르게 성장할 수 있습니다. 기업도 이와 같습니다. 핵심 가치는 행동 양식, 제도, 발전 방향을 규정하죠.

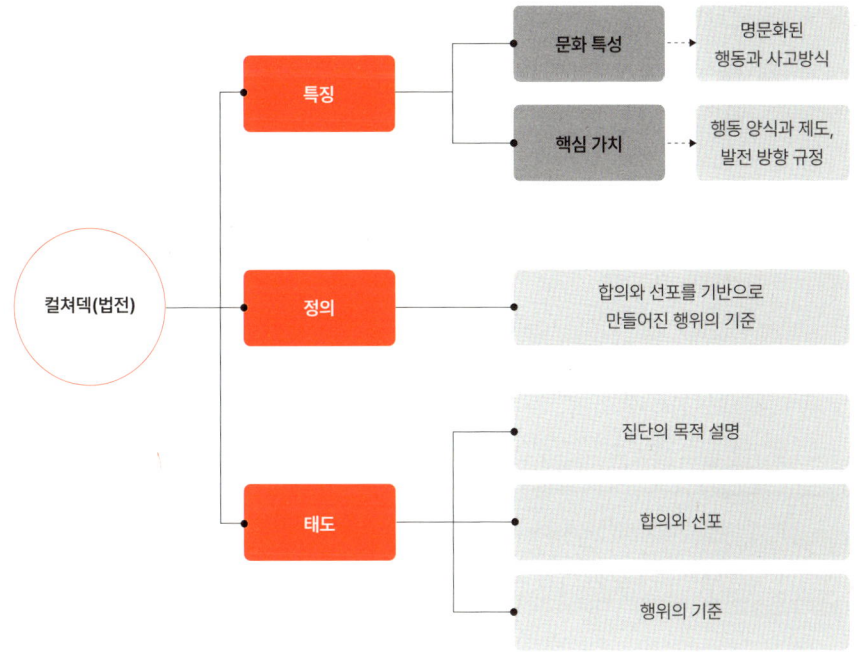

컬쳐덱의 정의

법전의 특성에 이 2가지 요소가 추가된 것은 컬쳐덱의 제작 목적이 '기업의 생존과 성장'이기 때문입니다. 컬쳐덱을 그냥 멋있어 보이기 때문에 만드는 경우는 없을 것입니다. 사회는 다양성을 인정하고 자연 상태로 두어도 무관합니다. 사회에는 갈등, 논쟁, 혐오, 전쟁이 있지만 화합, 평화, 평등, 공정의 가치도 존재하죠. 인류라는 거대한 관점에서 이 둘은 끊임없이 정반합을 형성하며 문명을 발전시켜나가는 원동력이 됩니다. 하지만 기업은 그럴 시간이 없습니다. 이 때문에 컬처덱은 '집단의 목적'을 위해 '합의와 선포'를 기반으로 만들어진 '행위의 기준'이라 정의해 볼 수 있겠습니다.

컬처덱의 태도

컬처덱에 들어가는 내용은 정의와 동일합니다.

- 집단의 목적을 설명
- 합의와 선포의 내용을 기재
- 행위의 기준을 제시

컬처덱의 분량은 짧게는 3~4페이지, 길게는 100페이지가 넘어가기도 합니다. 분량은 얼마나 구체적으로 기재하느냐의 차이가 있을 뿐, 궁극적으로는 앞의 3가지 틀이 기본입니다. 컬처덱의 기본적인 태도는 희망적이고 과감합니다. 다만 각 챕터마다 어투가 묘하게 달라질 수 있습니다. 집단의 목적은 컬처덱의 최상위 전제가 될 것입니다. 웅장하고 자신감이 넘치겠죠. 그리고 합의와 선포의 내용은 친절하고 뜨거울 것입니다. 반면 행위의 기준은 객관적이고 쿨하겠죠. 공통점이 있다면 이 모든 챕터에는 맥락이 있어야 하고 미래 지향적이어야 한다는 점입니다. 예를 들면, 단순히 '보고서 쓰는 법'에 대한 규정을 담는 것이 아닙니다.

'우리는 어떻게 성장할 것이고, 어떤 가치를 지켜야 하기에 보고서도 이렇게 작성한다'는 '맥락'을 부여합니다. 그리고 이 맥락은 성장을 전제로 합니다. 무척이나 뜨겁고 강렬한 기록물이죠.

이렇게 컬처덱을 제작할 때는 온도 조절이 중요합니다. 뜨겁기만 하면 제대로 맛을 음미하지도 못한 채 다시 뱉어야 하는 추상적인 단어들로 가득해집니다. 너무 차가우면 배려라고는 찾아볼 수 없는 딱딱한 규정집이 되겠죠. 바로 이 온도가 좋은 컬처덱과 나쁜 컬처덱의 차이를 만들어냅니다. 집단은 사람이 모여 있는 곳입니다. 컬처덱은 사람에게 전하는 메시지이고, 그들로부터 도출된 내용인 만큼 사람의 온도를 항상 유지해야 합니다. 너무 높거나 낮아서는 안 돼죠. 자연스럽게 내용을 소화할 수 있도록 인간적인 집단의 열정을 담아내는 것. 무엇보다 어려운 건 바로 이 지점이 아닐까 합니다.

정리해보자면, 컬처덱은 기업의 문화와 핵심 가치를 포함한 법전입니다. 이는 집단의 목적을 위해 만들어졌으며, 제작 과정에서는 구성원들의 합의와 선포가 필요합니다. 컬처덱 안에는 회사 안에서 수행해야 할 행동, 업무, 관계, 소통에 대한 기준이 담겨 있죠. 이 모든 내용은 회사의 존재 이유, 지향하고자 하는 방향성과 맥락으로 연결되어 있습니다. 태도는 전반적으로 열정적이고 희망적입니다. 다만 그것을 어떤 말투와 표현으로 풀어내느냐는 각 회사의 고유한 특성에 따릅니다. 어떤 곳은 쿨하고 깔끔하게 말하기를 원할 것이고, 어떤 곳은 차근차근 상세하고 친절하게 말하기를 원하겠죠. 이 때문에 컬처덱은 회사의 정체성에 따라 색다르게 바뀔 수 있습니다. 결국 만들어진 컬처덱은 구성원들의 목소리와 태도, 성격과 무척이나 닮아 있을 것입니다.

3

컬처덱은 이미 우리 곁에 있었다

컬처덱을 구성하는 익숙한 요소들

컬처덱이라는 용어가 아직은 생소하겠지만, 컬처덱을 구성하는 요소들은 이미 도처에서 만들어져 활용되고 있습니다. 꼭 문서의 형태뿐 아니라 대표님의 말, 팀별 미팅, 기업에서 생산하는 콘텐츠 등 다양한 형태로 존재하죠. 너무 익숙해서 우리 조직이 가지고 있었던 문화의 흔적이라는 것을 눈치채지 못했을 정도입니다. 간략하게 몇 가지를 살펴보도록 하겠습니다.

채용 공고

가장 대표적인 컬처덱의 요소 중 하나입니다. 새로운 구성원을 영입할 때 아무나 데려올 수는 없겠죠. 기업의 가치관과 맞고 원했던 인재를 우선적으로 선택하게 될 것입니다. 좋은 사람을 선발하는 일은 대표님과 피플팀의 큰 고민 중 하나입니다. 기업과 지원자가 만나는 첫 관문인 채용 공고에는 보통 간략한 기업 소개, 채용하고 있는 직무 소개, 자격 요건, 조직의 문화와 분위기, 채용 조건(연봉, 근무 시간 등), 복지 제도, 사무실 환경 등이 포함됩니다. 최근 구인난이 심해지면서 채용 공고의 차별화에 더욱 신경 쓰는 분위기가 되었습니다. 단순히 구인구직 플랫폼을 활용하기보다는 다양한 채널에 공고를 올리고, 문구도 좀 더 부드러워졌습니다. 그리고 직무를 상세히 소개하고 복지나 조건 등을 명확히 제시하는 경향도 강해졌습니다. 수시 채용이 많아진 만큼 채용 공고가 상시 올라와 있는 경우가 많아 업데이트도 자주 이루어져야 하죠. 크게 보면 채용 공고야말로 컬처덱의 모체와 가장 닮은꼴이 아닐까 합니다.

포스터

여러분의 사무실에도 포스터가 붙어 있나요? 클라이언트사에 방문할 때면 벽이나 미팅룸 창문에서 포스터를 발견할 수 있었습니다. 주로 기업의 핵심 가치, 구호, 지켜야 할 원칙을 적어두었죠. 과거에는 명령조의 말투에 딱딱한 형태가 많았지만, 많이 바뀌었습니다. 이제는 전설이 된 '송파구에서 일하는 11가지 방법'(우아한형제들)을 시작으로 최근에는 좀 더 '힙한' 언어들을 많이 사용하는 것 같습니다. 포스터는 직관적이고 강렬한 텍스트를 사용해 오가는 이들의 눈길을 사로잡습니다. 이 때문에 항상 '선언'하는 느낌을 주죠. 더불어 사내 에티켓, 탕비실 활용법, 미팅실 이용 규정 등 세부적인 공지 사항을 포스터로 제작하는 기업도 많습니다. 이러한 포스터를 전문적으로 제작하는 기업이 있을 정도죠. 인테리어적인 측면에서도 좀 더 역동적인 사무실 분위기를 만들 수 있다는 점 때문에 (그리고 저렴하기 때문에) 많은 기업이 포스터를 통한 메시지 전달을 선호합니다. 컬처덱의 앞부분에 나오는 미션 선언과 방향성 설정 등 구호에 가까운 페이지들은 사실 이런 포스터의 내용을 가져온 것입니다.

회사 소개서

기업에서 만들어진 자료 중 가장 많은 정보가 담겨 있는 것은 역시 회사 소개서일 것입니다. 보통 소개서의 청자는 클라이언트, 고객, 예비 구성원입니다. 이 때문에 조직에 대한 기본 정보부터 서비스 소개, 특장점, 경쟁사와의 비교, 사용 방법 등 서비스의 핵심 내용과 조직의 정체성을 규정하는 메시지가 주로 담기죠. 컬처덱에도 비슷한 내용이 들어갑니다. 다른 점이 있다면 회사 소개서의 목적은 '우리 조직을 잘 알도록 만드는 것'이라면, 컬처덱의 목적은 아는 것을 넘어 '행동하게 만드는 것'이죠. 그래서 컬처덱에는 회사 소개서에 들어가는 기본 내용에 더해 이 서비스를 위해 우리가 해야 하는 일, 방식, 원리 등이 추가되죠. 컬처덱이 기존의 회사 소개서와 많이 닮아 있다는 사실을 부정할 수는 없습니다. 그러나 컬처덱의 핵심은 서비스 소개가 아닙니다. 서비스는 우리의 비전과 미션 등 좀 더 상위의 가치가 실체화된 것일 뿐이죠. 때문에 탄생의 맥락과 그것을 어떻게 다루어야 하는지 앞뒤의 내용에 힘이 더욱 실립니다.

홈페이지

회사 소개서와 마찬가지로 홈페이지에도 기업의 다양한 정보가 들어갑니다. 제품(서비스) 페이지를 제외하면 소개 페이지가 특히 그렇죠. 브랜드 스토리 항목을 따로 운영하고 있는 기업에서는 이 항목에 대표님의 스토리, 창업 동기, 의지, 미션 등을 담기도 합니다. 또한 브랜드 스토리를 간략하게 적어 감동을 주기도 하죠. 최근 홈페이지는 원 페이지로, 6~10개의 섹션으로 구성하는 추세입니다. 홈페이지 자체에서 수많은 이야기를 하기보다는 기대감을 높인다거나 가입, 다운로드, 체험 등 여러 액션으로의 전환을 목적으로 하고 있습니다. 그래서 홈페이지 자체에는 구체적인 내용보다 빠르게 읽고 공감대를 형성할 수 있는 큼직한 메시지가 자주 쓰입니다. 이러한 브랜드 소개 메시지가 컬처덱의 앞부분에 포함됩니다.

OJT 교육 자료

업무 적응을 위한 직무 교육이 OJT^{on the job traing}의 최근 트렌드는 회사의 정보를 주입하기보다는 새롭게 맞이하는 구성원을 한 사람으로서 또는 팀원으로서 알아가는 시간으로 삼고 있습니다. 그렇기 때문에 철학적인 내용을 기반으로 깊게 들어가는 경향이 있습니다. 일에 대해 먼저 정의하고, 조직은 무엇인지, 회사와 조직의 관계는 무엇인지 등 큰 틀의 방향성을 먼저 맞춘 후 세부적인 업무 규칙을 알려주는 방식을 취합니다. 컬처덱에서는 신입 구성원뿐만 아니라 기존 구성원과도 이 핏을 공유하고 맞춘다는 것이 다르겠죠. (이는 마치 운전 면허 필기 시험처럼 기존 구성원도 가물가물한 내용이 많아 다시 보면 몹시 새로울 것입니다.)

OJT 자료에서 말하는 일과 조직의 정의, 비전, 구체적인 일하는 방식, 커뮤니케이션 방법 등도 모두 컬처덱에 기록되는 내용입니다. 여기에 더해 최근에는 2~3일의 OJT뿐 아니라 3~6개월간 자기 평가 시즌을 두거나, 컬처핏을 평가하는 일종의 수습 기간을 두고 매월 진솔한 리뷰를 나누는 미팅을 진행하기도 합니다. 단순히 직무의 전문성보다는 협업과 유연하고 치열한 퍼포먼스가 중요해졌기 때문이죠. 이 문에 OJT라는 개념이 직무 교육을 넘어 적응과 팀원으로의 온전한 탑승을 지원하는 온보딩^{on-boarding} 프로그램으로 이름이 바뀌었죠. 컬처덱의 후반부에는 이 내용이 굉장히 상세하게 들어갑니다. 앞서 소개한 채용 공고와 더불어 컬처덱과 가까운 형태라고 할 수 있죠.

전사 미팅 발표 자료

컬처덱에 대표님의 말씀이 빠질 수 없습니다. 컬처덱의 화자는 기업입니다. 어떻게 보면 기업의 메시지를 실무자 입장에서 활용 가능하게 풀어놓은 것이죠. 대표님이 바로 기업의 입이라고 할 수 있습니다. 대표님이 직접 나서서 하는 모두 발언은 회사의 방향성과 비전을 결정합니다. 또한 대표님이 전사에 보낸 이메일이나 의사 결정을 위해 회의에서 던진 모든 말이 컬처덱의 단서가 됩니다. 결국 한 조직의 방향성과 문화를 정립하는 최종 의사 결정권자의 발언이기 때문에 대표님의 언어를 번역하는 작업이 필수적입니다. 컬처덱 중 어느 페이지에 반영되는가가 아니라 컬처덱 전체의 목소리 자체인 것이죠.

기업 블로그

최근 들어 마케팅 전략, 주요 소식 등을 기업 또는 팀의 블로그에 모아둡니다. 흔히 아카이빙한다고 표현하죠. 노션이나 팀 블로그, 기술 블로그 등 자체 홈페이지를 이용하거나 네이버 같은 플랫폼의 블로그 서비스 등을 이용하기도 합니다. 이렇게 떨어져 있던 회사의 모든 데이터가 컬처덱으로 합쳐집니다. 주로 회사의 동향, 객관적 지표, 일하는 방식 등은 관련 페이지에 녹아들게 됩니다.

인사 규정집

피플팀의 인사 평가 기준, 승진, 조직 체계, 연봉 협상 체계부터 퇴사 프로세스까지 기존에는 피플팀 내부 자료로만 존재하던 것들이 최근엔 전사에 공유되는 추세입니다. 구성원들은 명확한 기준을 눈으로 직접 보기를 원하죠. 컬처덱에는 이런 내용 또한 포함됩니다. 컬처덱의 주요 메시지가 '이렇게 일하세요' 같은 것이다 보니 읽다 보면 무척 지칠 수 있습니다. 그렇기에 업무에 따른 실제적인 보상 체계를 설명해주는 것은 매우 중요하죠.

인수인계 자료

인수인계란 단순히 자료의 전달만을 말하는 것이 아닙니다. 한 사람이 일하던 방식을 넘겨주는 셈이죠. 이 과정이 혼돈의 소용돌이가 되지 않도록 하기 위해서는 정해진 방식으로 인수인계 자료를 만들어야 할 것입니다. 처음부터 이를 탄탄하게 만드는 경우는 드물고, 인수인계와 관련한 사고를 한두 번 겪으면 원칙이 생기게 됩니다. 회사에서 일하는 방식이란 무척 중요한 문화적 요소입니다. 어찌 보면 도로에서 운전하는 것과 비슷하죠. 인수인계 횟수가 많아지고 일관된 업무 방식이 '승계'되면서 업무 방식은 조금씩 통일되기 시작합니다. 결국 컬처덱에도 이런 내용이 포함되죠.

디자인 시스템(브랜드 가이드)

　디자인 시스템에도 기업 문화는 녹아 있습니다. 디자인은 보통 기업의 정체성에서 탄생하기 때문에 디자인 시스템의 기획 단계 내용이 컬처덱에 고스란히 들어가는 것이죠. 조금 더 구체적인 디자인 시스템에는 고객 정의, 문제 정의, 이를 어떻게 해결했는지에 대한 내용이 나옵니다. 그리고 고객 경험을 어떤 방법으로 개선시키고 있는지도 함께 적혀 있죠.

　컬처덱에서는 우리가 서비스나 제품으로 고객에게 어떤 가치를 제공하고, 어떤 경험을 개선시키는지에 대한 내용이 꽤 중요하게 다뤄집니다. 우리가 하는 일의 목적을 구체적으로 만드는 것이죠. 또한 컬처덱 디자인 자체가 브랜드 디자인 시스템을 따르기 때문에 앞서 언급한 대표님 말씀 정도로 컬처덱 자체에 디자인 정체성이 녹아 있다고 할 수 있겠습니다.

　이처럼 우리가 이미 수없이 보고 만져왔던 모든 자료들이 기업 문화의 일부분이었습니다. 그때그때 필요한 것을 만들고, 또 잊혀지면서 퇴적물처럼 쌓여 있을 뿐 사실 뒤져보면 리소스가 없지 않습니다. 문제는 이 모든 자료는 필요에 의해서 만들어졌다는 것입니다. 선언이나 합의를 목적으로 한 것이 아니라 어떤 이벤트와 행위를 성공시키기 위해 만들어진 것들이죠. 분명 컬처덱의 일부분이 맞긴 하지만, 가장 중요한 작업이 빠져 있는 것입니다. 앞 챕터에서 기록을 이야기하며 진정한 의미의 기록물은

'아카이빙'된 상태가 아니라고 했습니다. 형태는 갖춰져 있지만 스위치가 켜져 있지 않죠. 컬처덱은 단순한 바인더가 아닙니다. 흩어진 기록물을 부분 부분 떼어 합치는 것이 아니라, 이 모든 자료들을 모아 다시 반죽해 새로운 요리로 탄생시켜야 하는 것입니다.

왜 꼭 컬처덱으로 만들어야 하는 걸까

컬처덱이어야 하는 3가지 이유

이쯤에서 우리가 해결해야 할 질문이 있습니다. 왜 꼭 이것을 '글'의 형태로, 그것도 '컬처덱'으로 만들어야 하는가 하는 점입니다. 영상이나 만화로는 안 될까요? 또는 녹음된 파일로는 문화를 선언할 수 없을까요? 실제로 2020년에 SK의 직원인 조성현 씨가 그린, 구성원이 그리는 SKMS$^{SK\ management\ system}$ 스토리 웹툰 '행복을 찾아서' 시리즈가 꽤 화제가 되었습니다. 조회수 약 17만 회로 SK그룹에서 생성한 콘텐츠 중 최상위 조회수를 기록했죠. 실제로 이 웹툰형 영상에서는 SKMS의 수립 배경, 핵심 내용, 이를 실천할 구성원의 태도 등 컬처덱에 들어갈 법한 경영 철학을 만화로 재미있게 풀어내고 있습니다. 내부 구성원의 반응은 매우 뜨거웠죠.

다른 예도 있습니다. 현대자동차의 경우 1분 21초라는 짧은 시간 속에 감동적인 영상과 멘트로 기업 철학을 웅장하게 풀어내기도 했습니다. 이지스자산운용은 기업 철학, 비전을 소개하는 1분 내외의 브랜드 영상을 만들었는데 조회수 48만을 기록하며 주목을 받았습니다. 이런 사례를 보면 조직 문화라는 것이 꼭 글이라는 방식으로 풀어내지 않아도 될 것 같습니다. 그렇다면 굳이 읽기 힘들고 큰 재미도 느낄 수 없는 글로 문화를 기록해야 하는 이유는 무엇일까요. 이는 3가지로 나눌 수 있습니다. 우선 글의 속성, 문화의 속성, 두뇌의 속성입니다.

글의 속성

먼저 글의 속성부터 살펴보도록 하겠습니다. 왜 인간은 글로 정보를 남기기 시작했을까요. 앞서 말했듯 글은 전파력, 강제력, 위계성이라는 속성을 가지고 있습니다. 이중 전파력은 인쇄술의 발명을 통한 대량 생산 덕분에 가능했습니다. 그런데 최근에는 모든 것이 파일 형태로 존재하므로 글이 아니어도 이미지나 영상 등 모두 대량 생산이 가능합니다. 의미가 없어졌죠.

강제력 측면에선 여전히 의미가 있습니다. 글은 명확한 정보를 제시합니다. 구체적인 정보도 묘사할 수 있죠. 더불어 글은 확정적인 이미지가 강합니다. 말은 본능적인 행위로 비춰지는 반면 글은 생각, 작문, 수정이라는 복잡한 과정을 거치게 되기 때문입니다. 과정의 복잡성은 결과의 신뢰성을 더합니다. 독자들이 말실수보다 글에서의 실수에 더 예민한 이유도 이것 때문이죠. 이러한 신뢰성이 기준으로의 무게감을 만듭니다. 이 무게감은 곧 강제력으로 작용합니다. 글로 적힌 것은 지켜야 한다는 암묵적인 합의가 만들어지는 것이죠. 사실상 컬처덱의 언어가 지닌 가장 강력한 힘이 바로 이것입니다.

마지막 속성인 위계성은 이해와 표현의 영역입니다. 그림이나 영상은 내러티브가 중요합니다. 흘러가는 이야기죠. 춤, 노래, 만화 등 어떤 것이든 마찬가지입니다. 일정한 흐름에 따라 스토리가 흘러가고 기승전결이라는 높낮이가 있습니다. 그러나 글은 매우 독특한 특성을 하나 지니고 있습니다. 바로 위계입니다. 상위와 하위 메시지를 나눌 수 있고, 정보를 묶거나 구분할 수 있습니다. 회사에서 표현해야 하는 수십, 수백 가지 정보가 모두 스토리로 연결될 수는 없습니다. 이러한 회사의 복잡한 구조를 표현하기에 가장 적합한 것은 바로 글의 형태죠. 글의 위계는 단순히 대제목, 중제목, 소제목 등 물리적 위계뿐만 아니라 단어와 단어 사이에서도 존재할 수 있습니다.

조선왕조실록 중 태조의 왕위 계승식을 기록한 부분에서는 "태조"라는 단어 앞에 한 칸을 띄어 썼습니다. 왕의 이름 앞에 공백을 두는 것은 조선왕조실록 전체에서 확인할 수 있습니다. 왕의 이름에 더 많은 공간을 부여해 권위와 특별함을 표현하고자 했던 것이죠. 고대 이집트에서는 파라오의 이름을 언급할 때 설명 문구를 원형으로 배치해 파라오를 보호하는 듯한 형태를 띠게 했습니다. 이를 '세뉴^{shenew}'라고 하죠. 파라오의 이름이 상위 개념이고 그를 설명하는 내용이 그를 보호하는 것처럼 주변에 존재합니다. 이처럼 문명 초창기부터 글의 위계성은 명백히 드러나 있습니다. 물론 이미지에서도 위치적 특성을 이용해 중요도를 나눌 수 있고, 영상에서는 편집의 정도와 명암, 위치를 통해 중요도를 표현할 수 있습니다. 하지만 복잡한 위계와 상징성을 드러내는 데 글만큼 강력한 표현 방법은 없습니다.

글이 지닌 강제력과 위계성의 특징은 회사의 규율과 제도를 선포하고 강제하는 속성의 컬처덱과 매우 잘 어울립니다. 컬처덱은 분명 기록하고 선언하는 자료이지만, 단순한 기록 보관을 위한 용도가 아니라 명백히는 강제력을 띤 일종의 '계명'과도 같거든요. 스리슬쩍 넘어갈 수 있었던 일도 언어로 규정되어 있으면 평가의 대상이 됩니다. 컬처덱은 심판의 책이 아니지만 때때로 그렇게 느낄 만큼 강제력을 띨 수 있습니다. 글이 지닌 힘이죠.

문화의 속성

열린 세계에서는 문화를 정의하기 어렵습니다. 실제 우리 사회에서는 그림, 소설, 음악, 춤, 패션, 건축, 글, 영화 등 수도 없는 방식으로 무한에 가까운 표현이 가능하죠. K-POP, 한복과 김치,

박찬욱 감독 간의 연관성을 찾긴 쉽지 않습니다. 이 모든 표현 요소가 우리의 문화가 되죠. 물론 행동과 사고방식 측면에서의 공통점은 존재합니다. 예를 들어 한국 사람은 성격이 급하다거나, 무표정하게 다닌다거나, 일이 생기면 단합을 잘한다거나 하는 특징을 정의할 수 있습니다. 그러나 이는 우리가 통제해야 할 요소가 아닙니다. 그냥 '그런 성격'을 지니고 있다고 표현할 뿐이죠.

기업은 어떤가요. 기업은 열린 세계가 아닙니다. 사회는 목표가 없습니다. 무탈히 잘 살아남는 것이 목표라면 목표일까요. 그러나 기업에는 목표가 있습니다. 달성해야 할 수치와 함께 해야 할 행동이 명백히 존재합니다. 이 때문에 사회의 문화와 기업의 문화를 혼동해서는 안 됩니다. 기업의 문화를 사회의 문화처럼 자연 발생적이라고 생각하고 다수가 지속적으로 함께 공유하는 행위나 사고방식으로 규정하면 끊임없이 혼돈의 세계를 맛보게 될 것입니다.

기업의 문화는 목적을 달성하기 위한 하나의 체계로 존재합니다. 구성원이 지녀야 할 업무 역량과 사고방식, 업무를 대하는 태도와 해서는 안 될 태도가 정해져 있죠. 사회의 문화가 자연스럽게 바뀌고 트렌드가 새로이 태어나며 순환하는 것과는 다릅니다. 적어도 기업에서는 일정 기간 동안 일관된 형태의 문화가 유지되어야 합니다. 자연스럽게 바뀌는 것이 아니라 통제 가능해야 합니다. 순환하는 것이 아니라 발전해야 하죠. 회사가 지향하고자 하는 바가 명확하죠. 너무 갑갑하게 느껴지시나요? 하지만 격정 마세요. 이 세상에는 정말 많은 기업이 있으니까요.

예를 들어 자포스의 컬처덱에서는 '고객과의 긴밀한 소통, 수다조차 들어줄 수 있을 정도의 관계'를 지향합니다. 이 문화를 견뎌낼 수 있는 사람만 그곳에 남게 될 것입니다. 또 어떤 곳에서는 고객과의 소통보다 제품과 서비스의 질을 높이는 것이 더 중요한 일이라고 주장하기도 합니다.

여러분은 선택할 수 있습니다. 나의 성향과 내가 원하는 가치관에 맞는 문화 집단에 소속되어 그들과 행동을 같이 하는 것이죠. 이처럼 회사가 컬처덱을 만든다는 것은 우리가 어떤 집단인지 어필하는 과정입니다. 그러니 기업의 문화에 '좋은 문화'라는 것은 없습니다. '우리만의 문화'가 있을 뿐이죠.

두뇌의 속성

마지막으로 두뇌의 속성을 다뤄보겠습니다. 벌써부터 머리가 지끈거리신다고요? 걱정 마세요. 어렵지 않습니다. 여러분은 소설을 읽을 때 장면을 상상하고, 묘사된 주인공의 얼굴을 떠올릴 수 있나요? 아마 대부분 그렇다고 답하실 것입니다. 흔히 소설을 원작으로 만들어진 영화를 보며 실망하는 이유도 이 때문입니다. 상상력은 영상보다 위대하거든요. 우리는 글을 읽으며 다양한 오감 영역을 함께 사용합니다. 글을 읽으며 소리를 낼 수도 있고, 냄새를 상상할 수도 있습니다. 프랑스의 언어학자인 스타니슬

라스 드앤Stanislas Dehaene은 이를 전전두엽의 '전역 작업 공간Global neuronal workspace' 역할로 규정했습니다. 글을 읽을 때 두뇌에서는 다양한 감각 기관에서 입력된 정보가 통합되고, 색다른 방식으로 엮이면서 창의성의 불꽃이 튄다고 말하죠. 반면 영상을 보면서 그 대사를 빠르게 글로 상상하거나 적어내려가기는 쉽지 않습니다. 글이 지니고 있는 특성 중 하나는 오감을 통합한 경험을 제공할 수 있다는 점입니다. 또한 영상 이상으로 빠른 인지 속도와 내용이 다소 복잡해도 쉬이 용인할 수 있는 인지적 양면성도 한몫하죠. 조금 어려울 수 있겠네요. 찬찬히 설명해 드리겠습니다.

우리는 글을 읽을 때 한 글자씩 읽지 않습니다. '컬', '처', '덱' 이렇게 한 음절씩 읽는 것이 아니라 '컬처덱'이라는 단어를 거의 동시에 받아들이죠. 이 때문에 "동물해과 백산두이 마르고 닳도록"이라고 써도 본래 의미를 바로 파악할 수 있습니다. 어디 글자 뿐일까요? 이 문장을 읽어보세요.

주인공이 백화점으로 걸어갔다. 이내 문을 열고 들어가 7층으로 올라갔다. 옷을 고르는 듯하다가 점원을 향해 미안한 듯 웃음지었다.

몇 초만에 다 읽으셨나요. 3~4초 정도 걸렸을까요. 그렇다면 이 글에 등장하는 주인공의 시간은 얼마나 흘렀을까요. 백화점에 도착했고, 7층으로 올라가, 옷을 골랐지만, 그냥 내려놓고 나오기까지 짧아도 30분 이상 걸렸을 것입니다. 글은 상황 또한 한 문장씩 따로 인지하는 게 아니라 전체 맥락을 통해 하나의 상황을 그리두록 만듭니다. 내용을 인식하고 상상하는 시간은 거의 찰나에 가깝습니다. 만약 어려운 단어가 섞여 있다면 어떨까요. 그 부분을 다시 읽으며 연결 고리를 만들 수 있습니다. 그리고 다시 읽는 번거로움에 크게 거부감을 느끼지 않습니다. 물론 글이 너무 어렵다면 문제겠지만, 한두 번 다시 읽는 것 정도는 문제가 되지 않습니다. 그렇기 때문에 일반적으로 글은 영상, 만화에 비해 조금 복잡하고 어려운 내용이 포함되어 있어도 읽는 행위를 지속할 수 있습니다.

컬처덱에 포함되는 용어들은 친구들과 스타벅스에서 이야기를 나눌 때 사용할 수 있을 정도의 일상적인 것은 아닙니다. 최대한 쉽게 쓰려고 노력하겠지만, 그럼에도 기업에서 사용하는 용어가 섞이기 마련이죠. 더불어 숫자와 문자가 혼재된다면 그 복잡성은 더욱 커집니다.

우리는 컬처덱에 다양한 예시, 상황, 정의, 설명, 수치를 포함합니다. 그렇기에 두뇌는 컬처덱을 볼 때 상황에 따라 모드를 바꿔야 합니다. (뇌는 숫자와 문자를 분명히 다르게 처리하기 때문입니다.) 이렇게 복잡한 두뇌 활동이 필요한 자료에 영상과 이미지를 사용한다면 분량이 늘어나는 것은 물론이고 지나치게 많은 부연 설명이 필요해질 것입니다. 그렇게 되면 정보를 받아들이는 두뇌 또한 다양한 작업 공간을 사용할 수 없게 되어 효율적으로 정보를 처리할 수 없습니다.

반면 글을 읽을 때 사용되는 전역 작업 공간은 그야말로 무궁무진한 상상력의 장을 만들어줍니다. 불과 몇 글자에 불과하지만 그 안에 다양한 상황과 목소리, 이미지를 떠오르게 할 수 있죠.

지금까지 컬처덱이 왜 글로 기록되어야 하는지 살펴보았습니다. 물론 단순한 기업 철학이나 에티켓, 서비스 사용법 등 일부분을 설명하고 싶다면 어떤 방법을 사용해도 무관합니다. 웹툰으로 그려도 되고, 영상으로 만들어도 되죠. 그러나 우리가 만들고자 하는 것은 기업의 거의 모든 영역을 담아내는 방대한 자료입니다. 퍼즐 조각을 그냥 쏟아 붓는 보관 상자가 아닌, 완성된 퍼즐을 담는 액자와도 같은 것입니다. 단순히 짜깁기해 모은 바인딩이 아니라 그 자체로 하나의 메시지를 지니고 있는 온전한 결과물을 만들고자 하는 것입니다.

업무와 선언과 강령의 복합체, 컬처덱

컬처덱을 지탱하는 4개의 기둥

컬처덱을 누가 처음 만들었느냐에 대해서는 명확히 정의하기 어렵습니다. 넷플릭스가 '자율과 책임'이라는 프레젠테이션 문서를 공개하며 화제가 되긴 했지만, 이는 넷플릭스의 문화가 그간의 '복지와 화합' 중심의 스타트업 문화와 상반됐기에 더 눈에 띄었던 것뿐이지 시초라고 하기에는 무리가 있죠. ('유명해졌다'라고 하는 편이 더 적절해 보입니다.) 다만 이 문서가 실리콘밸리에서 굉장한 화제가 되며 '컬처덱'이라는 이름을 쓴 시발점이 되었다고 생각합니다. 때문에 이 책에서도 공식 명칭을 컬처덱이라고 부르고 있죠. 어떤 기업에서는 '컬처북'이라는 이름을 쓰기도 했습니다. 컬처덱이든, 컬처북이든 큰 문제는 없지만, 뉘앙스의 차이는 있습니다. 덱^{deck}은 기본적으로 '카드 모음'을 뜻합니다. 각각의 카드는 독립적인 정보를 담고 있으며, 섞을 수도 있고 분리해 사용할 수도 있죠. 북^{book}은 내러티브를 더욱 중요하게 생각합니다. 한 페이지만 따로 떼어내기 어렵죠. 다만 덱과 북이라는 쉬운 단어를 쓰면서 이런 디테일까지 엄격하게 구분할 필요는 없습니다. 형태와 이름은 다르지만 컬처덱의 정의에 부합하는 자료는 이전에도 꾸준히 존재했습니다. 경영 원칙, 일하는 방법, 행동 강령, 웰컴킷 등으로 불렸던 것들입니다. 컬처덱은 파편화되어 있던 결과물들을 한데 모읍니다. 그리고 맥락으로 연결하죠. 컬처덱에는 다양한 정보들이 결합되어 있으며 이는 4가지의 형태로 구분할 수 있습니다.

기업 정보

회사 소개서 또는 투자 제안서 등에 들어가는 내용으로 객관적이고 구체적인 정보로 구성되어 있습니다. 사업 정의, 브랜드 스토리, 지향점, 주요 고객, 주요 시장, 각종 경영 전략, 주요 성과 및 수치, 주주 현황 및 지분 분배 현황, 재무 관련 정보 등이 그것이죠. 이는 마치 우리가 주소와 연락처를 외우듯 내가 몸담고 있는 조직에 대한 기본적인 프로필과 같습니다. 내가 살고 있는 집의 주소를 모르면 안 되겠죠. 구성원들은 우리의 고객이 누구인지, 우리가 어느 시장에 도전하고 있는지, 어떤 성과와 수치를 만들었는지 등의 정보를 공유해야 합니다. 나열된 정보가 주를 이루지만 센스 있는 제자자라면 이를 논리에 맞게 연결할 수도 있겠죠. 다만 회사 성향에 따라 이 정보를 앞에 배치할 수도, 뒤에 배치할 수도 있습니다. 때로는 컬처덱에서 제외하는 경우도 있지요. 컬처덱에는 어떤 내용이 반드시 포함되어야 한다고 정해진 규칙은 없습니다. 성장에 있어 시장을 숙지하는 것이 중요하다면 포함하게 되고, 크게 중요하지 않다면 굳이 포함하지 않아도 되는 것일 뿐입니다.

컬처

넷플릭스, 테슬라, 파타고니아 같은 기업의 컬처덱을 통해 익숙해진 형태가 바로 이 부분입니다. 핵심 가치를 정의하고 각 가치별 세부 사항을 정리합니다. 실제로 어떤 행동을 해야 하는지, 우리가 좋아하는 행위와 그렇지 않은 행위를 구분해 설명하죠. 이는 합의와 선포의 영역이기 때문에 강압적이라기보다는 친절히 풀어 설명하는 형태를 띠고 있습니다. 구성원들은 암묵적으로 공유하던 행동을 문장으로 다시 관찰하면서 메타인지를 할 수 있습니다. "어…, 우린 그냥 원래 그렇게 해왔어"라는 말이 이렇게 바뀝니다. "우리의 핵심 가치는 '도전'이야. 그래서 필요하다면 누구든 공개 PT를 할 수 있어. 구성원들을 설득시킬 수만 있다면 그게 무엇이든 실행할 수 있지."

행위를 언어로 설명한다는 것은 '전파'에 용이합니다. 새로 합류한 구성원에게 설명할 때도 더욱 효과적이겠죠. 다만 모두가 같은 언어로 설명할 수 있어야 하기 때문에 사용하는 용어가 너무 어렵거나 추상적이어서는 안 됩니다. 상식적이고, 일반적이며, 일상적인 수준의 단어로 표현하는 것이 좋습니다. 저는 그 기준을 '중학생도 이해할 수 있는 언어'라고 표현하고는 합니다.

하나만 더 덧붙이자면 컬처는 간결하고 깔끔한 것이 좋습니다. 한없이 길어지면 자칫 교장 선생님 훈화처럼 들릴 수 있기 때문이죠. 짧고 강렬한 선언문의 형태를 추천합니다. 앞에서도 소개한 우아한형제들의 '송파구에서 일하는 11가지 방법' 중 "9시 1분은 9시가 아니다"라는 문장은 위트와 직관성, 명료한 메시지까지 모두 담은 훌륭한 문장이라고 생각합니다.

그라운드 룰

그라운드 룰이라는 용어는 다양한 곳에서 사용되고 있습니다. 스포츠에서는 전술과 전략을 담은 코치의 전략 지시판이라는 의미로 사용되고, IT 업계에서는 이슈 대응을 위한 프로세스와 가이드라는 의미로 사용되기도 합니다. 뉘앙스는 조금씩 다르지만, 공통적으로 '무언가를 수행하기 위한 표준과 프로세스를 정리한 가이드'라고 정의할 수 있습니다.

회사에서는 업무에 필요한 각종 표준, 업무 프로세스, 대응 방식 등을 의미하겠죠. IT 업계에서는 런북^{runbook}이라고 부르기도 합니다. 약간의 차이가 있다면 런북은 시스템을 다루기 위한 표준을 담고 있는 반면, 그라운드 룰은 소통과 협업, 교류의 측면을 강조합니다.

개인이 협업툴, 보고서, 기획안, 고객 대응, 영업 방식을 규정하는 것에 더해 각 팀이 어떻게 소통해야 하고, 협력은 어떤 구조로 이루어지며, 조직이 어떤 방식으로 구성되어 있는지 보여주죠. 포함하는 내용은 업무 태도, 업무 방식, 조직 구성, 정보를 다루는 방식, 커뮤니케이션 방식, 회고와 피드백 방식, 인사 평가 방식 등입니다.

그라운드 룰은 현재 수행하는 깃들을 명문화하므로 내용 자체가 추상적이지 않습니다. 다만 각 팀마다 일하는 방식이 모두 다르다면 고민이 필요하겠죠. 서로 다른 업무 방식을 존중해 하나의 특성으로 볼 것인지, 아니면 일원화할 것인지를 고려해야 할 것입니다. 그리고 어디부터 어디까지를 담을 것인지도 고민이 필요합니다. 일하는 방식을 일일이 모두 담다 보면 수백 페이지로도 부족할 수 있거든요.

행동 강령

'해야 할 일'과 '해서는 안 되는 일'을 구분하기 위한 선언입니다. 물론 회사는 군대가 아니기에 그정도의 강제력이 있는 것은 아니지만, 회사도 목적성을 지닌 조직이기 때문에 이를 해치는 행동에 대해서 견제할 필요가 있죠. 행동 강령의 특징은 행위에 책임이 뒤따른다는 점입니다. (순화해 '책임'이지만, 직설적으로 말하면 '처벌'이기도 하죠.) 회사가 나아가고자 하는 방향에 어긋나는 행동을 하거나, 조직의 협력을 저해하거나, 문화를 해친다면 더 이상 조직에 속할 수 없다는 이야기입니다.

행동 강령은 짧고 간결합니다. 그리고 비교적 구체적이죠. 예를 들어 "횡령, 배임 등 회사의 자산을 사적인 목적으로 취하거나 부당하게 이용하는 행위" 정도로 표현할 수 있을 것입니다. 행동 강령이 너무 추상적이면 강제력이 떨어지기도 하고, 해석에 따라 피해자가 생길 수도 있거든요. 또 다른 예로 "조직의 행복을 방해하는 자"라는 문구를 생각해보겠습니다. '조직의 행복'이란 단어나, '방해'라는 단어가 너무 광의적인 터라 주관적 해석이 개입할 여지가 클 것입니다. 행동 강령은 울타리 위에 설치된 전류 발생 장치와 비슷합니다. 울타리를 강제로 넘으려 할 때에만 효과가 있죠. 이처럼 구체적이고 명확한 상황을 상정해야 '그렇다', '아니다'를 판단할 수 있습니다.

컬처덱엔 정말 수많은 내용이 포함됩니다. 하지만 전혀 새로운 것들은 아니죠. 어디선가 한 번쯤 보았던 것들의 집합처럼 보이기도 합니다. 하지만 컬처덱은 단순한 집합이 아닙니다. 위 내용들은 정확히 컬처덱에 포함되는 내용을 크게 구분해놓은 것일 뿐, 가장 중요한 건 맥락이죠. 어떤 회사는 행동 강령을 주축으로 나머지 내용을 풀 수도 있습니다. 지금 회사가 아주 중대한 상황이고 큰 변화를 앞두고 있다면 말이죠. 반면 어떤 회사는 급격한 성장으로 각자 스타일로 일하던 상태를 개선하고자 그라운드 룰을 주축으로 나머지 내용을 풀 수도 있습니다.

정보와 좋은 글을 단순히 모으는 것은 의미가 없습니다. 그것은 공유 폴더에 모인 각기 다른 파일과 다를 바가 없거든요. 우리는 읽히는 컬처덱을 만들어야 하고, 실제로 효용이 있어야 합니다. 그렇기 때문에 무엇이 포함되는가 하는 것보다 무슨 말을 어떤 방식으로 하고 싶은지 정리하는 것이 최우선 작업이 되어야 할 것입니다.

어떤 기업이 컬처덱을 갖춰야 하는가

컬처덱이 필요한 기업의 모습

 이제 본격적으로 컬처덱 제작의 기틀을 다져보겠습니다. 첫 번째는 바로 '어떤 곳이 컬처덱을 갖춰야 하는가'입니다. 사실 컬처덱을 만드는 데 어떤 자격이나 조건이 필요하지는 않습니다. 전 직원이 3명이든, 3,000명이든 누구라도 컬처덱을 제작할 수 있죠. 다만, 효율과 효과 측면에서 좀 더 유의미한 결과를 얻을 수 있는 조건이 존재합니다. 이제부터 하나씩 알아보도록 하죠.

자율과 책임이 중요한 기업

 저는 인권, 도덕, 윤리적 문제가 되지 않는 한에서 기업의 문화는 굉장히 다양할 수 있다고 믿습니다. 어떤 기업은 수직적인 위계를 중요하게 생각할 수 있습니다. 반면 어떤 기업은 자유분방해서 마치 놀이터 같을 수도 있죠. 이렇게 다양한 기업 중 컬처덱이 가장 먼저 필요한 곳은 자유도가 높은 기업입니다.

군대처럼 위계질서가 명확한 곳은 이미 어떤 방식으로든 명문화가 되어 있거나, 선임이나 조직장에 의해 문화가 하향 전파됩니다. 위계가 뚜렷한 만큼 질서에 어긋나는 행동을 하면 곧바로 피드백이 돌아올 겁니다. 이른바 종교 집단 같은 기업도 비슷합니다. 마치 교리처럼, 다수에 의해 규정된 원칙이 자리잡고 있을 것입니다. 주변 동료들이 하면 안되는 것, 지켜야 할 것을 말해주겠죠. 이처럼 문화를 지키는 주체가 대표나 팀이 아닌 구성원 전체가 될 때 문화는 가장 강력하고 독특한 형태를 보여줍니다. 닫힌 형태의 문화죠. (부정적인 표현이 아닙니다.)

반면 자유분방한 분위기는 느낌이 조금 다릅니다. 자유와 표현이라는 키워드를 수호하는 회사의 경우 서로 간섭하는 것이 쉽지 않을 뿐더러 어디까지가 지켜야 할 선인지 판단하기 애매합니다. 이 때문에 일반적으로 자유분방한 기업은 결과로 말하기를 좋아합니다. "그래요. 하고 싶은 것을 마음대로 해요. 대신 이 때까지 결과물을 가져와요" 같은 메시지랄까요. 다만 극단적인 결과 중심적 태도는 과정의 많은 부분을 훼손합니다. 감정, 시스템, 효율성, 비용 등이 그것이죠. 그래서 사람이 사람을 간섭하는 형태가 아닌, 스스로 자기검열할 수 있는 메시지가 필요해집니다. 이것이 컬처덱으로 등장하는 거죠. 보통 이런 기업과 미팅을 해보면 다음과 같은 이야기를 듣게 됩니다.

> 처음에는 모두 즐겁고 좋았는데 시간이 갈수록 퇴사자가 증가하고, 결과치가 안 나오기 시작했어요. 유능한 인재가 떠나고, 나태한 인원이 조직에 남게 되더라고요. 이대로는 안 될 것 같아 컬처덱을 만들고자 합니다.

자유는 비글 같습니다. 조금만 한눈을 팔면 조직을 난장판으로 만들어버리죠. 그렇기에 자유는 울타리와 적절한 훈련이 필요한 키워드입니다. 컬처덱은 좋은 울타리가 될 수 있죠.

규정할 만한 문화가 존재하는 기업

컬처덱을 만들기 위해서는 문화가 존재해야 합니다. 구성원들이 모두 인정할 수 있는 공통적인 행동 패턴이 글로 적을 만한 분량으로 존재해야 하죠. 예를 들어 오늘 점심 식사 시간에 업무 이야기를 나누었는데 분위기가 좋았다고 해봅시다. 그래서 이제 점심 식사 시간마다 업무 회의를 진행하기로 했습니다. 컬처덱에도 포함하기로 했죠. 그런데 공식화한 후 사흘 정도 지나자 다들 지쳐갑니다. 이것은 문화라고 할 수 있을까요? 문화라는 단어의 거창함에 매몰되어서는 안 됩니다. 컬처덱에 포함되는 내용에는 3가지 조건이 있습니다.

- 브랜드의 성장에 기여하는 행위
- 지속적이고, 유의미하고, 다수에 의해 패턴화된 행위 양식
- 한 방향을 향하고 있는 복수의 행위 패턴

반대로 설명하면 객관적인 성장에 기여하지 않는 행위, 일회적이고 충동적이고 간헐적인 행위, 하나의 맥락으로 연결되지 않은 행위는 기재하지 않는 것이죠.

컬처덱은 '충분한 성장 목표를 가지고 있고, 상식적인 기간 동안 함께한 구성원이 최소 5인 이상으로, 체계적인 규칙을 마련해 일하는 기업'에 적합합니다. 앞서 말했듯 1인 기업이든 가족 기업이든 누가 만들어도 크게 잘못되진 않았습니다. 하지만 좀 더 의미 있는 컬처덱이 되기 위해서는 분명 어느 정도 규모를 갖춘 조직이어야 합니다. 보통 20인 내외의 조직에서 많이 원하셨습니다. 물론 이는 시기의 문제도 함께 엮여 있겠죠. 20인쯤 되면 다음 투자 라운드를 준비하거나 이미 투자를 받아서 확장을 준비할 때에 가깝거든요.

너무 큰 단어로만 이루어진 기업

지구 평화와 인류의 행복을 위해 비즈니스하는 기업도 있습니다. 현실은 어떤지 모르겠지만, 대표님의 비전은 항상 지구 평

화죠. 전 인류에게 사랑의 가치를 전달하고, 이로써 모든 사람을 구하겠다는 메시지를 발신합니다. 물론 대부분의 기업은 '선한 성장'을 꿈꿉니다. 하지만 일을 해야 하는 입장인 실무자들은 평화와 사랑을 '어떻게 만들 것인지' 더 궁금해할 것입니다. 하지만 대표님은 보통 구체적인 방법을 이야기해주지는 않죠. 이를 보다 못한 COO나 피플팀에서 팔을 걷어붙이고 컬처덱을 만듭니다. 이렇게 마음이 답답하고 힘들어서 제작을 의뢰한 기업도 있었죠. 얼핏 들으면 설마 하고 생각하시겠지만 은근히 많았습니다.

 이런 기업은 다음과 같은 공통점을 보였습니다. 구성원들 모두 대표님의 의견에 동의합니다. 그런데 대표님의 의견이 자꾸 바뀝니다. 대표님은 늘 새로운 것을 해보자고 강조하지만, 대체 무엇을 말하는 것인지 명확하지 않습니다. 팀장급들도 지금까지 해왔던 패턴을 따라 눈치껏 일을 합니다. 하지만 주니어들은 그런 데이터가 없죠. 있다고 해도 대표님의 말이 왜 저런 액션으로 이어지는지 그 맥락을 이해할 수 없습니다. 이것이 지속되면 주니어들은 도망치게 될 거고, 결국 눈치 빠른 사람만 살아남을 수 있는 곳이 되는 것이죠. 이때 깨어 있는 분이 주먹을 쥐고 일어서 이 큰 단어들을 쪼개기로 마음먹습니다. 그렇게 컬처덱 프로젝트가 시작되죠. 경험상 이런 기업의 컬처덱을 만들 때는 단어에 붙은 추상적인 수식어를 걷어내고, 거창한 개념을 실무에 맞게 분해하는 작업이 주를 이룹니다.

다시 말씀드리지만 컬처덱은 원하는 누구라도 만들 수 있습니다. 다만 이 작업이 결코 쉽고 가벼운 것이 아닌 만큼 땀 흘려 만든 컬처덱이 의미를 갖고 활용되기 위해서는 먼저 '지금 우리에게 컬처덱이 필요한가?'라는 질문의 답을 찾아야 합니다. 이 질문의 답이 모호해지면 컬처덱이라는 긴 프로젝트를 온전히 끌고 가기 힘들었습니다.

앞에서는 3가지 사례만 소개했지만 컬처덱이 꼭 이런 기업에서만 효과를 거둘 수 있는 것은 아닙니다. 효과는 절실함에서 나오고, 절실함의 사연은 회사마다 다르기 때문입니다. 여러분도 한번 곰곰히 생각해보시길 바랍니다.

'지금 우리에게 컬처덱이 필요한가?'

7

언제 컬처덱을 만들게 되는가

컬처덱을 찾게 되는 6가지 변혁의 시기

　컬처덱을 만드는 시기 또한 정해진 것은 없습니다. 하지만 많은 클라이언트 분들이 컬처덱 제작을 요청하시는 시기에 공통점이 있었죠. 그것은 보통 '변혁'의 시기였습니다. 변혁의 시기는 마침표와 같습니다. 지금까지의 행보를 정리하고 다른 이야기를 시작하는 것입니다. 마침표 다음에는 항상 공백이 있기 마련이죠. 다른 문장을 시작하기 전 숨을 고르는 순간입니다. 기업에게는 바로 이 순간이 컬처덱을 만드는 시기가 아닐까 합니다. 일반적인 변혁의 시기는 다음과 같습니다.

투자 직후

컬처덱 제작에는 분명한 동기가 필요합니다. 투자 유치 이후에는 명확한 마일스톤이 설정되고, 사업의 고도화를 위한 다양한 시도가 이루어집니다. 큰 자원이 투입되는 만큼 체계적인 시스템이 필요합니다. 자원이 많아지면 그만큼 복잡성이 증가합니다. 이 말은 자칫하면 엄청난 비효율을 초래할 수도 있다는 얘기지요. 이를 방지하지 위해 많은 기업이 컬처덱으로 숨고르기를 시도합니다. 물론 자금이 충분해진 만큼 컬처덱 제작에 투입되는 비용과 시간을 감당할 수 있기 때문이기도 합니다.

급격한 확장

꼭 투자를 받지 않더라도 기업은 종종 확장을 합니다. 새로운 사업을 추가로 시작하거나, 인원 확충으로 팀이 증가하거나, 기존 사업 규모가 갑자기 커지면서 의도치 않게 조직 규모를 키워야 할 때도 있습니다. 예를 들어 특정 상품이 이른바 '대박'이 터져 매일 수천 건씩 주문이 들어온다거나, 외교 문제로 특정 원자재 수급이 막힌 상황에서 유일하게 유통망을 확보했다거나 하는 경우죠. 이는 분명 기가 막힌 호재임이 분명합니다. 하지만 준비되지 않은 막대한 업무를 감당하다 보면 내·외부적으로 수많은 문제가 발생합니다. 이 시기를 현명하게 넘겨야 더욱 멋진 성장을 할 수 있습니다. 갑작스런 호재에 당황하지 않고 차분하게

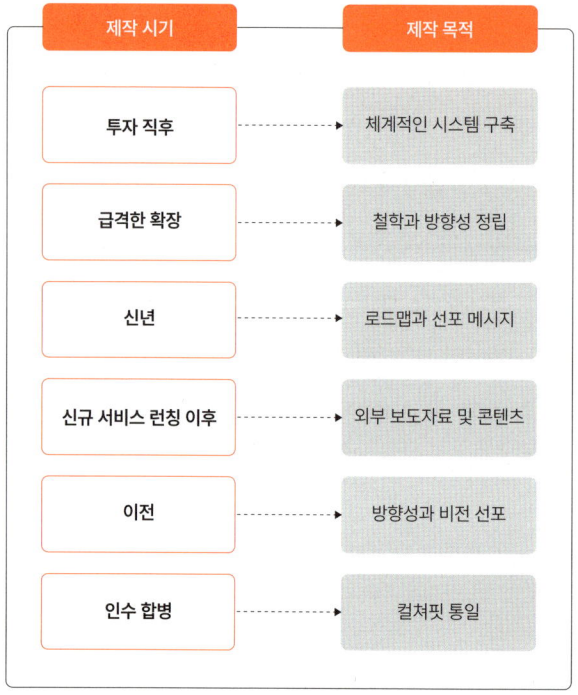

컬처덱을 만들거나 재정비하는 것도 그런 이유일 것입니다. 이럴 때는 한가롭게 몇 개월씩 컬처덱만 만들기 어렵습니다. 이 때문에 한두 페이지 정도로 분명한 행동 원칙을 정하고 우리의 철학과 방향성을 빠르게 정립하는 경우가 많습니다. 한바탕 파도가 지나간 이후 이 컬처덱을 기반으로 내용을 좀 더 보강하는 것이 좋습니다.

신년

컬처덱은 보통 3개월 정도의 제작 기간이 소요됩니다. 보통 9~10월 즈음에 의뢰가 많이 들어오는 이유도 이 때문일 것입니다. 12월까지 준비해 1월 초 시무식과 동시에 선포하려는 것이죠. 누구에게나 1월 1일은 결심과 새로움의 상징일 것입니다. 기업 또한 연말에 차년도 예산 및 사업 방향을 어느 정도 확정하는 만큼 사업 로드맵, 대표님 메시지, 구체적인 플랜, 해야할 것과 하지 말아야 할 것 등이 강조된 컬처덱도 주로 이 시기에 만들어집니다.

신규 서비스 런칭 이후

오래 준비한 앱 서비스가 드디어 런칭합니다. 이제 본격적으로 고객과 만나며 발생하게 될 다양한 이슈에 빠르게 대응해야 할 것입니다. 브랜드 경험을 만들며 급격하게 성장해야 하죠. 그러면서 예상치 못한 다양한 일들이 연이어 발생할 것입니다. 또한 신규 서비스의 홍보와 더불어 사내 문화에 대한 긍정적인 보도 자료도 기사화되고 알려지기를 바라죠. 그래서 이때 만드는 컬처덱은 외부 노출용 콘텐츠의 역할과 업무 가이드의 역할을 동시에 수행합니다. 그라운드 룰의 성향이 더욱 강조되며, 우리가 이렇게 건강한 문화를 지니고 체계적으로 일하고 있음을 만천하에 알릴 목적으로 제작하죠.

이전

보통 사무실을 이전했다는 것은 인원 증가, 투자 유치 등의 이벤트와 맞물립니다. 아무래도 새 마음 새 뜻으로 시작하는 산뜻한 시기에 맞게 회사의 체계도 다시 한번 정리하는 느낌이 강하죠. 이 때는 좀 더 파이팅해보자는 분위기가 강해서 방향성과 비전 선포 부분이 강조되는 편입니다.

인수 합병

다른 기업을 인수하게 되는 경우입니다. 인수되는 경우라면 상대방 기업의 룰을 따르게 되므로 섣불리 우리만의 규칙을 만드는 것이 쉽지 않죠. 만약 인수하려는 기업의 인원이 많고, 노련한 전문가로 가득하고, 색깔이 분명하다면 문화 충돌을 피할 수 없을 것입니다. 때문에 인수 시점부터 체계적인 온보딩 프로세스를 통해 컬처핏 culture-fit 을 맞출 목적으로 컬처덱을 제작하는 경우가 있습니다. 이 때 컬처덱은 'OJT 자료' 같은 역할을 하죠. 좀 더 쉽게 말하면 '우리는 지금까지 이렇게 일해왔습니다. 그러니 이 룰을 따라주시기 바랍니다'라는 메시지가 담기게 됩니다.

지금까지 소개한 내용은 평균적으로 기업이 컬처덱 제작에 나서는 일반적인 시기입니다. 이전을 했다고 해서 반드시 컬처덱을 만들어야 하는 것은 아니죠. 변화에 시기에 컬처덱을 만드는 것은 정말 필요에 의한 경우도 있지만, 아무래도 '새로움'이라는 키워드가 준비물 세팅과 깊은 연관이 있기 때문일 것입니다. 구성원 모두 마음이 들떠 있고 뭔가 해보고 싶은 마음이 가득할 때 컬처덱의 내용도 훨씬 잘 와닿을 것입니다. 다들 불안한 마음을 가지고 '오늘은 괜찮을까?', '내일은 어떻게 될까?' 하면서 떨고 있다면 컬처덱 같은 것이 눈에 들어올 리 만무하겠죠. 그래서 기본적으로 컬처덱은 회사가 멋지게 성장하고 있을 때 많이 제작하는 것 같습니다. 물론 위기의 순간에 다 함께 파도를 넘어 나아가겠다는 의지를 담은 컬처덱이 탄생하기도 합니다. 개인적으로는 그런 시기에 만들어진 컬처덱의 가치는 값을 매길 수 없다고 생각합니다.

어떤 경우든 여러분의 과거를 한번 정리하고, 마침표를 찍고 싶을 때가 있을 것입니다. 마침표를 찍어야 새로운 문장을 시작할 수 있으니까요. 컬처덱은 문장과 문장 사이의 작은 공백에 불과하지만, 그 이후 어떤 글이 쓰여질지 결정하는 중요한 고민의 결과물이 될 것입니다.

지금 여러분은 어떤 문장을 시작하려 하시나요.

(8)

컬처덱을 만들기 위해 무엇이 필요할까

과거 정리 그리고 미래 규정

컬처덱 제작에 앞서 필요한 준비물이 있습니다. 기본적으로 프로젝트를 수행할 인력, 돈, 시간이 필요하겠죠. 그 외에 컬처덱이 제대로 만들어지고 온전히 작동할 수 있도록 하기 위한 여러 요소가 필요합니다. 컬처덱 제작은 주로 인사·HR 업무를 주관하는 피플팀, 컬처팀에서 담당합니다. 일단 대표님의 승인이 있었을 것이고, 일반적으로 COO급 실무 이사진이 합류하여 디렉팅을 맡죠. 컬처덱의 궁극적 목표는 조직의 방향성을 일원화시키고 업무의 룰을 정의하는 데 있습니다. 과거를 정리해 미래를 규정하는 것이죠. 그래서 제작 스태프도 과거를 정리하는 그룹과, 미래를 규정하는 그룹으로 나누어지게 됩니다.

과거를 정리하는 그룹

세션별 미팅

세션을 어떻게 나눌지는 회사가 결정합니다. 직급, 연차, 직군, 성향 등 어떤 방식이든 좋습니다. 공통된 의견을 지닌 구성원을 직접 대면하여 그들의 공통된 가치관, 행동 양식, 고유의 문화 등을 확인하고 기록하는 시간입니다. 세션별 미팅은 공통점을 지닌 구성원들이 모이게 되어 화기애애한 분위기가 연출되기도 합니다. 주의할 것은, 불만을 털어놓는 시간이 되지 않도록 유의해야 합니다. 세션별 미팅의 경우 하나의 그룹과 다른 그룹과의 문화, 생각, 업무 방식의 차이를 인지하는 시간입니다. 그룹 규모에 따라 진행 시간이 각각 다르지만, 저의 경우에는 그룹당 2~3시간 정도의 미팅을 진행하고는 했습니다.

델파이 조사 툴

델파이 조사는 익명의 반복된 설문 조사를 통해 구성원의 합의를 이끌어내는 조사 방식입니다. 델파이는 특히 명확하게 규정하기 힘든 정성적 정보(문화, 암묵적 합의, 용어 정의 등)에 대한 다수의 인식을 확인하고 그 차이를 확인할 수 있는 좋은 방법이기도 합니다. 델파이 조사에는 익명성, 절차 반복, 통계화, 전문가 합의 과정이 필요합니다. 전원을 대상으로 한 설문 조사는 무기명으로 진행하며, 유사한 설문을 2~3회 진행하면서 표본의 신뢰도를 높입니다. 취합한 데이터는 통계화해 일련의 결과로 도출하고 도출된 결과를 특정 전문가가 해석하여 하나의 합의점을 찾아냅니다. (기업에서는 피플팀 등 인사 관련 부서가 수행하거나 대외 분석 기관 등을 활용하기도 합니다.) 예를 들어 '원팀one team'의 가치에 대해 개개인이 인식하는 정의, 어떤 행동이 원팀에 해당한다고 생각하는지, 잘 지켜지고 있다고 생각하는지를 정리하는 과정이죠. 궁극적으로는 해당 키워드가 우리 컬처덱에 삽입될 자격이 있는지 집단의 의견을 통해 확인합니다.

구성원 1:1 미팅

델파이는 집단의 의견을 확인할 수 있고, 구성원 1:1 미팅에서는 개인의 의견을 확인할 수 있습니다. 좀 더 깊고 구체적인 이야기를 들을 수 있죠. 특히 구성원 1:1 미팅에서는 다양한 사례가 도출됩니다. '이러이러한 상황에서 대표님은 이렇게 말씀하시더라' 같은 실제 상황에서 드러나는 문화를 확인할 수 있습니다.

다만, 구성원 1:1 미팅의 핵심은 단순히 허심탄회하게 대화하는 자리가 아니라는 점을 기억해야 합니다. 1:1 미팅은 면담이 아닙니다. 이슈와 문제 제기를 구성원이 먼저 언급해야 하고, 미팅 주최자는 이를 수용하고 기록하는 것이죠. 그 자리에서 답을 줄 수는 없을 겁니다. 그렇게 해서도 안 되는 자리이고요. 무언가를 다짐하거나 합의하는 자리도 아닙니다.

컬처덱을 위한 1:1 미팅은 듣는 데에 초점이 맞춰져 있죠. 그러기 위해서는 적절한 질문과 사전 준비 기간을 제공해야 합니다. 무엇보다 이것을 왜 하는지 분명한 목적 제시가 가장 중요하겠죠. 내 발언이 나에게 위협이 될 수 있다고 생각하면 누구도 입을 열지 않을 테니까요.

전사 워크숍

이제는 구성원 모두 한자리에 모여 하나의 어젠다를 도출하는 시간입니다. 워크숍에서 결정하는 것은 주로 2가지입니다. 하나는 비즈니스적인 세부 사항의 정의(주요 고객, 유저 시나리오, 전달해야 하는 가치, 우리를 표현하는 방식, 한 문장으로 정의하는 서비스 소개 등), 나머지 하나는 핵심 키워드 선정이죠. 우리 집단을 정의할 수 있는 문화 요소가 무엇인지, 우리가 지켜야 할 것이 무엇이고 버려야 할 것이 무엇인지 확인합니다. 이를 통해 하나의 키워드를 선정하고, 키워드의 정의를 명확하게 한 후 의사봉을 두드립니다. 예를 들어 '자유'라는 키워드를 선정했다면 자유와 방종, 무제한, 이탈, 독단, 개인 의지 등이 어떻게 다른지 논의하고 우리가 지켜야 할 자유가 정확하게 무엇이고, 이를 업무에 어떻게 적용하는 게 좋을지 의견을 나누고 확정하는 것입니다.

이 과정은 보통 6~8시간 이상 소요되며 50명 내외의 조직일 때 가장 효과가 좋았습니다. 물론 구성원이 이미 타운홀이나 전사 워크숍 경험이 많고 운영 스킬이 뛰어나다면 100명 내외의 조직에서도 문제 없이 워크숍이 진행되고는 했습니다. 워크숍은 진행 순서 그 자체보다 다함께 모여서 치열하게 토론하는 과정과 이를 공유하는 행위가 더 중요합니다. 이 때문에 어젠다 하나하나에 소요되는 시간이 상당하죠. 많은 질문보다 좋은 질문을 선정하여 모두가 깊이 고민할 수 있도록 환경을 조성하는 것이 좋습니다. 저는 다른 질문을 하기보다 방금 자신의 의견이 정말 맞다고 생각하는지, 다른 가능성은 없는지 다시 생각해보도록 묻고는 합니다. 이러한 약간의 시간만으로도 구성원들은 더욱 깊고, 넓고, 다채로운 생각을 할 수 있습니다.

데이터 취합

학창 시절 학급 회의 시간에는 논의 내용을 정리하는 서기라는 역할이 있었습니다. 컬처덱을 만드는 때도 앞선 모든 과정을 데이터화하고, 분석·해석할 수 있는 사람이 필요합니다. 특히 해당 데이터는 회사의 귀중한 자산이자 대외비 자료일 수 있기 때문에 데이터의 취합과 분석은 물론 관리 또한 중요합니다. 이렇게 취합된 데이터를 어떻게, 얼마만큼, 어디에 보관할 것인지 선정하고 데이터를 왜곡 없이 분석해 결론을 도출해야 하죠. 이 결과물이 컬처덱에 포함될 내용의 뼈대이자 기준이 될 것입니다.

협력 업체 선정

내부적으로 이 모든 과정을 수행하려면 많은 리소스와 노하우가 필요합니다. 이런 과정을 자주 겪었던 조직이라면 큰 문제가 되지 않겠지만, 좀 더 전문적인 질문과 3자적 시선, 그리고 제작과 디자인까지 진행하기 위해서는 외부 전문가의 도움이 필요한 순간도 있습니다. 위의 내용들을 내부적으로 취합한 후 협력 업체에 의뢰하는 방법도 있고, 기획 단계부터 함께 만들어가는 방법도 있습니다.

미래를 규정하는 스텝

컬처덱 활용 제도

컬처덱이 완성되어도 구성원들은 이를 어떻게 활용해야 하는지 명확히 알지 못합니다. 이 때문에 피플팀에서는 어떤 상황에서 컬처덱을 참고해야 하고, 해당 내용을 어떤 방식으로 동료들과 나누어야 하는지 구체적인 활용 방안을 규정하고 공유할 필요가 있습니다. 이를테면 다음과 같은 내용이 될 것입니다.

- 타운홀 미팅에는 반드시 컬처덱을 지참합니다. 타운홀에서 언급된 의제들이 컬처덱에 명시된 가치와 부합하는지 확인하고, 그렇지 않을 경우 해당 내용과 어떤 부분이 다른지 말합니다.
- 팀의 목표와 회사의 목표가 상충된다고 느껴질 때 컬처덱은 무엇을 선택해야 할지 정해주는 기준이 됩니다. 본인의 소신에 따라 더 큰 가치에 기여한다고 생각되는 쪽으로 행동하되, 명시된 가치 중 어떤 부분에서 그렇게 느꼈는지 구성원들과 먼저 논의합니다.

이처럼 컬처덱을 지참해야 할 상황, 컬처덱을 활용해야 할 경우, 컬처덱을 통해 무언가를 선택하거나 배제할 수 있는 권한을 정의해야 하죠. 그렇지 않으면 컬처덱은 그저 무조건 암기하고 외워야 할 강압적인 도구처럼 느껴질 것입니다.

컬처덱 유지 관리 시스템

작년에 제작한 컬처덱을 내년에도 쓸 수는 없습니다. 회사의 방향성은 명백히 매년 새롭게 설정될 것이고, 새로운 이슈와 다양한 상황을 맞이할 것입니다. 너무 자주 바뀌는 것은 좋지 않지만, 바뀐 문화를 반영해야 하고 내부 피드백을 통해 지속적으로 업데이트해야 합니다. 대부분 이러한 업무는 피플팀이나 컬처팀에서 수행할 것입니다. 또한 정기적으로 의견을 취합하고 작동 여부를 추적할 수 있는 체계를 구축해야 합니다.

사내 콘텐츠와 일관성 맞추기

회사엔 컬처덱 하나만 있지 않습니다. 물론 컬처덱이 가장 크고 묵직한 자료이긴 하지만 이외에도 미팅룸이나 사내 벽면에 붙은 포스터, 웰컴킷, 브로슈어, 홈페이지 등 정말 많은 콘텐츠가 있죠. 컬처덱이 완성되면 다른 콘텐츠와 컬처덱의 내용을 일치시키는 작업이 필요합니다. 컬처덱은 컬처덱 대로 메시지를 발신하고, 포스터는 또 다른 메시지를 발신한다면 안 될 것입니다.

이렇게 컬처덱을 만들기 전과 만든 후에 필요한 요소들을 정리했습니다. 정리하다 보니 양이 많아 보이네요. 이중 필요한 것만 적당히 하라고 말씀드리고 싶지만 애석하게도 그럴 수는 없습니다.

컬처덱은 기업의 문화를 명문화하고 선포하는 자료이지만, 실상은 컬처덱을 만드는 과정을 통해 기업의 문화가 가장 극명하게 드러납니다. 우리 조직이 어떤 문화적 특징을 지니고 있는지 알고자 한다면 복잡하고 힘들어도 이러한 과정을 통해 몸소 느끼고 깨닫는 자기 발견의 과정이 필수적입니다. 이는 대표님도 마찬가지죠. 컬처덱을 만드는 과정에서 종종 대표님은 컨펌과 피드백만 하는 경우가 있는데 이는 매우 위험한 행동입니다. 집단의 문화, 구성원의 의견, 우리의 캐릭터를 발견하기 위해 필요한 것은 컨펌이 아닌, 이해와 경청입니다. 대표도 함께 논쟁하고, 자신의 의견을 낼 수 있어야 하고, 다른 의견을 수용할 수 있어야 합니다. 만약 이러한 과정이 불편하고 구성원이 대표님과 대화하는 걸 힘들게 느낀다면 그 자체가 곧 문화입니다. 컬처덱은 이를 예쁘게 포장하는 것이 아니라 그 현상을 그대로 담아내야 할 것입니다. 그리고 우리가 지향해야 할 방향을 결정하고 모두가 그것을 실현하기 위해 노력해야겠죠.

◯ 9

컬처덱 제작 진행은 어떻게 해야 할까

성공 확률을 높일 주 단위 스프린트 계획

컬처덱 제작은 보통 3~4개월을 계획합니다. 언제 시작해도 이상하지 않지만 9, 10월 경에 프로젝트를 시작하는 경우가 많았습니다. 12월까지 완료 후 시무식 자리에서 오픈하려는 것이죠. 새해는 개인, 기업 모두에게 의미 있는 날이니까요. 그러나 3개월은 제작에만 걸리는 기간을 말하는 것이고, 실상 TFT 구성과 내부 컨펌까지 고려하면 1~2개월의 시간이 더 필요할 수도 있습니다. 컬처덱의 프로세스를 이해하고 있다고 하더라도 실제로 진행하는 데 많은 장애물이 있습니다. 그룹 미팅, 전사 워크숍, 델파이 조사, 킥오프 세리머니, 페이지네이션, 보이스 톤 선정, 텍스트 제작, 디자인 작업, 인쇄·산출물, 엔드 세리머니, 활용 규정 선정, 기타 콘텐츠 적용까지 너무도 다양한 영역을 다뤄야 하는 만큼 이를 준비하는 기간도 함께 필요할 것입니다.

처음이라면 시행착오가 많을 것입니다. 그럼에도 최대 4~5개월을 넘기지 않기를 권합니다. 컬처덱은 의사 결정권자뿐 아니라 구성원, TFT 등 모두 많은 에너지를 쏟아야 하는 프로젝트입니다. 이런 프로젝트가 4개월 이상 진행되면 모두가 서서히 지쳐가거든요. 그래서 저는 타이트하게 일정을 잡고 모두가 데드라인의 긴장 속에서 촉박하게 일을 진행하도록 유도하는 편입니다.

주 단위 진행 예시

저의 경우는 보통 일주일 단위로 스프린트를 잡습니다. 예를 들어보겠습니다. 만약 이번 주에는 전사 워크숍을 진행한다면 장소, 시간, 워크숍 필요 제작물, 점심 등은 이미 세팅되어 있어야 합니다. 워크숍 전 일주일 동안 워크숍에 필요한 사전 질문을 전달합니다. 발표자를 선정하면 발표자들은 수요일까지 발표 자료를 만듭니다. 목요일에 한 차례 수정을 하면 적어도 목요일 18시까지는 확정된 발표 자료가 완성되어야 합니다. 그래야 금요일 오전 10시에 워크숍을 시작하죠.

그 다음 주는 해당 워크숍에서 나온 주제를 토대로 페이지네이션 회의를 진행합니다. 월요일에 결과 보고서를 전달하고, 화요일까지 페이지네이션 자료를 구글 스프레드시트로 작성합니

1 Week	스프린트 미팅	월	워크숍 필요 제작물, 진행 일정 확인
		화	워크숍에 필요한 사전 질문지 전달
		수	발표자 선정 후 발표 자료 작성
		목	발표 자료 수정, 확정(18:00)
		금	워크숍
			워크숍 진행
2 Week	페이지네이션 작성	월	워크숍 내용이 정리된 결과 보고서 전달
		화	페이지네이션 작성(구글 스프레드시트)
		수	스프린트 미팅(4-6시간 소요)
		목	확정된 페이지네이션을 바탕으로 빈 슬라이드 제작
		금	해당 슬라이드 전달
3 Week	슬라이드 채우기		페이지 분담 후 각자 내용 채우기

다. 이를 화요일 오후에 전달하고, 수요일에 미팅을 진행합니다. 미팅은 보통 4~6시간 소요됩니다. 각 페이지의 모든 논리 관계와 흐름을 분석합니다. 해당 미팅에서 페이지네이션의 대략적인 내용이 확정됩니다. 목요일에 해당 페이지네이션을 구글 슬라이드로 만들어 빈 슬라이드를 구성합니다. 금요일에 이 슬라이드를 전달하고, 그 다음 주 슬라이드에 채울 내용을 위한 미팅을 다시 진행합니다.

    그 다음 주엔 슬라이드를 채우는 주간이 됩니다.

이런 식으로 매주 스프린트를 잡아 월~금요일까지 체계적으로 움직이는 것이 필요하죠. 기간을 4개월로 잡았을 때 '미팅·워크숍 4주', '기획 2주', '텍스트 4주', '디자인 4주'처럼 프로젝트 일정을 큰 덩어리로 쪼개면 아주 높은 확률로 실패합니다. 그 안에 어떤 세세한 업무가 들어가는지 정확하게 모르는 상태에서 짐작만으로 기간을 세팅했기 때문이죠. 일정을 조율할 때는 적어도 주 단위로 스프린트 계획을 세워 총 몇 주가 필요한지 환산하는 것이 좋습니다.

컬처덱 제작팀은 어떻게 세팅할까

내부 TFT 구성과 협력 업체 선정

컬처덱을 혼자서 만들 수는 없습니다. 1년 정도 걸린다면 모르겠지만, 컬처덱이 필요한 역동적인 기업이라면 1년 새 다양한 문화가 바뀌었을 수도 있죠. 컬처덱은 주로 피플팀, 컬처팀이 핵심이 됩니다. 이들을 중심으로 4~5인 정도의 TFT가 구성됩니다. 그리고 컬처덱 제작이 가능한 협력 업체가 함께 하기도 합니다. TFT에는 리더가 필요합니다. 의사 결정권자죠. 보통 대표 자신이 직접 최종안을 결정하는 경우가 많습니다. 이외에는 COO 등 이사급 임원진이 프로젝트 리더가 됩니다.

내부 TFT의 주요 구성원

팀원 구성은 다음과 같습니다. 피플팀에는 여러 가지 직무가 많습니다. 조직 문화 담당, 사내 인사 평가 제도 담당 등 주로 제도를 만들고 운영하는 분들이 주축이 됩니다. 구성원과 직접적인 접점이 많은 사람들이죠. 결국 컬처덱은 활용에 방점이 찍히기 때문에 추후 컬처덱을 기반으로 한 새로운 문화를 구축하려면 결국 룰 메이커rule maker들이 함께 해야 합니다.

여기에 더해 협력 업체나 내부적인 커뮤니케이션을 담당할 커뮤니케이션 매니저가 필요할 것입니다. 컬처덱은 정말 주고받을 것들이 많거든요. 이 분은 협력 업체와 함께 일할 때 내부의 수많은 의견을 하나로 취합해 명확한 문장으로 전달하는 역할을 맡습니다. 내부적인 설문, 질문, 진행 상황 공유 등 구성원과 TFT 사이의 커뮤니케이션도 담당합니다. 가장 바쁜 분이 되지 않을까 생각해봅니다.

나머지는 디자이너, 브랜드 마케터 등 좀 더 콘텐츠 제작의 관점에 가까운 분들이 있습니다. 컬처덱은 분명 내부에서 사용하는 문서이지만, 경우에 따라서는 보도 자료를 내기도 하고, 콘텐츠로 외부에 노출시킬 때도 있거든요. 회사의 문화를 좀 더 매력적으로 어필해 문화 자산의 가치를 높이고, 예비 구성원에게 어필하는 역할을 하기도 합니다.

이렇게 구성된 TFT와 협력 업체가 프로젝트를 함께 하게 됩니다.

협력 업체

협력 업체는 우선 컬처덱이 무엇인지 정확하게 알고 있어야 하고, 컬처덱 프로젝트 전반을 기획하고 프로세스화할 수 있어야 합니다. 논리적인 내용 구성은 물론이고 다양한 보이스 톤을 구사할 수 있어야 하기 때문에 글을 쓰는 능력이 뛰어나야 합니다. 작은 단어 하나가 주는 뉘앙스에 대해서 이해하고 있어야 하거든요. 그리고 해당 내용을 구성하고 디자인할 수 있는 디자인 역량까지 갖추고 있어야 합니다.

협력 업체와의 첫 만남은 컬처덱 제작의 목적을 분해하는 것부터 시작합니다. 컬처덱 제작의 표면적 이유와 실질적 이유를 나누어 파악하죠. 속깊은 이야기들이 오가는 시간이 될 것입니다. 비용과 기간을 확정한 후 계약서를 작성하고 업무 내용을 분할하죠. 클라이언트가 채워줘야 할 부분과, 업체가 직접 담당할 부분들을 나눕니다. 그리고 각각을 언제까지, 어떻게 채우고 작성할지를 고민하죠. 제 경험상 미팅은 보통 3~4회 이상 진행되며 이중 대부분의 미팅은 3시간 이상 소요되고는 했습니다. 의사 결정 자체에 걸리는 시간이라기 보다는 조직의 솔직한 모습을 드러내기 위해 라포를 형성하는 시간에 가깝다고 할 수 있겠습니다.

협력 업체까지 세팅이 되었다면 본격적인 프로젝트가 시작됩니다. 이때 회의 과정은 모두에게 공개할 수 있어야 합니다. 구성원이나 리더급 누구라도 참관이 가능하며 의견을 제시하는 것도 가능합니다. 컬처덱 TFT가 밀실 회의가 되는 것은 극도로 좋지 않습니다. 항상 문은 열려있어야 하며, 회의실에서 도대체 무슨 이야기들이 오가는지 구성원 사이에서도 입소문으로 업데이트가 되어야 합니다. 잠깐이라도 이 회의에 참여했던 구성원과 그렇지 않은 구성원이 컬처덱을 대하는 태도는 크게 다르거든요.

컬처덱 프로젝트 성공을 위한 첫 단추

오프닝 세리머니

많은 클라이언트 분들로부터 이런 질문을 받았습니다. "오프닝 세리머니요? 그런 것도 하나요?" 컬처덱을 만드는 회사의 규모는 대략 30~300명 내외입니다. 구성원 개개인이 내부 문화에 끼치는 영향력이 큰 규모죠. 이런 상태에서 구성원의 충분한 동의를 구하지 않은 채 컬처덱 제작을 시작하는 것은 꽤나 위험한 불씨가 될 수 있습니다. 구성원의 반발을 살 수도 있고, 제작된 컬처덱이 외면받을 수도 있죠. 나와는 상관없는 것이라는 느낌을 주어서는 안 됩니다. 그러기 위해서는 시작부터 충분한 설명, 동의, 알림이 필요하죠. 물론 구성원이 싫다고 해서 컬처덱 제작을 멈출 필요는 없습니다. 다만, 어떤 이유에서 이것이 만들어져야 하고 이것이 각자에게 어떻게 작용할 것인지에 대한 설명이 필요하죠. 일일이 붙잡고 이야기하면 비효율적이고, 그렇다고 사내 메신저로 "컬처덱 제작을 시작합니다. 관심 부탁드립니다"라고 한다면 무엇을 시작한다는 것인지 정확히 알 수 없습니다. 그래서 일종의 세리머니 형태로 프로젝트에 대한 구체적인 설명과 시작을 알리는 것입니다.

타운홀 미팅

가장 직관적인 방법은 타운홀 미팅 등 모든 구성원이 함께하는 모임에서 컬처덱 프로젝트의 시작을 알리는 것입니다. 사회자가 한 명 있으면 좋습니다. 보통 저희가 하지만, 그게 아니라면 대표님이나 TFT 구성원 중 가급적 언변이 좋은 분이 담당하시기를 권합니다. 가뜩이나 어려운 프로젝트를 소개하는 만큼 딱딱하면 교장 선생님 훈화처럼 느낄 수 있거든요. 이때는 실무진이 각각 스피치 세션을 갖거나 사회자의 진행을 따라 다 같이 모여 설명을 진행하기도 합니다. 피칭용 PPT를 활용해 목적과 목표, 제작 방식 등을 소개하고 협조를 부탁하는 형식이죠. 길어야 30분 정도가 소요되고는 했습니다. 하지만 짧다고 해서 중요하지 않다는 의미는 아닙니다.

웨비나

코로나19로 인해 오프라인에서 대규모로 모이는 것이 힘들었던 시기에 많은 기업이 줌, 구글 미트, 마이크로소프트 팀즈 등을 활용한 웨비나를 경험했습니다. 덕분에 화상으로 진행하는 전사 모임이 꽤나 익숙해졌죠. 특히 지방 지사, 해외 지사, 재택 근무자가 많은 회사의 경우에는 모두 모이기 힘들기 때문에 원격 화상 회의를 이용하는 것이 훨씬 효율적일 때가 많습니다. 개더타운 같은 서비스를 활용하면 좀 더 그럴 듯한 세리머니 느낌을 줄 수도 있죠. 웨비나로 진행해도 말하는 사람은 많지 않기 때문에 진행 자체가 크게 어렵지 않습니다. 오히려 채팅이나 이모티콘 등을 통해 더 뜨거운 리액션을 실시간으로 볼 수 있어 더 재미있는 경우도 많았죠.

영상 편지

'영상 편지'라는 용어가 주는 올드함이 있긴 하지만, 이보다 적절한 단어를 찾기 어려웠습니다. 온·오프라인 중 어떤 방법으로도 모두 모이기 힘든 경우에는 TFT와 협력 업체 담당자가 함께 간략한 영상을 촬영해 공유하는 방법도 있습니다. 영상은 2~3분 내외로, 용량은 크지 않아야 합니다. 공지 자체의 내용이 중요하기 때문에 굳이 스튜디오를 대관하거나 고가의 장비로 촬영할 필요도 없습니다. 전문적인 편집도 필요하지 않습니다. 핸드폰에

삼각대만 세워서 인사를 전하는 것만으로도 충분히 내용을 전달할 수 있기 때문이죠. 물론 사전에 스크립트 정도는 작성하는 것이 좋습니다. 녹화된 비디오 파일은 슬랙이나 사내 메신저 등 내부 커뮤니케이션 채널로 공유해 모두 쉽게 볼 수 있도록 하면 됩니다.

포스터 또는 텍스트 게시

만약 영상마저도 여의치 않다면 다소 아날로그적인 방식을 활용할 수 있습니다. 킥오프를 알리는 포스터나 인쇄물을 전면에 게시해 모든 구성원에게 직접 메시지를 전달하는 방법이죠. 편지를 복사해도 좋고, 슬랙 등에 텍스트로 장문의 인사말을 남길 수도 있습니다. 상세 페이지 형태도 사진과 텍스트를 적절히 섞어 홍보물을 만드는 방법도 있죠. 사실 이 방식은 수줍은 구성원들에게 적절하긴 하지만 일을 위해 일을 추가로 만드는 느낌이 있어 개인적으로 선호하는 방식은 아닙니다.

어떤 방식이든 모든 구성원에게 구석구석 알린다는 목적을 잊으면 안 됩니다. 임원진이나 팀장급까지만 알리고 나머지는 알아서 전파하는 식의 하향식 전달 방식은 그리 좋은 결과를 가져오지 못했습니다. 컬처덱은 문화를 정립하고 브랜드의 본질을 기록하는 과정입니다. 문화를 만드는 장본인인 구성원에 대한 예의와 존중이 필요하죠. 반대로 너무 오프닝 세리머니에 심취한 나머지 과한 행사를 준비하는 것도 지양해야 할 태도입니다. 컬처덱은 그 자체만으로도 꽤나 힘든 작업입니다. 엉뚱한 곳에서 힘을 뺄 필요는 없죠.

12

컬처덱 이후 새로운 여정의 첫 걸음

엔딩 세리머니

갑자기 엔딩을 언급하니 놀라셨을 것 같습니다. 하지만 세리머니 이야기는 한번에 해야 맥락상 맞아 묶어 이야기하겠습니다. 시작이 있으면 끝도 있어야 합니다. 특히 엔딩 세리머니는 완성된 컬처덱을 공표하고, 컬처덱에 기록된 문화를 지키고, 발전시켜 나갈 것을 선언하는 과정이기 때문에 더욱 의미가 있죠. 실제로 컬처덱은 제작물 자체보다 제작하는 과정과 그 이후가 더 가치 있는 기록물입니다. 이 때문에 엔딩 세리머니는 끝이 아니라 새로운 시작을 알리는 또 하나의 오프닝 세리머니라고 말하는 편이 적절할 것 같습니다. 저는 제작자의 입장에서 바라보는 것이라 엔딩인 것이죠.

타운홀 미팅

저는 오프닝 세리머니보다 엔딩 세리머니에 더 힘을 주는 편입니다. 오프닝과 마찬가지로 타운홀 미팅 시에 공개하는 것이 가장 좋은 방법이죠. 방식은 오프닝과 동일하지만, 내용 면에서 조금 더 추가됩니다. 우선 그간 어떤 식으로 컬처덱이 제작되었는지 간략한 제작기 소개를 토크 콘서트 형식으로 진행하기도 합니다. 그리고 샘플로 제작된 컬처덱을 공개하고 각 페이지를 소개합니다. 경우에 따라 인쇄된 컬처덱에 구성원들이 싸인을 하는 등의 리츄얼ritual도 포함될 수 있습니다. 보통 엔딩 세리머니는 클라이언트와 협의하에 진행하기 때문에 내용은 각기 다를 수 있습니다. 하지만 공통점 중 하나는 TFT와 대표님, 협력 업체가 함께 고생했다는 인사를 나누고, 구성원에게 감사 인사를 전하고, 소소한 선물을 증정하는 시간이 있다는 점이죠. 컬처덱을 만든다는 것은 결코 쉽지 않은 작업이기 때문에 모두가 적잖이 지치고 힘들었을 것입니다. 그들의 노고에 감사를 표하는 것이 또 하나의 문화가 아닐까 하는 생각입니다.

웨비나

앞에서 소개한 방식처럼 오프라인 행사를 여는 것이 여의치 않다면 화상 회의를 이용할 수 있습니다. 오프라인보다 임팩트는 덜하지만, 조금 더 유연하게 행사를 진행할 수 있죠. 웨비나로 진행할 때는 TFT에게 미리 선물을 전달하고 해당 세리머니에서 언박싱un-boxing하는 것으로 전달식을 대체하기도 합니다.

영상 편지

오프닝 세리머니보다는 조금 긴 분량의 영상이 될 것입니다. 컬처덱의 각 챕터와 세부 내용을 간략히 설명하고, 감사 인사를 나누고, 회사의 올바른 성장을 기원하는 메시지를 담죠. 보통 TFT와 함께 촬영합니다. 동반 촬영이 힘들다면 개별 인사말을 편집해 하나로 묶거나 제작 실무를 진행한 협력업체가 단독으로 인사말을 전하기도 하죠.

컬처덱 실물 전달

컬처덱 실물 제작 여부는 경우에 따라 다릅니다. 어떤 곳은 웹용 PDF로 결과물을 생성하기도 하거든요. 하지만 물성을 가진 결과물을 손으로 잡아보는 경험을 무시하기는 어렵습니다. 세리머니를 위해서라도 컬처덱을 일정 수량 인쇄해 하나씩 배포하기도 하죠. 이때 컬처덱에는 엔딩 메시지와 사용법 등을 함께 적어 삽입하기도 합니다. 조금 더 비용을 들인다면 띠지 등을 추가해 각자가 싸인할 수 있는 공간을 만들기도 하죠. 실물 전달은 위의 모든 경우에도 해당할 수 있으니 제작 여건이 된다면 추가할 수 있는 좋은 옵션입니다.

어떤 방식으로든 컬처덱 제작 이후 선포하는 과정이 중요합니다. 이것이 다소 요식 행위처럼 보일 수도 있습니다. 엔딩 세리머니에서 모두가 눈물을 흘리며 감동하는 것도 아니죠. 그렇지만 이것이 존재하고 모든 구성원에게 배포되었다는 사실을 인지하는 것만으로도 큰 의미가 있습니다. 어떤 형태로든 행사는 사람들에게 자극을 주며 대상의 가치를 한층 끌어올리는 역할을 합니다. 물론 세리머니가 진행된 만큼 제작 이후 활용, 꾸준한 관리, 업데이트가 더욱 중요합니다. 이 부분에 대해서는 뒤에서 더 논의하겠습니다. 지금은 완성된 컬처덱에 생기를 불어넣는 우리만의 리츄얼에 집중해보도록 합시다.

내부 워크숍의 목표는 무엇일까

가진 것을 모두 꺼내 재정비하는 과정

컬처덱을 위한 워크숍은 일반적인 조직 문화 워크숍 또는 팀 빌딩과는 결이 약간 다릅니다. 기존의 조직 문화 컨설팅이 가려져 있던 회사의 핵심 가치를 정립하고, 드러내고, 합의하는 것이라면 컬처덱은 그것을 구성원이 이해하기 쉽게 실제 사례나 명확한 정의로 해석하고 배포하는 과정입니다. 예를 들어 복잡한 조직 문화 컨설팅을 통해 우리의 핵심 가치가 '원팀, 상호 신뢰, 스페셜티'라고 규정되었다고 생각해볼게요. 전사적 활동을 통해 우리의 가치를 정리했고, 선언했습니다. 그런데 원팀이라는 가치를 실제 업무에서는 어떻게 사용해야 하는 걸까요. 같이 밥을 먹는 것이 원팀일까요? 개인 역량을 드러내는 것은 원팀에 어긋나는 것일까요? 어디까지 같이 해야 하고, 어디까지 스스로 해야 하는 것일까요. 우리는 수많은 물음표를 맞이하게 될 것입니다. 이 때문에 원팀의 정의를 다시 구체적으로 쪼개고, 누구라도 쉽게 이해할 수 있도록 일종의 '번역'이 필요합니다. 핵심 가치는 '있는 것'으로 끝나는 게 아니라, '작동'해야 하기 때문이죠. 컬처덱은 이 역할을 수행합니다. 그래서 컬처덱의 워크숍에서는 이미 존재하는 핵심 가치를 다시 끄집어내 분해하고 명확하게 만드는 작업을 진행합니다. 이 과정에서 서로 생각하는 원팀의 개념이 다르다는 것을 발견할 수도 있습니다. 이러한 차이를 확인하고 좁혀가는 과정이 바로 컬처덱 워크숍입니다.

합의안을 만드는 것이 아니다

사실 컬처덱에 들어가는 수많은 내용을 일일이 합의할 수는 없습니다. 그리고 그래서도 안 돼죠. '문화라는 것은 모두가 동의해야 하는 것 아닌가?'라는 생각을 할 수도 있습니다. 기업의 문화는 구성원의 합의로 만들어지지 않습니다. 이미 핵심 가치와 기업의 방향성은 정해져 있고, 키를 잡고 있는 것은 명백히 대표님입니다. 회사의 문화는 구성원이 입사하기 전부터 설정되어 있었고, 입사는 회사의 비전과 방향성, 추구하는 가치에 동의를 전제로 한 선택이기 때문입니다.

의견이 분분할 수 있다

구성원들은 '원팀'이라는 가치에 동의하고 있습니다. 그렇지만 무엇이 원팀이냐에 대한 의견은 분분할 수 있죠. 생각하는 원팀이 모두 다를 수 있기 때문입니다. 컬처덱은 이렇게 파편화된 그림을 하나로 맞춰주는 역할을 합니다. 이 작업을 위해서는 몇 가지 작업이 필요합니다. 모든 키워드는 '함축된 개념'을 지니고 있습니다. 원팀이단 단어를 물리적으로 쪼개면 '하나의' + '팀' 이라는 뜻입니다. 이것을 따라 우리는 2가지 정의를 명확하게 내려야 합니다. '하나됨'이란 무엇인지, '팀'이란 무엇인지 말이죠.

이렇게 용어의 정의부터 내리고 나면 원팀이 지닌 맥락을 고려해야 합니다. 원팀이 만드는 힘은 어떤 것이고, 결국 무엇을 달성하기 위함인지 규정하는 것이죠. 원팀 그 자체는 결코 지향점이 아닙니다. 이러한 행동은 회사의 최종 비전을 달성하기 위한 문화 전략 중 하나죠. 어떤 회사는 '원팀'보다 '개인의 자율과 책임'에 더 집중하는 기업도 있습니다. 어떤 방법으로든 최종 비전을 달성할 수 있으면 됩니다. 정의와 맥락을 정하는 과정에서 구성원의 서로 다른 해석과 의견을 확인할 수 있을 것입니다. 그 중에서 우리 조직이 추구하는 원팀이 무엇인지 걸러내는 작업이 필요합니다. '하나로 모아서 합의점을 찾는 것'이 아닌, '맞는 것'과 '아닌 것'을 나누는 과정에 더 가깝습니다.

얼라인을 맞추는 작업이다

워크숍에서 가장 흥미진진하고 복잡한 작업은 '얼라인먼트 alignment'입니다. 팀별, 개인별, 부서별로 모든 업무, 액션, 복지, 채용 정책 등 제도와 업무 방식을 쏟아놓습니다. 그리고 조직의 핵심 가치인 원팀, 상호 신뢰, 스페셜티에 맞게 쏟아놓은 행위와 제도를 하나씩 정렬시킵니다. 안마 의자는 왜 비치했는지, 무제한 연차를 제공하는 이유는 무엇인지, 피어 리뷰를 진행해야 하는 이유는 무엇인지 고민합니다. 이러한 얼라인 작업을 하다 보면 의외로 별 생각없이 '멋져 보여서' 또는 '다른 곳에서도 다 하니까' 도입한 제도가 많다는 것을 깨닫게 됩니다. 이럴 때는 의미를 부여해 꿰맞추는 것보다 제도의 존폐를 논의하는 것이 좋습니다.

예를 들어 '업무용 메신저로는 DM direct message을 보내지 않고 모든 소통은 팀 혹은 전사와 공유한다'라는 원칙이 있다고 해봅시다. 이것과 관련해 다음과 같은 고민과 질문이 오갈 것입니다.

- 그렇게까지 행위를 제한하게 된 계기가 있었을까?
- 소소한 것까지 전사적으로 공유해야 하는 이유는 무엇일까?
- 개인적으로 메시지를 보내는 것을 금지하는 이유는 무엇일까?
- 원팀, 상호 신뢰, 스페셜티 중 어떤 가치에 부합하는 행위인가?
- 실제로 그 가치를 더 견고하게 하는 데 일조하고 있을까?
- 혹시 과잉 정보로 모두를 피로하게 만드는 건 아닐까?

이렇게 하나의 행위만으로도 수많은 고민과 질문이 쏟아져 나올 것입니다. 그리고 이러한 질문에 명쾌하게 답할 수 있어야 합니다.

얼마 전 저희 회사에서 작은 워크숍을 진행했을 때 얼라인먼트 프로그램을 시도했습니다. 지난 1년간 실험했던 다양한 문화나 업무 제도 중 지난 3개월간 한 번도 사용하지 않았거나, 제대로 작동하지 않는다고 생각하는 제도를 찾았습니다. 또한 각 제도의 존재 이유를 확인하고, 핵심 가치를 어떻게 공고히 만드는지, 업무 효율성을 어떻게 높이는지 모두 꺼내 점검했습니다. 이 과정에서 5개 이상의 제도가 사라졌습니다. 그 결과 심플하고 가벼우면서 명쾌한 제도만 남게 되었죠. 룰이 심플해지면 속도가 빨라집니다. 운영에 필요한 리소스도 줄어들죠.

컬처덱 워크숍은 컨설팅이 아니다

컬처덱 워크숍은 대청소에 가깝습니다. 기업을 구성하는 유무형의 모든 것을 돌아보며 버릴 것과 남길 것을 결정한 후 각자 맞는 서랍에 차곡차곡 정리해 집어넣는 과정입니다. 회사의 모든 제도, 행동, 의지가 우리의 지향점에 맞춰지도록 단순화해 명확하고 쉽게 표현합니다. 이 때문에 이러한 과정은 외부에서 대신 수행하기 어렵습니다. 조직의 제도는 내부 구성원이 제일 잘 알고 있죠. 하나하나 꺼내서 자문자답하는 것도 직접 할 몫입니다.

제가 클라이언트사에서 컬처덱 워크숍을 진행할 때는 은밀하게 보이지 않는 손처럼 뒤에서 질문만 던집니다. 직접적으로 앞에 나서서 정리하고, 결론을 내리고, 리포트를 작성하지 않습니다. 질문에 대해 모두가 대답할 필요는 없지만, 각자 생각은 하게 될 것입니다. 수십 가지가 넘는 암묵적 룰이 사실 핵심 가치를 수호하기 위한 우리의 노력이었다는 것을 발견하게 되겠죠.

왜곡이 있다면 바로잡고,
비효율이 있다면 제거합니다.
여러 갈래로 나뉘어진 개념은 일원화하고,
오해의 소지는 아예 직관적으로 규정합니다.

이것이 바로 컬처덱 워크숍의 핵심이죠. '없던 것을 만들거나 합의하는 것'이 아닌, '가진 것을 모두 꺼내 재정비하는 과정'이라고 정리하면 가장 깔끔할 것 같습니다.

구성원 대상 서베이의 목표는 무엇일까

핵심 가치, 정성적 태도, 인식의 얼라인먼트

전사 워크숍이 다 같이 모여 업무와 제도를 재정비하는 과정이었다면 구성원을 대상으로 한 서베이는 각자의 의견을 묻는 과정입니다. 이때 사람들이 가장 많이 착각하는 것은 '구성원의 의견을 모아 핵심 가치를 만들어야 하는 것인가?' 하는 생각입니다. 아닙니다. 핵심 가치는 합의로 만들어지지 않습니다. 물론 기업 특성에 따라 그렇게 하기를 원하는 곳도 있겠지만, 이 책에서 말하는 핵심 가치란 대표님이 선정하고 결정하는 것입니다. 그렇기 때문에 '우리 조직의 가치로 무엇이 적당할까요?' 같은 질문을 하지는 않을 것입니다. 대신 다음과 같은 질문들이 필요할 수는 있습니다.

- 우리 조직의 핵심 가치를 알고 있는가?
- 우리 조직의 핵심 가치 중 현실적으로 가장 잘 작동하고 있다고 생각하는 것은 무엇인가? 그 이유는 무엇인가?
- 공감하기 힘든 핵심 가치는 무엇인가? 그 이유는 무엇인가?
- 잘 작동하지 않는 것 같은 핵심 가치는 무엇인가? 그 이유는 무엇인가?
- A라는 핵심 가치를 들었을 때 여러분이 떠올리는 상황은 무엇인가?
- B라는 핵심 가치를 들었을 때 여러분이 떠올리는 상황은 무엇인가?
- 각각의 핵심 가치가 가장 필요하다고 생각하는 순간은 무엇인가?
- 우리 회사의 핵심 가치를 갓 들어온 구성원에게 설명한다면?

위와 같이 핵심 가치의 ① 인지 여부, ② 작동 여부, ③이해의 정도를 먼저 확인할 것입니다. 그리고 다음을 확인합니다.

- 구성원 중에서 가장 큰 비중을 차지하는 성향은 무엇인가?
- 그들이 만들어내는 분위기는 어떠한가?
- 우리 조직만이 지니고 있는 독특한 행위, 제도, 습관 등을 2가지만 꼽는다면 무엇인가?
- 새로 합류한 구성원이 적응하기 위해 가장 필요한 능력은 무엇인가?
- 새로 합류한 구성원이 적응하지 못하고 헤맨다면 그 이유는 무엇인가?
- 우리 조직의 문화는 안정적인가? 역동적인가? 그 이유는 무엇인가?
- 제도가 문화를 잘 뒷받침하고 있는가? 아이러니한 제도는 없는가?
- 조직의 성향과 문화가 업무에 어떤 영향을 주고 있는가?

- 지금의 문화를 지켜나가야 한다고 생각하는가? 변화가 필요한가?
- 문화의 변화가 필요하다면 그 이유는 무엇인가?

위와 같이 문화에 대한 ① 인식 여부, ② 표현 방식, ③ 변화의 필요성 등을 확인하게 될 것입니다. 그리고 더욱 다양한 분류로 서베이 항목을 세팅할 수 있습니다. 저는 이를 크게 7가지의 주제로 나누고 있습니다.

①	커뮤니케이션	어떤 방식으로 소통하고 있는가?
②	다양성	개개인의 다양성과 취향을 존중하고 있는가?
③	피드백	원활한 피드백이 이루어지고 있고, 제도적으로 이를 뒷받침하고 있는가?
④	보상	능력과 성과에 대한 적절한 보상이 이루어지고 있는가?
⑤	커뮤니티	서로의 친밀한 관계구축을 위한 제도나 분위기가 잘 형성되어 있는가?
⑥	업무	업무에 충분히 몰입할 수 있는 환경인가?
⑦	투명성	커뮤니케이션이나 정보 등은 투명하게 공개되며 이해하기 쉽게 전달되고 있는가?

원한다면 각각의 카테고리에서 더욱 자세한 질문을 만들 수 있습니다. 서베이 항목 수는 정하기 나름입니다. 다만 총 질문의 수가 30~40개 이상이 되면 갈수록 답변의 신뢰도가 떨어졌습니다. 각각의 질문 난이도가 꽤 높기에 머리를 짜내다 지쳐버리는 것이죠. 저는 보통 질문의 수를 30~40개 내외로 정합니다.

다시 한번 말하지만, 지금 우리는 조직 문화 컨설팅을 하려는 것이 아닙니다. 이것은 진단을 통해 조직 문화를 개선하거나 솔루션을 도출하는 과정이 아니죠. 물론 큰 틀에서 조직 문화 진단과 질문의 결이 비슷하기에 설문 과정에서 임원진의 깨달음이 있을 수도 있습니다. 무언가를 개선해야겠다는 생각을 할 수도 있죠. 그럴 때는 조직 문화 전문가를 모셔서 차근차근 솔루션을 만들어가야 합니다.

컬처덱은 그것이 모두 세팅된 다음의 기록이죠. 우리가 이러한 서베이를 진행하는 이유는 앞서 설명한 전사 워크숍과 마찬가지로 얼라인먼트를 맞추기 위함입니다. 전사 워크숍에서는 핵심 가치, 언어, 업무의 얼라인먼트를 맞췄습니다. 개인 서베이에서는 핵심 가치, 정성적 태도, 인식의 얼라인먼트를 맞춥니다. 핵심 가치를 바라보는 사람들의 인식과 해석이 잘 정렬되어 있는지, 만약 크게 어긋나 있다면 이를 어떻게 설명해야 구성원이 잘 이해할 수 있을지 고민하는 과정입니다.

구성원과의 서베이가 끝나면 답변을 하나의 리포트로 정리합니다. 이것을 살펴본 대표님은 생각이 많아지실 겁니다. 대표님이 초기에 생각했던 핵심 가치나 문화적으로 이상적인 모습에서 많이 벗어나 있을 테니까요. 여기서 대표님은 선택할 수 있습니다. 구성원의 의견을 일정 부분 받아들여 제도를 일부 수정하거나, 건의를 반영할 수 있습니다. 또는 핵심 가치를 좀 더 쉽게 설명하면서 오해의 범위를 좁혀나갈 수도 있습니다. 구성원 입장에서는 자신의 의견이 어서 빨리 반영되기를 바라겠지만, 선택은 항상 '집단의 관점'에서 이루어져야 합니다. 대표님은 구성원의 서베이를 보며 수용할 것과 포기할 것을 결정해야 합니다. 결정의 기준은 결국 회사가 되어야 합니다.

만약 누군가가 제시한 A안을 포기해야 한다고 해봅시다. 포기하는 이유가 'A안을 받아들이면 다른 사람이 힘들어질 수 있기 때문'이어서는 안 됩니다. 'A안은 우리가 이루고자 하는 비전과 방향성에 맞지 않기 때문'이어야 하죠. 컬처덱은 사이 좋은 동네를 만들기 위한 룰이 아닙니다. 기업의 '성장'과 '생존'을 위한 룰임을 기억해야 합니다.

대표는 어떤 태도를 가져야 할까

대표보다 권위를 가져야 하는 규범

이 책을 보고 계시는 분이 대표님이라면 다음의 5가지를 기억하시기를 바랍니다. 만약 실무자라면 다음의 내용을 그대로 대표님에게 보여주세요.

대표님은 컬처덱 TFT의 핵심 구성원이다

우리 회사의 문화를 명문화하고 선포할 수 있는 역할은 대표님 밖에 없습니다. 피플팀이든 컬처팀이든 모두 서포트하는 역할일 뿐이죠. '일단 알아서 해보세요' 같은 것은 없습니다. 대표님은 컬처덱의 내용이 자신이 원하는 방향과 맞는지 면밀히 살펴야 하고, 그것을 어떻게 구성원 모두와 공유해야 할지에 대한 전략을 고심해야 합니다. 실제로 프로젝트를 진행하다 보면 한발 떨어져서 멀찌감치 프로젝트를 지켜보거나, 큰 관심이 없거나, 또는 지쳐버리거나, 구성원의 의견에 지나치게 예민하게 반응하는 분들이 계셨습니다. 모두 좋은 태도가 아닙니다.

대표님 마음에 드는 언어는 구성원이 이해하지 못하는 언어다

태어날 때부터 대표로 태어난 사람은 없습니다. 사업체를 만들고 운영하면서 나도 모르게 서서히 대표의 마인드와 태도, 언어를 습득해가는 것이죠. 대표를 단련시키는 것은 보통 부정적인 경험입니다. 상처, 배신, 실패, 슬픔, 후회 등이 대표님을 성장시킵니다. 물론 긍정적 경험들도 중요하지만, 긍정적 경험은 순간의 기쁨으로 여겨지기 마련입니다.

대표님은 대부분 불안을 먹고사는 존재이기 때문에 기쁨은 순간이요, 고통은 영속하다는 생각을 지니고 있죠. 이런 척박한 환경 속에서 대표님이 살아남기 위해서는 먼 곳을 바라봐야 하고, 큰 비전과 강한 의지로 무장해야 합니다. 당연히 대표의 언어는 크고 추상적일 수밖에 없습니다. 점점 그것에 익숙해지죠.

컬처덱에도 이러한 단어들이 사용될 것입니다. 그러나 컬처덱을 읽는 사람은 대표님의 조찬회 회원들이 아닙니다. 대표님이 이끄는 조직의 구성원이죠. 그들의 언어는 대표님과 완벽하게 다릅니다. '이 정도면 이해하겠지' 하고 생각하신다면 그 생각부터 이미 틀렸습니다. 대표님이 생각했을 때 '이것을 이렇게 쓴다고? 이건 좀…' 같은 생각이 들어야 구성원이 이해할 수 있는 수준이 됩니다. 이는 지적 수준이나 조직에 대한 애정과는 상관이 없습니다. 각자의 위치가 만드는 시야각 때문이죠.

대표님이라면 적어도 1년 뒤, 2년 뒤를 바라보며 일해야 합니다. 실무자는 오늘 할 일과 이번 주까지 주어진 미션을 보며 일해야 합니다. 실무자도 우리 조직의 10년 뒤 비전에 공감해주기를 바라시나요? 공감할 수도 있을 것입니다. 그러나 현실적으로 너무 바쁩니다. 빨리 자신의 자리로 돌아가 처리해야 할 일이 산더미인데 10년 뒤 고민까지 할 시간은 없습니다.

컬처덱 또한 마찬가지입니다. 이 바쁜 중에 수십 페이지에 달하는 컬처덱을 읽고 숙지한다는 것은 쉽지 않은 일입니다. 좀 더 솔직하게 말하면 짜증 나는 일이죠. 컬처덱을 읽는 행위 자체가 곤욕이고 괴로움일 수 있습니다. 그래서 컬처덱은 이렇게 만들어져야 합니다.

최대한 재밌고,

쉽고,

직관적이며,

간결한

일상의 언어를 사용해

> 누구나 이해할 수 있는 수준으로
>
> 자연스럽게 녹아들 수 있는
>
> 콘텐츠처럼 만들어져야 합니다.

컬처덱에 담긴 내용이 학습의 영역이 아닌, 감정과 함께 움직이는 감탄과 공감의 영역으로 넘어가야 하죠.

만드는 것에 집중하지 마라, 중요한 것은 그 이후이다

무언가 결과물이 만들어진다는 것은 짜릿한 일입니다. 특히 우리 조직의 문화를 정립한 한 권의 책이 등장한다는 것은 대표님 입장에서 정말 뿌듯한 일이지요. 그러나 흥분하지 마세요. 지금 우리의 인사 제도가 컬처덱을 운용할 수 있을 만큼 성숙한지, 제도가 제대로 자리잡혀 있는지, 추후 언제든 컬처덱을 또 펼쳐 볼 수 있는지 살펴보세요. 만약 활용 계획이 철저하게 잡혀 있지 않다면 2~3개월 후 여기저기에 처박혀 있거나, 폐지함에 들어 있는 컬처덱을 보실 수 있을 겁니다.

경험상 적어도 한 달에 한 번씩은 펼쳐볼 이유가 있어야 했습니다. 한 번도 펼쳐보지 않은 채 두 달 이상 지나면 어느새 존재 자체를 잊곤 하더라고요. 정기성이란 이렇게 중요합니다.

선언한다고 다 문화가 되진 않는다

대표님은 방향성과 핵심 가치를 선정할 수 있습니다. 규율, 제도는 물론이고 상벌 규정도 만들 수 있습니다. 그러나 문화를 만들 수는 없죠. 세상 그 어떤 국가, 기업, 모임도 문화를 억지로 만들 수 없습니다. 문화는 인과관계에 의해 탄생하는 것이 아니라, 다수의 행동 양식과 특성을 귀납적으로 재규정한 것입니다. 대표님도 '다수'에 속하는 사람이죠. 그렇기 때문에 컬처덱으로 구성원의 행동을 일일이 통제하거나 문화적 요소를 억지로 만들려고 하지 마세요. 컬처덱을 통해 선언하려는 것은 조직의 방향성, 핵심 가치, 일하는 방식, 다수가 합의한 행동 규정, 구성원이 될 자격, 제도, 회사의 기본 정보에 대한 것입니다. 구성원의 능력적 측면을 요구할 수 있죠.

그러나 '급한 성격을 자제하세요', '친밀하게 지내는 것은 금지입니다', '지금부터 즐거운 분위기를 만들어 볼까요', '눈빛을 총명하게 유지해보세요'라고 한다면 어떻게 될까요? 이 문장들은 일단 말도 안 되는 것들이고, 규정한다고 규정되는 것들도 아닙니다. 대표는 조직이 나아갈 방향을 제시하고, 최종 의사 결정을 할 수 있고, 모두 발언도 할 수 있지만 한 명 한 명의 마음을 조종할 수는 없습니다. 그럴 권리도 없고요. 현실적으로 가능한, 그리고 조직의 성장에 꼭 필요한 내용만이 컬처덱에 들어갈 수 있습니다.

대표님도 컬처덱 아래 있다

컬처덱을 만들면서 많은 대표님은 자신의 의지를 전달하는 것에만 집중할 뿐, 본인도 준수할 의무가 있다는 생각은 하지 않았습니다.

대통령이라 할지라도 헌법을 준수해야 하듯 대표님도 컬처덱을 준수해야 합니다. 내가 돈 주고 만들었다고 해서 컬처덱의 모든 내용에서 예외가 될 수 있는 것은 아닙니다. 사실상 컬처덱의 내용은 대표 자신이 직접 말했거나, 조직이 합의했거나, 자연적으로 발생한 암묵적 현상들입니다. 이중 유의미하고 조직의 성장에 도움이 되는 것을 추려 구성원이 알기 쉽게 기록합니다. 그 구성원에는 대표님 자신도 포함됩니다. 대표라는 자리는 구성원 위에서 신탁을 전하듯 군림하는 위치가 아닙니다. 문화적 부분에서는 더욱 그렇죠.

물론 독특한 양상이 있음은 분명합니다. 재미있는 조사 결과가 있습니다. 경영 연구 매거진 《MIT 슬론 매니지먼트 리뷰Sloan Management Review》는 '직장인들이 조직 문화를 평가할 때 가장 중요하게 생각하는 10가지' 항목을 발표했습니다. 이중 리더십 부문에서 두 번째로 꼽힌 것이 '리더의 핵심 가치 실천'이었습니다. 다만 여기에는 특이 사항이 하나 있습니다. 응답자들은 리더가 핵심 가치를 지키고 실천하는 것을 칭찬했습니다. 하지만 핵심 가치를 지키지 않는다고 해도 조직 문화 점수에는 큰 영향을 미치지 않는다고 답한 것이죠. 이는 애초 리더가 핵심 가치를 제대로 실천할 것이라고 기대하지 않았다는 이야기가 됩니다. 면책 특권이 있는 듯한 분위기가 형성되는 것이죠. 물론 대표와 리더급이 지닌 특수성을 고려하지 않을 수는 없습니다. 업무 방식이나 의사 결정, 커뮤니케이션 방식도 완전히 다르고, 회사의 각종 제도도 사실 구성원을 위한 것이기 때문입니다. 연차와 여름 휴가를 꼬박꼬박 쓰는 대표님이 계시던가요? 성장 지원금이나 경조사비, 전세 자금 지원부터 안마 의자 등은 대표가 쓰기 위해 만든 것이 아닙니다. 어찌 보면 문화를 가시화하는 제도에서 대표는 꽤 동떨어져 있는 느낌이 듭니다.

그럼에도 큰 관점에서 문화적 가치는 나름의 방식으로 지켜가야 합니다. '원팀'의 가치를 말하고 싶다면 대표님도 방에만 머물러 있는 것이 아니라 원팀에 속해 있음을 나름의 방식으로 보여주어야 합니다. 컬처덱에 규정된 범위 안에서 오글거려도 함께 밥을 먹고, 업무 내용도 공유하고, 동호회 활동 같은 것도 함께 할 수 있다면 해야 합니다. 꼰대 소리도 듣고, 구성원이 불편해하는 것이 느껴져도 지켜야 합니다. 그리고 구성원에게 이렇게 말해야 합니다. "나도 컬처덱을 지켜야 할 의무가 있고, 문화를 지켜야 할 구성원 중 하나입니다." 대표의 권위보다 규범의 권위가 상위에 존재해야 문화가 제대로 작동하기 시작합니다.

기업의 메타 정보를 포함해야 할까

우리 조직의 스펙 그리고 주의할 점

대표님이 핵심 가치와 방향성에 대해 정리하는 동안 실무자들이 챙겨야 할 내용도 있습니다. 앞서 말했듯 컬처덱에는 회사의 다양한 정보와 제도들이 정리되어 포함됩니다.

대한민국의 국민이라면 기본적으로 기억하는 필수 정보가 몇 가지 있습니다. 애국가, 대략적인 역사, 태극기의 모양, 수도의 명칭 등이죠. 사람마다 알고 있는 정보의 디테일 수준은 다르지만, 집단이 공유하는 공통된 정보가 존재한다는 것이 중요합니다. 기업도 마찬가지입니다. 기업의 위치, 연락처, 공식 상호, 인원수, 조직도, 슬로건, 핵심 가치, 로고 컬러, 연혁, 업무 툴, 각종 계정 정보 등 구성원이 숙지해야 할 정보는 꽤 많습니다. 종종 IR(투자 제안서)에 들어갈 법한 주주 명부, 지분 현황, 매출 추이, 국내외 마케팅 전략, 해외 지사 소개, 약식 재무제표 등을 컬처덱에 삽입하는 기업도 있습니다. 필요할 때 물어볼 수도 있지만, 바로 찾아볼 수 있도록 정리되어 있다면 더 좋겠죠. 컬처덱은 이러한 내용을 정리하기에 적합한 문서입니다.

위와 같은 자료가 이미 잘 정리되어 있는 기업이 있는 반면, 하나하나 다시 찾아야 하는 기업도 있습니다. 전자의 경우라면 필요한 내용만 추리는 작업이 진행될 것이고, 후자의 경우라면 흩어진 정보를 한데 모으는 작업이 진행될 것입니다. 실제로 이 단계는 복잡하지 않습니다. 컬처덱의 제작 목적이 기업의 정보를 정리하는 것이 아니므로 위 내용들은 부가 정보 정도의 무게감으로 준비해도 무관합니다. 주의할 점은 단순합니다.

- 활용성 : 컬처덱의 정보는 필요할 때만 찾아보는 발췌성 정보이다. 필요할 때 빠르게 활용할 수 있도록 인덱싱한다.
- 정확성 : 컬처덱에 삽입될 수치나 정보가 가장 최신 버전인지 해당 부서와 크로스 체크한다.
- 대외비 : 컬처덱에 삽입될 정보가 대외비성 이슈를 가지고 있지 않은지 체크한다. 조직의 다양한 사정에 따라 굳이 공개하지 않는 것이 좋은 정보도 존재한다.
- 변동성 : 업데이트 필요 주기가 짧은 정보의 삽입 여부를 고민해야 한다. 물론 컬처덱은 일정 기간마다 업데이트가 필요하지만, 숫자 한두

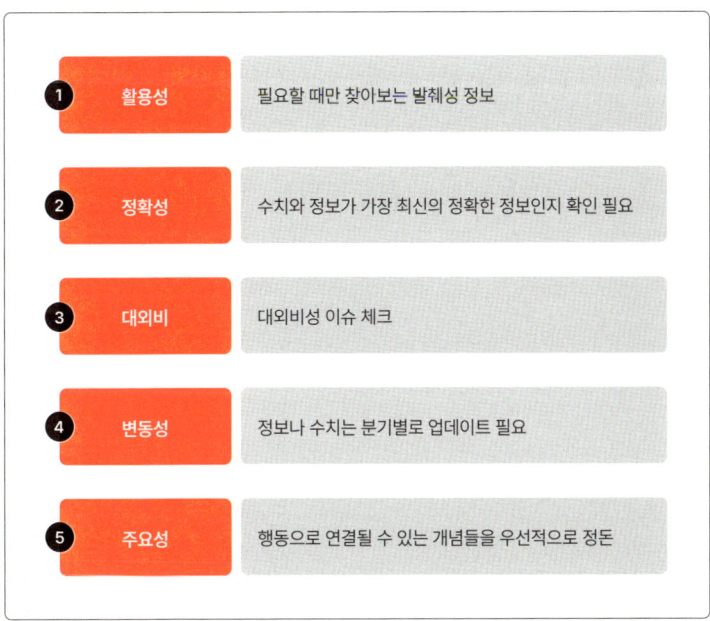

개를 바꾸기 위해 다시 인쇄한다거나 버전 관리가 복잡해진다면 비효율적일 것이다.

- 주요성 : 컬처덱의 주요 내용은 기업의 성장을 위한 상위 개념이어야 한다. 물론 세부 정보도 중요하지만 컬처덱의 특성상 다소 부차적인 수준에서 다루어진다. 컬처덱은 좀 더 능동적인 행위를 규정한다. 행위, 태도, 방향성, 비전, 제도의 존재 이유, 운영 방식 등 구체화되어야 하고 행동으로 연결될 수 있는 개념을 정돈하는 것이 우선이다. 숙지와 암기의 대상인 세부 정보는 위계상 하위에 위치하고 있다.

다양한 정보를 한데 모으는 것은 물론 의미 있는 일입니다. 컬처덱의 필수 요소는 아니지만, 구성원이 숙지하고 있어야 하는 중요한 사항입니다. 만약 컬처덱 프로젝트를 진행한다면 이런 것들을 함께 정리해보는 것도 좋은 방법일 것입니다.

판형, 구성, 제작 형태 결정하기

중요성에 걸맞는 물리적 조건에 대한 고민

이제 제작 스펙을 결정하는 단계에 대해 설명하겠습니다. 컬처덱은 내용 만큼 제작 형태도 중요합니다. 단순히 심미적 이유나 대외적으로 보여지는 퀄리티 때문만은 아닙니다. 컬처덱에는 많은 내용이 삽입되어 기업에서 생산하는 제작물 치고 분량도 방대한 편이죠. 매일 할 일이 가득한 구성원에게는 이 두꺼운 자료를 읽어야 한다는 것이 부담일 것입니다. 쉬운 언어를 사용했다고 해도 필연적으로 글이 많은 자료임은 틀림없죠. 그러나 컬처덱은 분명히 '읽혀야' 합니다. 문서를 명문화하는 이유는 보관하기 위해서가 아니라, 누구나 인지하기 위해서입니다. 아무리 훌륭한 컬처덱도 읽지 않으면 아무 의미가 없습니다. 이런 관점에서 판형과 챕터 구성, 제작 방식은 독자에게 새로운 경험을 선사할 수 있는 물리적 동기를 부여합니다.

이번 내용은 아무래도 디자이너가 아니라면 다소 어렵게 느껴질 수 있지만, 컬처덱 제작 실무진에게 도움이 될 내용을 정리했습니다.

웹 모드

웹으로 열람 가능한 컬처덱은 크게 3가지 모드가 있습니다.

- 노션 또는 랜딩 페이지 형태로 열람 가능한 웹 페이지 모드
- 링크 또는 파일의 형태로 열람 가능한 PDF 모드
- 전자책 또는 아날로그적 경험을 대체하는 플립북 모드

웹 모드의 크기는 일반적인 모니터 화면에 맞추어 1280×720 픽셀로, 화면의 가로와 세로 비율은 16:9로 제작합니다. 웹 모드는 인쇄 비용이 들지 않고 손쉽게 배포할 수 있다는 점에서 많은 클라이언트사에서 채택한 방법이기도 합니다. 다만 이 경우 몇 가지 유의할 사항이 있습니다.

우선 화면에서 볼 때의 가독성은 인쇄물에 비해 현저히 떨어집니다. 그렇기 때문에 웹 모드로 제작 시에는 인쇄물로 제작할 때보다 폰트 크기를 키워야 하고, 글자 수는 줄여야 합니다. 또한

인쇄물과 달리 원하는 페이지를 바로 펼칠 수 없기 때문에 원하는 지점으로 바로 이동할 수 있는 인덱스 버튼이 존재해야 합니다. 이 기능은 PDF에서 페이지 링크로 손쉽게 구현할 수 있습니다. 또한 왼쪽 상단에서 오른쪽 하단을 향해 '대각선 형태'로 읽히는 인쇄물과 달리 웹 모드에서는 'F자 형태'로 읽힙니다. 그렇기 때문에 대부분의 주요 내용은 상단에 위치해야 하고, 속도감 있게 읽힐 수 있도록 경쾌한 레이아웃을 사용할 필요가 있습니다.

인쇄물

인쇄물은 제작 형태나 후가공에 따라 수많은 종류가 있기 때문에 특정 스타일을 기준으로 잡기 어렵습니다. 다만 매우 특이한 판형을 의도적으로 기획하지 않는 이상 일반적으로 규격 용지 사이즈를 선택하게 됩니다. 특히 잘 읽히는 소설이나 매거진 판형이 주로 활용됩니다. 사륙배판(188×257mm), B5(182×257mm), 크라운판(175×248mm), 신국판(153×225mm), A5(148×210mm) 정도가 대표적입니다. 이들 판형에서 변형된 것이 라이프 스타일 매거진 판형(180×255mm), 소형 매거진 판형(170×240mm)입니다.

위에서 언급한 판형들은 서점에서 판매 중인 일반 도서와 크기가 유사해 큰 이질감 없이 손에 잡힌다는 장점이 있습니다. 가로가 긴 판형을 원하시는 경우도 있지만, 특별한 이유가 없다면 인쇄물로는 가급적 추천하지 않습니다. 가로가 긴 판형은 펼쳤을 때 읽어야 하는 텍스트의 양이 상당히 많아져 독자를 피곤하게 만들 위험이 높기 때문이죠. 그리고 펼쳐서 볼 때 안정감도 좋지 않습니다. 가급적 세로가 긴 좌측 제본 판형을 추천합니다.

이 외에도 인쇄물 제작에는 눈에 잘 읽히도록 하기 위해 자간과 행간 유지가 중요합니다. 저는 160~200%의 행간을 부여하고, 폰트에 따라 장평은 98%까지 줄이기도 합니다. 자간 또한 0에서 -50까지 다양하게 조정해 최적의 가독성을 만들어야 합니다. 전자책 폰트로 널리 쓰이는 'Kopub 바탕체'의 경우 -30 정도의 자간을 부여하고 있습니다. (위의 조건은 출판물 제작 프로그램인 '인디자인' 기준입니다.)

제목 또는 강조할 문단에는 강렬한 폰트를 사용해도 무관하지만, 글이 많은 본문에는 심미적인 것보다는 가독성이 우선되는 출판용 폰트를 활용하는 것이 좋습니다. 저는 '산돌NEO 명조'(산돌커뮤니케이션), 'Kopub 바탕체'(한국출판인회의), 'SM신신명조'(직지소프트) 등을 주로 사용합니다.

후가공

인쇄물을 더욱 돋보이게 하는 후가공의 종류는 무궁무진하기 때문에 원하는 만큼 추가할 수 있습니다. 여기에서는 기능적 측면에서 본 후가공만 소개합니다.

간지 삽입

간혹 간지를 넣어야 할 경우가 있습니다. 챕터를 구분한다거나 중요한 내용을 담은 페이지는 특별한 종이를 사용하기도 하죠. 이때 본문 종이보다 두껍고 탄성이 좋은 종이를 사용하면 넘기며 보다가 다른 질감 때문에 멈추도록 의도할 수 있습니다. 한 번이라도 더 눈길이 가도록 하는 것이죠. 또는 챕터나 세부 챕터에 인덱스나 탭지('색인지'라고도 함)를 삽입해 직관적으로 내용을 찾을 수 있도록 할 수도 있습니다.

접지 인쇄

또 하나의 후가공으로는 접지 인쇄가 있습니다. 내용에 따라 펼쳐진 두 페이지만으로는 공간이 부족한 경우가 간혹 발생합니다. 내용이 끊어지지 않고 이어져야 하지만, 뒷 페이지로 넘기기 곤란할 때 한 쪽을 두 페이지 폭만큼 연장한 후 접어 총 세 페이지로 만들 수 있습니다. 같은 행위가 반복되어 자칫 지루해질 수 있는 '넘기기'에서 '펼치기'라는 색다른 경험의 기회를 주면서 주의를 환기시킬 수 있습니다.

모양 따기

이외에도 구멍을 뚫어 뒷 내용이 보이게 만드는 모양 따기 ('톰슨thomson', 일본식 표현으로 '도무송'이라고도 함), 컬처덱에 쿠폰 등을 삽입한 후 미싱(각종 티켓이나 우표처럼 쉽게 뜯을 수 있도록 바늘 구멍을 내는 작업)을 할 수도 있습니다.

PUR 제본

PUR$^{\text{poly urethane reactive}}$ 제본 방식을 사용하면 펼침성을 대폭 개선할 수 있습니다. 컬처덱의 분량이 많아 인쇄물이 두꺼워질 때 사용하면 좋습니다. 물론 비용이 꽤 많이 듭니다.

이 외에도 표지를 단단한 하드커버(양장 제본)로 하거나, 글자나 문양의 입체감을 주는 형압, 금이나 은 또는 홀로그램 등의 효과를 주는 박 등을 활용하면 한층 더 화려한 결과물을 만들 수 있습니다. 아시다시피 이 모든 것은 비용이 추가됩니다. 컬처덱이 상징적이고 의미 있는 자료이지만, 특별한 이유가 없다면 후가공으로 화려함을 강조하기보다 본문의 가독성을 더 신경 쓰는 것이 좋습니다.

이 모든 과정은 한 글자라도 더 잘 읽히게 만드려는 노력의 일환입니다. 조직의 구성원이니까 당연히 읽을 것이라는 생각은 너무 순수한 마음이죠. 우리의 일상을 돌아봅시다. 평소 웬만해서는 긴 글을 잘 읽지 않게 됩니다. 큰 재미를 느끼지 않는 이상 5분 넘게 글에 집중하기도 힘들죠. 컬처덱의 내용은 아무리 쉽게 풀어도 결국 조직과 일에 대한 이야기입니다. 이러한 내용을 읽도록 하려면 일단 콘텐츠 자체가 유려하고 재미있어야 하며, 판형이나 가독성 그리고 읽는 경험이 총체적으로 합쳐져야 하죠.

고민이 많아질 것이고 신경 써야 할 것도 많습니다. 컬처덱에 연관된 수십, 수백 명의 사람들을 모두 만족시킬 순 없겠죠. 그럼에도 제작을 담당하는 사람은 작은 디테일 하나까지도 신경을 써야 합니다. 한 회사의 기준을 만드는 작업이니까요.

CHAPTER 2

HOW TO PLANNING

18

컬처덱의 첫 번째 독자는 내부 구성원이다

조직 문화의 유지를 위한 메타인지의 필요성

지금부터는 컬처덱의 독자가 누구인지 생각해보겠습니다. 컬처덱은 한번 만들어지면 여기저기로 퍼지기 마련이다 보니 독자는 예상보다 다양할 수 있습니다. 조직 구성원은 물론이고, 예비 투자자, 예비 입사자, 일반 고객, 업계 종사자 등 노출 범위에 따라 달라질 수 있습니다. 그렇더라도 제작을 시작할 때부터 명확한 독자를 설정해야 합니다. 이유는 단순합니다. 컬처덱은 허공에 외치는 말이 아니기 때문이죠.

컬처덱은 선거 때 볼 수 있는 유세 차량처럼 불특정 다수에게 전파하는 메시지가 아닙니다. 컬처덱은 전시하기 위함이 아닌, 작동을 위한 결과물입니다. 작동이라함은 목적과 행위가 정해져 있고, 행위의 주체가 있습니다. 바로 그 행위의 주체에게 정확히 전달되어야 하죠. 들리는 것뿐만 아니라 그가 이것을 이해하고 실제로 행동할 수 있어야 합니다.

그 첫 번째 독자는 바로 내부 구성원입니다. 대표님이 창업한 이후 합류한 모든 이들에게 전하는 메시지죠. 이 경우 컬처덱은 다음과 같은 특징을 지닙니다.

주목적은 선언이다

내부 구성원은 이미 우리 조직이 어떤 곳인지 알고 있습니다. 때문에 세세한 설명보다 '선언'을 주목적으로 합니다. 그간 대표님은 수 차례 모두 발언을 하셨을 것입니다. 회사 사정에 관한 이야기나 앞으로의 방향성에 대해서 말이죠. 하지만 대부분의 발언은 전달 또는 종용의 목적이 강했을 것이라고 생각합니다. 컬처덱에 담아야 할 언어는 선언입니다. 우리가 어느 방향으로 갈 것인지, 왜 그곳으로 가는지, 궁극적으로 우리가 이루어야 하는 것이 무엇인지 쉽고 명쾌한 언어로 선언하는 것입니다. 보통 이는 컬처덱의 앞부분에 등장하며 구체적인 설명보다 선언문 그 자체로 하나의 '깃발'이 됩니다. 이 때문에 선언문은 단어, 서술어, 조사 하나까지도 잘 정제되어야 합니다. 모두가 우리의 선언문을 듣고 이해할 수 있어야 하죠.

선언된 핵심 가치와 실제 행위가 같아야 한다

선언의 목적이 달성되었다면 '실무의 룰'을 규정하는 것이 중요합니다. 목표를 이루는 구체적인 방법이죠. 사실 실무의 범위는 어마어마하게 넓고 디테일하기 때문에 이를 하나하나 규정한다는 것은 너무도 어려운 일입니다. 메일을 어떻게 써야 하는지, 탕비실은 어떻게 이용해야 하는지, 사내 메신저에 의견은 어떻게 기재해야 하는지 등에 대해 하나하나 예를 들어 가이드를 만들 수도 있습니다. 그러나 이 모든 것 이전에 반드시 선행되어야 하는 작업이 있습니다. 바로 '우리가 선언한 핵심 가치'와 '실무 원칙'과의 맥락을 잡는 일이죠.

예를 들어 '실행력'이라는 키워드를 잡았다고 합시다. 자신이 옳다고 생각하는 것은 최소한의 원칙만 준수하면 곧바로 실행에 옮긴다는 원칙입니다. 이러한 핵심 가치가 있다면 실무 원칙도 당연히 단순하고 직관적이어야 합니다. 구성원이 실행력을 뿜어내고 싶어할 때 온갖 절차와 제약 때문에 결국 좌절만 맛본다면 핵심 가치가 잘 지켜지지 않는 것일 테니까요. 핵심 가치가 실제로도 잘 지켜질 수 있도록 실무 원칙은 항상 상위 가치와 꼼꼼히 연결되어야 합니다. 이는 역으로 말하면 핵심 가치에 위배되는 것이라면 '더 좋은' 방법이더라도 행하지 않는다는 뜻입니다.

곳곳에는 좋은 툴도, 좋은 제도도 많이 있습니다. 이것들을 짜집기해 만들어진 문화는 좋은 문화가 아닙니다. 조금은 비효율적이어도, 고리타분해도 좋습니다. 압박감이 느껴지거나 너무 자유로워서 혼란스러울 수도 있습니다. 모든 문화는 완벽이 아닌 고유성을 향해 나아갑니다. 여러분의 문화도 마찬가지입니다. 완벽한 것은 없습니다. 다만 말한 것과 행하는 것이 일치하는지 면밀하게 살펴볼 필요가 있죠.

내부 언어를 사용해도 무관하다

무작정 쉬운 단어를 쓰는 것이 능사는 아닙니다. 내부 구성원들은 이미 조직이 사용하는 용어에 익숙해져 있고, 실제로 일을 하고 있는 실무자입니다. 그들이 공통적으로 이해할 수 있는 언어라면 특수하고 어려운 용어라도 사용 가능합니다.

저는 컬처덱을 제작할 때 항상 내부 구성원을 '소비자'로 규정하기에 업무에서 가장 일상적으로 쓰이는 언어를 사용하려고 노력합니다. 그렇기에 종종 짧게 줄일 수 있는 용어도 쉽게 풀기 위해 굳이 늘려서 써야 하는 번거로움이 동반되기도 합니다. 합의된 용어라면 복잡해도 괜찮습니다. 다만, 사용한 용어가 대표나 임원만 사용하는 언어인지, 구성원도 함께 사용하는 언어인지 잘 구별해야 합니다. 가끔 구성원은 대표님의 말을 이해하는 척 합니다. 고개를 끄덕였다고 다 이해하는 것은 아닙니다. 실제 업무 현장에서 구성원은 어떤 말을 사용하고 있는지 직접 듣고 파악할 필요가 있죠. 대표님이 직접 만드는 경우가 아니라면 피플팀이나 컬처덱 제작 TFT가 해야 하는 일입니다.

실질적인 작동을 위해 존재한다

정말 중요한 사안이고 근본적으로 이 책의 존재 이유이기도 합니다. 컬처덱은 제작 자체가 아닌 그 이후의 활용이 정말 중요합니다. 활용과 작동이 본질이라고 말하는 편이 더 좋을 듯합니다. 조직은 구성원에게 하고 싶은 말이 많을 것입니다. 그렇다 보니 좋은 말이든, 무언가를 요구하는 말이든 컬처덱에 담을 내용은 자꾸만 늘어납니다. 저는 컬처덱을 만드는 분들이 끊임없이 그것과 싸우실 것을 진심으로 권합니다. 제대로 작동하는 컬처덱을 만들고 싶고, 의미 있게 쓰이는 컬처덱을 만들기 원한다면 하고 싶은 이야기를 상대방이 듣고 싶은 방식으로 해야만 하죠.

쉽게 읽혀야 작동한다

컬처덱이 작동하도록 만들기 위해서는 최소 몇 명으로 이루어진 베타 테스트팀을 꾸려 잘 이해되는지, 잘 읽히는지, 실무에 적용하는 데 수월할 것 같은지 등을 계속 묻고 피드백을 받아야 합니다. 물론 이러한 과정이 지난하고 힘들다는 것을 알고 있습니다. 그렇지만 매우 중요한 과정입니다. 과장을 조금 보태면, TFT가 만드는 컬처덱의 언어 대부분은 구성원에게 와닿지 않을 것입니다. 마치 대표님의 연설 같고, 경제경영서에서나 볼 법한 말이고, 실무에서 거의 사용되지 않는 비일상적인 말일 것입니다. 컬처덱을 준비하며 구축한 핵심 가치가 실무에서도 작동하려면 '이 키워드가 실무에서는 어떻게 적용되어야 하는지' 말해주어야 합니다. 아주 쉽고, 단순하고, 짧은 문장으로 말이죠. 예를 들어보겠습니다.

A : 우리는 여러분이 지치지 않고 오래 역량을 발휘하길 바랍니다.
B : 아프면 집에 갑니다.

두 문장 중 어느 문장이 더 와닿으시나요. A는 지나치게 형이상학적입니다. 지친다는 것은 무엇을 말하는지, 오래 역량을 발휘한다는 것은 무엇을 의미하는지 명확하지 않습니다. 좋은 말들로 문장이 구성되어 있지만, 어떤 상황에서 어떻게 적용해야 하는지 이것만 보아서는 전혀 알 수 없습니다. 반면 B는 직관적이고 심플하며 명확합니다. 이처럼 상황과 서술어가 중심이 되는 문장으로 적어주세요.

여백이 있어야 작동한다

피플팀은 종종 이러한 걱정을 할 것입니다. '아프다는 핑계로 병가를 신청하는 직원이 너무 많아지면 어떡하지?', '얼마나 아파야 병가 신청이 가능한지 구체적인 가이드를 정해야 하는 것은 아닐까?' 그 마음은 충분히 이해하지만, 이러한 가이드는 만들지 않습니다. 이 논리대로라면 보험 약관처럼 병가를 신청할 수 있는 구체적인 사유와 정량화된 고통의 정도를 공지해야 할 것입니다. 앞서 말했지만 문화는 완벽함이 아닌 고유성을 향합니다. 통제의 대상이 아닌 유지의 대상이죠. 꾀병을 부리는 이도 있을 것입니다. 그렇더라도 문화는 지켜져야 합니다. 꾀병을 부릴 수 있다고 해서 고통을 수치화해 평가하는 것이 아니라 꾀병을 부리지 않는 이가 많아져야 하고, 구성원끼리 서로 합의한 수준에서 해결해야 할 문제입니다. 컬처덱은 최소한의 바운더리를 정하는 문서입니다. 여백이 있어야 작동하죠.

문화는 발전시키는 것이 아니라, 유지하는 것이다

구성원이 10명에 불과했을 때의 문화, 50명으로 늘어났을 때의 문화, 1,000명에 달할 때의 문화는 분명 다릅니다. 그렇지만 이는 구성원의 수가 증가하면서 발생하는 충돌과 합의의 결과물이지 '발전'했다고 말하지는 않습니다. 10명일 때의 문화와 1,000명일 때의 문화는 완전히 다른 종류의 것입니다.

문화는 '발생'과 '유지'의 과정이 있습니다. 물론 발생 초기 단계의 문화는 혼란스럽습니다. 갈등이 많고 쪼개져 있죠. 개인의 충돌이 집단의 충돌로 연결되고, 결국 하나의 합의점으로 모이면 안정기에 다다릅니다. 이를 '성숙된 문화'라고 합니다. 하나의 스테이지에서 문화는 탄생, 혼돈, 성숙의 과정을 거쳐 안정됩니다. 그리고 이것이 유지되죠. 컬처덱은 문화를 발전시키기 위한 자료가 아닙니다. 유지시키기 위한 자료죠. 당연히 기업의 비전과 미션을 달성할 이상적인 모습의 문화를 그리고 싶겠지만,

모든 기업이 그런 이상적인 형태의 문화를 지니고 있지 않습니다. 우리의 고유성과 특수성 중 어떤 모습을 유지해야 하고, 어떤 것을 배척해야 하는지를 결정해야 하죠. 우리 조직에 존재하지 않는 이상적인 모습만 묘사해 이것이 우리의 모습이라고 외쳐서는 안 됩니다.

컬처덱을 만드는 과정은 치열한 메타인지의 연속입니다. 우리의 모습을 직시하고, 그것을 인정하고 받아들이는 것이 우선되어야 하죠.

컬처덱의 두 번째 독자는 예비 구성원이다

맥락 있는 경험을 위한 세심한 리딩 설계의 필요성

컬처덱은 기존 구성원을 향한 메시지의 성격이 강하지만, 때로는 기업의 문화를 대외적으로 알려 좋은 인재를 영입하는 용도로 사용하기도 합니다. 요즘처럼 인재 모시기 경쟁이 치열한 때에는 잘 정돈된 문화와 시스템 또한 매력 포인트가 됩니다. 다만, 유의할 점은 다음과 같습니다.

컬처덱을 읽게 될 독자들은 기대만큼 쉽게 집중하지 않습니다. 누가 지켜보는 것도 아니고, 시험을 보는 것도 아니고, 심지어 일반적인 경우 재미도 없습니다. 단순히 '공들여 열심히 만든 것이니까', '입사를 원한다면 당연히 읽어야 하는 것이니까'라고 생각한다면 겸손하게 다시 생각해볼 필요가 있겠습니다.

간혹 기존 구성원에게 전달할 내용과 예비 구성원에게 전달할 내용이 섞인 경우를 봅니다. 컬처덱 하나로 이 사람, 저 사람에게 모두 사용하고 싶다는 마음이죠. 이는 지양해야 할 태도입니다. 앞서 말했듯 컬처덱 메시지의 수신자는 분명해야 하고, 그들의 특성에 완전히 몰입해야 합니다. 하고 싶은 말만 하려면 그냥 대자보를 써서 문 앞에 붙여 놓는 것이 더 효율적이죠.

이러한 이유로 예비 구성원을 위한 컬처덱은 반드시 따로 구성해야 합니다. 그러기 위해 입사를 희망하는 사람이 원하는 정보를 선별해야 합니다. 그리고 예비 구성원이 입사 지원 시 손쉽게 열람할 수 있도록 웹 링크를 제공하고, 모바일 최적화도 잊어서는 안 됩니다. 예비 구성원을 위한 컬처덱의 정보는 옆 페이지의 이미지에 등장하는 각 항목의 순서를 따라 배치합니다.

그런데 무언가 빠진 것 같죠? '기업의 철학, 미션, 비전을 알려줘야 하는 것 아닌가?' 하는 생각이 드셨나요. 컬처덱을 읽게 될 예비 구성원은 대외적으로 알려진 정보 외에는 우리 조직에 대해 아는 것이 없습니다. 무슨 일을 하고, 구성원들이 어떤 대화를 나누며 일하는지 경험해본 적도 없죠. 그들이 우리의 미션과 비전을 이해하게 하려면 정말 구구절절 자세히 설명해야 하지만, 그런 글을 읽는 지원자는 정말 드뭅니다. 그렇기에 철학과 비전은 회사 소개에 간단히 녹여냅니다. 짧고 간결하게 그리고 쉬운 언어를 사용해서요.

이 여덟 가지 정보를 나열하고 설명하는 태도가 곧 기업의 철

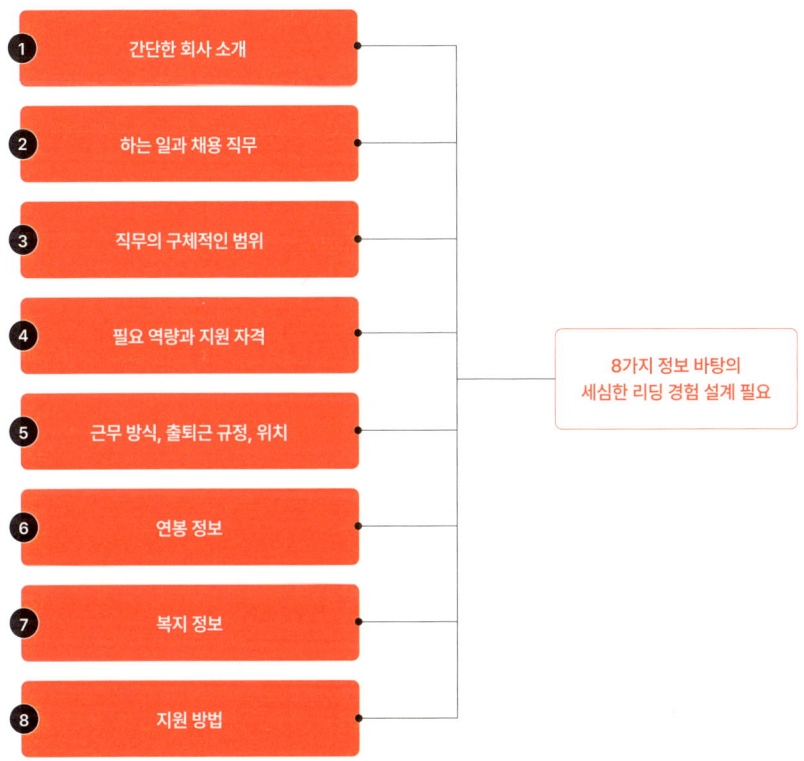

학을 드러냅니다. 특히 필요 역량과 지원 자격에서 어떤 문화를 지닌 곳인지 함축적으로 보여줄 수 있죠.

위 내용을 보면서 기시감을 느끼셨나요? 그렇습니다. 채용 공고의 순서와 똑같죠. 회사에서 생산하는 콘텐츠 중 컬처덱과 가장 유사한 것을 꼽자면 IR도, 회사 소개서도 아닌 채용 공고라고 할 수 있습니다. 채용 공고에는 기업의 역할과 성격, 사람을 대하는 태도가 여지없이 드러납니다. 숨기려 해도 귀신 같이 알아챌 것입니다. 컬처덱이라는 별도의 파일을 내려받도록 해 공부시키는 것이 아니라, 채용 공고를 극도로 발전시켜 친절하고 상세한 지원 가이드를 만드는 것입니다. 글을 읽으면서 맥락 있는 경험을 하도록 세심하게 리딩 경험을 설계해야 하죠.

- 서두는 짧게 끝맺는다.
- 소제목을 사용해 해당 내용으로 이동할 수 있는 링크를 부여한다.
- 각 소제목은 독자가 가졌을 법한 질문에 맞춘다.
- 독자가 궁금할 만한 순서로 내용을 배치한다.
- 문장, 단락이 길어질 때는 토글로 접어 능동적으로 확인하도록 한다.
- 넘버링, 줄 바꿈을 남발하지 않는다. 위계가 복잡하면 읽기 힘들다.
- 읽는 속도가 빨라지도록 구어체를 활용할 수 있다.
- 중요한 정보는 시선을 끊어 멈추게 유도하고, 앞뒤 여백을 크게 둔다.
- 연결된 페이지가 아닌, 원 페이지 형태로 스크롤하도록 한다.
- 적절한 멀티미디어를 활용한다.
- 사진에는 캡션(주석)을 추가한다. (사람들은 캡션에 주목한다.)

이처럼 디자인과 콘텐츠 모두 독자의 경험이 될 수 있도록 전문적이고 섬세하게 만듭니다. 소중한 인재를 영입하는 일이고, 우리 회사의 가장 큰 팬층을 만나는 일입니다. 회사가 직접 그들에게 말을 거는 순간이죠. 신중해야 합니다.

컬처덱의 또 다른 독자는 관련 업계이다

메시지에 힘을 싣는 존경과 선한 의지, 혁신, 기여

컬처덱은 기본적으로 내부 구성원에게 진달하는 메시지가 핵심입니다. 그러나 모든 기업이 컬처덱을 만들지 않습니다. 종종 특정 업계에서는 기업의 문화를 규정하고 체계적인 내부 브랜딩을 진행했다는 행위 자체가 고무적 이슈처럼 받아들여지기도 하죠. 보통 이러한 경우에는 도대체 무엇을 어떻게 만든 것인지 관련 업계 내 기업들이 궁금해하기도 하고, 신선한 사례로 입소문이 돌기도 합니다. 이렇듯 어떤 컬처덱은 동종 업계의 리딩 컴퍼니leading company가 되겠다는 목표 아래 제작되기도 합니다. 특수한 경우이긴 하지만, 이 같은 경우에는 다음의 3가지 내용이 핵심적으로 들어가게 됩니다.

1 존경과 선한 의지		말로만 전하는 존중이 아닌, 체계적인 태도와 존중과 존경 표현
2 혁신		실험적인 혁신과 잘 짜여진 방법론
3 기여		메시지 전달뿐 아닌 적극적인 행동과 열정 증명 필요

존경과 선한 의지

컬처덱의 목적은 어그로를 끌기 위함이 아닙니다. 기본적으로 업계에 메시지를 던지기 위해서 지향점을 그들에게 두어서는 안 됩니다. 자칫 "네가 뭔데?"라는 식으로 돌아올 수도 있거든요. 업계를 향한 메시지는 솔선수범과 동종 업계 종사자에 대한 존경에서 시작합니다. 이는 첫 번째로 우리 조직의 구성원에 대해 존중과 존경을 표하는 것으로 시작되죠. 단순히 말로만 전하는 것이 아닌, 체계적인 제도와 올바르고 건강한 업계 문화를 만들어 실험하는 것이 시발점일 것입니다.

어떤 업계든 고질적인 병폐가 존재합니다. 단적으로 디자인 업계는 저가 경쟁, 디자이너에 대한 왜곡된 인식, 저작권 문제 등이 늘 따라다니고 있죠. 업계에 메시지를 주고자 하는 기업이라면 이러한 문제를 스스로 해결하고 개선하는 모습을 보여주면서 명문화해야 할 것입니다.

예를 들면, 작업 비용을 투명하게 공개하고, (크리에이티브 영역에서는 쉽지 않은 일이지만) 비용 산출의 기준을 명확하게 산정하고, 활발한 캠페인과 내부 교육을 진행하고, 근로 계약서부터 저작권에 대한 기본 사항을 엄격히 명시하는 등의 액션이 있을 것입니다. 이 모든 것은 '쇼'가 아닌 선한 의지를 바탕으로 이루어져야 하며, 이러한 선한 의지의 진위 여부는 지속성에서 드러납니다.

혁신

업계에 화두를 던지기 위해서는 실험적 혁신과 잘 짜여진 방법론으로 긍정적인 사례를 만들어내는 것이 가장 효과적입니다. 동종 업계 내의 문제는 대부분 비슷하기 때문에 하나의 해결책이 등장하면 업계 전체를 혁신할 수 있는 마스터 키가 되기도 하죠. 실질적인 성과를 만들어낸다면 가장 좋을 것이고, 그렇지 않더라도 주목을 끌기에는 충분할 것입니다.

예를 들면, 디지털 트랜스포메이션의 성공적인 방법론을 도입한다거나, B2B 브랜딩의 체계를 잡고 매출을 올린다거나, 인사 평가 제도를 대대적으로 혁신해 인재 성장 구조를 만드는 것 등입니다. 이러한 혁신적 행보가 컬처덱에 어우러져야 하는 이유는 명백합니다.

GE의 사례를 잠시 살펴보죠. 2010년, 대대적인 디지털 트랜스포메이션을 진행한 GE는 현장에서 사용하는 장비에 IoT(사물인터넷)를 적용할 수 있는 운영 시스템을 만들고자 했습니다. 표준화된 OS를 개발하려고 했던 것이죠. 당시에 소프트웨어로 포지셔닝 전환을 고려했다는 것은 정말이지 현명한 선택이었습니다. 하지만 GE는 이 프로젝트를 성공시키지 못했습니다. 문제 요소는 매우 다양했지만, 그중 가장 큰 원인으로 부각되었던 것은 전통적 제조업식 조직 문화로 인한 경직된 소통 체계, 유연성이 떨어지는 대기업식 협업 구조로 인한 프로젝트 붕괴였습니다. 대규모 인력과 자본을 일괄 투입해 성과를 내야 하는 경직된 방식을 고스란히 적용했고, 실무진의 제안과 건의는 묵살되었습니다. 내부 구성원 사이에서 디지털 트랜스포메이션에 대한 비전 정립도 제대로 이루어지지 않은 상태였죠. 혁신적인 발상으로 옳은 선택을 했지만, 제도와 문화가 이를 뒷받침해주지 못했습니다. 기업의 혁신적 행보는 탄탄하고 유연한 문화 위에서 가능합니다.

기여

업계에 긍정적인 메시지를 전하는 기업은 소위 스피커의 역할을 맡게 됩니다. 무대에 선 느낌이죠. 그러나 동종 업계의 대부분 기업은 경쟁 관계이거나, 우호적 관계여도 일정 부분 이해관계로 묶여 있는 상태일 가능성이 높습니다. 우리의 컬처덱이 업계에 전해졌다고 해도 그 의미가 축소될 가능성이 높죠. (흔한 말로 '그래서 어쩌라고…' 정도가 될까요.) 우리의 목표는 리딩 컴퍼니가 되는 것입니다. 단순히 메시지만 전하는 것은 약합니다. 업계는 내부 구성원처럼 호락호락하지 않죠. 우리에게는 좀 더 적극적인 행보가 필요합니다. 저는 이 부분을 어떻게 표현해야 할지 고민했습니다. 생각 끝에 '기여'라는 단어가 가장 적합하다고 결론을 내렸습니다.

저와 함께 일을 했던 한 클라이언트사는 에너지 관련 부품을 생산하는 기업이었습니다. 세련된 디자인, 스타트업에서나 볼 법한 유연한 조직 문화를 앞세워 업계 내에서는 꽤 '젊은' 기업이라고 여겨지던 곳이었죠. (대표님이 젊지는 않았지만, 업게 자체가 굉장히 보수적이고 기술 지향적 느낌이 강해서 상대적으로 그렇게 평가되었던 것 같습니다.) 이 기업은 분명 업계의 주목을 받긴 했는데, 관심과 함께 시기와 비아냥도 함께 받았죠.

대표님의 고민은 업계를 '선도하는 것'이었습니다. 단순히 매출이나 성과를 넘어 문화적으로도 말이죠. 이 대표님이 시작하신 것은 일단 대표님들의 커뮤니티를 만들고, 매월 스터디를 진행하면서, 사례를 공유하고 취합해 애뉴얼 리포트를 만드는 것이었습니다. 그리고 기업이 보유한 데이터를 가공해 업계 분들이 이해하기 쉽도록 영업 백서 등을 만들어 배포하기도 했죠. 무료로 말입니다. 세련된 웰컴킷이 화제가 되었고, 직접 디자인한 템플릿을 공유하기도 했습니다. 이는 꽤나 고무적이고 놀라운 반응을 불러왔습니다. 국내 매출 1위를 달리는 동종 업계 회장님도 스터디에 참여했을 정도로 이 회사의 영향력은 커져갔습니다. 이 소문은 클라이언트사에도 퍼졌습니다. 퍼주기가 아닌, 기여하기. 이는 어느 집단에서 자신의 의지를 드러내고자 한다면 반드시 필요한 과정이죠.

컬처덱에는 이러한 행동과 그 당위성이 담겨 있어야 합니다. '왜 우리 것을 고생해서 남에게 퍼주는 거야?' 같은 내부 구성원의 궁금증을 명확하게 해소시켜야 하고, 업계 사람들에게 우리의 노력과 열정을 증명해야만 합니다. 그래야 메시지에 힘이 실리기 시작합니다.

컬처덱의 독자는 고객이 되기도 한다

팬덤 형성, 인재 영입, 이미지 구축의 전략

고객에게 보여주기 위한 컬처덱도 있습니다. 이 경우 주로 문서 형태보다는 블로그 형태를 취합니다. 그렇다면 기업은 왜 고객에게 자신의 문화를 드러낼까요? 이는 일반적으로 3가지 이유가 있습니다. 팬덤 비즈니스를 형성하기 위해, 컬처핏에 맞는 좋은 인재를 유치하기 위해, 건전한 이미지를 통한 신규 고객을 유치하기 위함입니다.

팬덤 비즈니스 형성

리디의 경우 TOC^{tears of customer}(리디 고객이 흘리는 감동과 분노

의 눈물)라는 제도를 운영하고 있습니다. 리더들과 정기 미팅, 메일 등의 채널을 통해 취합된 고객 데이터를 원문 그대로 가공 없이 공유하는 문화죠. 이 내용은 리디 기업 홈페이지의 'STORY' 탭에 그대로 드러나 있습니다. 이러한 것을 통해 팬들에게 '당신의 의견이 소중히 다뤄진다'는 메시지를 전하죠.

GTA^{Grand Theft Auto}, 레드 데드 리뎀션^{Red Dead Redemption} 같은 게임 타이틀로 유명한 게임사 락스타게임즈^{Rockstar Games}는 음주, 말다툼, 스트립 클럽 여행 등 위험한 문화, 게임 업계 특유의 과도한 근무(주 7일 100시간 근무, 일명 크런치^{crunch})로 논란이 많았습니다. 그러다 2022년, 대대적인 개선을 선포하고 계약직의 정규직 전환, 모욕적인 언사나 태도를 지닌 관리자 해고를 단행했습니다. 팬데믹 시기에는 보너스와 휴가 혜택을 부여하고 플렉스 타임이라는 제도를 도입해 추가로 근무한 시간 만큼 휴가를 사용할 수 있도록 했습니다. 팬들과 투자자가 기대하고 있던 GTA 6의 출시 일정을 미루면서까지 과도한 근무, 인종 차별, 성차별적 문제를 먼저 해결하고 문화를 바꿔가겠다고 선언했죠. 그동안의 수많은 논란과 악명 높은 문화를 쇄신하려는 노력은 게임 팬들이나 개발자에게 긍정적인 평가를 받고 있습니다.

토스, 에이블리, 채널코퍼레이션도 일하는 방식이나 커뮤니케이션 문화, 자신의 고객을 대하는 태도와 마음을 드러내고, 심지어 퇴사 시 이별하는 방법까지 기업의 속내 깊은 이야기를 블로그나 피드 페이지를 통해 고객과 나누고 있습니다.

컬처핏에 맞는 좋은 인재의 유치

이처럼 고객 지향적인 기업 문화 블로그가 작성되기 시작한 것은 채용이 가장 큰 이유일 것입니다. 직설적으로 말하면 '우리를 이해하고 핏이 맞는 사람을 찾습니다'라는 메시지에 가깝죠. 그러나 실제로는 우리 조직을 전혀 모르는 사람이 느닷없이 우리를 검색해 피드를 찾아볼 리 만무합니다. 대부분은 어느 정도 우리 조직에 관심이 있거나, 우리 서비스를 사용하고 있거나, 채용에 관심이 있는 사람에게 노출될 확률이 높습니다. 솔직한 기업 문화 블로그를 보게 되면 보통은 긍정적인 브랜드 이미지를 갖게 되죠. 이는 잠재 고객을 팬덤으로 바꾸는 인플루엔셜 콘텐츠influencial contents 역할을 수행합니다. 안정적인 팬덤이 늘어나고, 이를 통한 신규 고객 바이럴도 함께 이루어질 수 있겠죠.

건전한 이미지를 통한 신규 고객 유치

지금까지의 이야기만 보면 당장이라도 컬처덱을 온 세상에 공개해야 할 것 같습니다. 그러나 단순히 어필하는 것만으로 이러한 놀라운 일들이 가능할까요? 그렇지 않습니다. 기업 문화를 대외적으로 알렸다는 것은 그에 대한 기대감을 높였다는 것과 같습니다. 이후에는 더 높은 도덕적 기준을 요구받게 되죠. 큰 애정을 받을 수도 있지만, 말과 행동이 다르면 상상 이상의 지탄으로 돌아오기도 합니다. 이 때문에 고객에게 공개되는 컬처덱은 내용과 실천의 일치성이 무엇보다 중요합니다.

파격적인 수평적 문화로 주목을 받았던 한 브랜드는 내부 고발자 색출과 협박 루머로 고객에게 큰 실망을 안겨주기도 했고, 블로그에 드러난 제도와 문화가 하나도 지켜지지 않아 줄퇴사가 이어지는 곳도 있었습니다. 고객들의 진솔한 목소리를 듣겠다던 한 브랜드는 정작 쓴소리는 모두 삭제하고 좋아요가 많이 눌린 긍정적 피드백에 리워드를 부여해 지탄을 받기도 했습니다. 언행 불일치가 불러오는 브랜드 이미지 타격은 상당합니다.

사내 문화를 공개하고 어필할 때는 3가지를 생각해야 합니다. 첫 번째로는 어느 채널이 되었든 공유한 것은 삭제하기 어렵습니다. 그때는 옳았지만 지금은 틀린 명제들이 존재할 수도 있죠.

두 번째로는 외부에 공개되는 메시지는 내부 구성원도 바라보고 있다는 점입니다. 포장했거나, 사실과 다른 이야기를 한다면 내부 구성원의 지지를 받기 어려울 것입니다.

마지막으로는 공개하려는 문화가 대중의 정서와 잘 맞는지도 고려해야 합니다. 물론 기업의 문화는 고유의 것이기에 옳다, 그르다를 판단하기 어렵습니다. 다만, 많은 사람에게 공개되었을 때는 의도치 않게 평가의 잣대에 오르게 되죠. 상식 또는 사회 분위기, 정서라는 측면에서 말입니다.

예를 들어 자발적인 야근, 일을 더 열심히 하도록 서로 독려하는 문화, 지친 동료가 다시 달릴 수 있도록 파이팅해주는 문화가 있다고 해봅시다. 함께 열정을 불태우는 뜨거운 회사의 이미지를 줄 수도, 과도한 업무로 몹시 힘들고 치열하기만 한 이미지를 줄 수도 있습니다. 어느 쪽이든 상관없다면 공개해도 좋습니다. 그러나 부정적인 논란이 이미지에 큰 타격일 수 있다면 굳이 노출할 필요는 없겠죠.

기업 문화의 노출은 기업이 전략적으로 선택할 수 있는 영역입니다. 여러분에게 최대한 득이 되는 쪽으로 결정해야 좀 더 효용성이 좋겠죠.

일반 고객에게 공개하는 컬처덱은 다음과 같은 특징을 신경 써야 합니다.

쉬운 용어의 사용

우선 쉬운 용어를 사용해야 하는 것은 기본입니다. 실무자는 업계 용어에 이미 익숙해져 있기 때문에 친구와 대화할 때 사용하던 일상 용어 대신 조직 내의 언어가 더 편안합니다. 콘텐츠, 플랫폼, 웹 3.0, 커머스, 프로세스, 미션, 비전, 포지셔닝, VOC, 유저 등의 용어는 일상에서 쉽게 접할 수 없습니다. 정확한 뜻을 규정하기도 어렵죠. 신조어나 영문 표현도 가급적 일상적인 용어로 바꾸어 말해주세요.

철학을 증명하는 태도

내용적인 측면에선 '룰'보다 '세계관' 또는 '태도'가 강조되게 합니다. 실제 실무 원칙이나 'ㅇㅇㅇㅇ 하는 법' 등은 조직 내 구

①	쉬운 단어	일상에서 쉽게 쓰지 않는 단어, 신조어나 영문 표현도 일상적인 단어로 표현
②	세계관 또는 태도를 강조	특징이 잘 드러나는 흥미로운 지점들이 선별된 구체적인 브랜드의 철학 공유
③	콘텐츠의 포맷	논리적으로 파악 가능한 정돈된 온라인 콘텐츠 포맷

성원만 이해할 수 있는 것입니다. 내부 사정이 어떠한지 모르는 외부 고객에게는 생소하고 다소 맥락 없이 들릴 수도 있죠. 물론 작성하는 사람도 이것을 알기에 앞뒤에 설명을 길게 첨부하게 되는데 이는 자칫 구구절절한 텍스트가 될 수 있습니다. 대신 우리의 철학, 고객, 시장, 제품, 업을 대하는 태도와 마음에 대한 이야기는 비교적 쉽게 와닿습니다. 다소 원론적인 주제가 될 수 있기에 우리만의 특징이 잘 드러나는 흥미로운 지점을 선별해 보여주는 것이 좋습니다. 그러기 위해서는 실질적인 태도가 반드시 수반되어야 하겠죠.

   무인양품의 예를 하나 들어보겠습니다. 무인양품은 매장을 단순히 물건을 판매하는 곳이 아니라 체험하는 공간으로 만들고 싶다는 철학을 가지고 있습니다. 이러한 철학은 물품의 배치, 동선, 실제 방처럼 꾸며놓은 디스플레이에서 잘 드러납니다. 여기에 하나의 독특한 경험을 더할 수 있죠. 바로 청각적 경험입니다.

무인양품 매장만의 독특한 음악은 무인양품이 직접 제작하는 것으로 알려져 있습니다. 매년 테마와 국가를 선정해 해당 국가의 전통 음악을 매장 음악으로 활용합니다. 이 경우 펜타토닉 스케일('파'와 '시' 음계가 없는 5음계. 공간감, 토속적, 동양적 느낌을 줌)을 주로 활용해 매장에 들어온 고객에게 편안하면서도 독특한 분위기를 선사하죠. 이런 디테일을 알게 되면 이 브랜드의 철학이 더 구체적으로 와닿습니다. 철학과 그것을 증명하는 행위가 짝을 이뤄야 하는 이유죠.

매력적인 포맷

마지막으로 콘텐츠의 포맷을 지니고 있어야 합니다. 고객은 기업의 문화를 어디에서 접할 수 있을까요? 인쇄된 컬처덱을 접할 기회는 거의 없을 것입니다. 대부분 온라인 콘텐츠로 만나게 되겠죠. 온라인 콘텐츠는 빠르고 명쾌하게 읽혀야 합니다. 차례를 구성할 때도 딱딱한 경영 용어보다 직관적으로 전달되도록 대화하는 듯한 구어체로 풀어가는 것이 좋겠죠. 그리고 가급적이면 줄글 형태를 추천합니다. 넘버링을 하거나, 소제목 등으로 위계를 나누어 카테고리를 잘게 쪼개면 가독성은 더욱 떨어집니다. 마치 참고서를 보듯 정보를 논리적으로 파악하고 정돈해야 하거든요. 읽는 사람에게 이러한 경험은 마치 공부하는 것과 같은 스트레스를 줍니다.

콘텐츠 마케팅 전문가인 앤 핸들리Ann Handley는《마음을 빼앗는 글쓰기 전략》에서 가장 이상적인 블로그 게시물의 분량을 500~700자 정도로 규정했습니다. 콘텐츠 퍼블리싱 소프트웨어인 버디미디어가 제공한 데이터를 보면 1,500자 정도였을 때 검색 엔진 트래픽에서 가장 좋은 수치를 보이기도 했습니다. 내용에 따라 조금씩 달라지겠지만, 기본적으로 10포인트 폰트 기준으로 A4 용지의 절반 정도 분량이 하나의 주제로 적합하다는 의견이 지배적입니다.

콘텐츠의 제목은 여섯 단어 정도로 구성했을 때 가장 적절합니다. 이는 영어 단어 기준으로, 한글의 경우 네 단어에서 일곱 단어 정도가 됩니다. '○○○이(가) ○○○에서 ○○○을 하는 법'처럼 명사형으로 끝나는 제목이 가독성과 주목성 측면에서 가장 효과가 좋았습니다.

컬처덱은 투자자에게 어필할 때도 사용된다

건강한 관리 시스템을 증명하는 5가지 요소

투자자에게 어필하기 위한 자료는 IR 아니냐고요? 맞습니다. 주로 회사의 성장 지표와 비전, 성과 등을 보여주며 투자자와의 신뢰 관계를 구축해가는 것이 일반적입니다. 그러나 안정적인 투자와 장기적 관점에서 기업을 관찰하려는 투자자에게 기업 문화는 꼭 살펴야 하는 요소가 되었습니다. 이는 다양한 윤리적 리스크와 닿아 있고, 급변하는 시장 상황에서 기업이 얼마나 유연하게 대처할 수 있는지 짐작할 수 있는 척도가 되기 때문이죠.

공유 오피스의 대명사인 위워크는 직원이 1만 명 이상의 기업으로 빠르게 성장했습니다. 위워크는 구성원에게 IPO에 대한 희망을 전하며 혹독한 근무를 강요했죠. 구성원은 키부츠(공동체)

정신이라는 미명 아래 '가족 같은 회사', '일이 곧 삶이다' 같은 명제를 강요받았습니다. 하지만 창업자이자 CEO였던 애덤 뉴먼의 독특한 취향과 과도한 지출, 다양한 공유 오피스 경쟁사가 등장하는 가운데 방향을 제대로 잡지 못했습니다.

2019년, IPO 준비 당시 16억 달러에 달하는 마이너스 순익을 기록하며 결국 상장에 실패했죠. 이후 2,400명이나 되는 직원을 내보내는 등 큰 홍역을 치뤄야 했습니다. 2021년, 우여곡절 끝에 'WE'라는 티커명으로 상장하게 되었지만, 기업 가치는 최초 470억 달러에서 90억 달러로 75%나 낮아진 상태였습니다.

물론 모든 기업의 리스크 원인은 복합적입니다. 하지만 기업이 터뜨리는 큰 문제는 대부분 하인리히의 법칙을 따릅니다. 결정적인 1가지 문제 이전에 이미 작은 피해 29개, 소소하고 작은 문제 300개가 존재하고 있었다는 이론이죠. 탄탄하고 건강한 조직 문화에서는 이러한 리스크를 솔직하게 드러내고 빠르게 해결책을 찾겠죠. 투자자는 이런 모습을 좋아합니다.

이러한 이유 때문에 투자자에게 어필하기 위한 컬처덱은 기업의 원대한 비전이나 목표를 보여주지 않습니다. 그러한 내용은 IR에서도 충분히 보여줄 수 있죠. 컬처덱에서는 좀 더 체계적이고 건강한 관리 시스템에 대해 어필해야 합니다. 이를테면 옆 페이지의 이미지에서 소개하는 것들이죠.

①	직원들과 회사의 관계가 어떻게 규정되어 있는지 보여줍니다.	신입 구성원에 대한 온보딩 프로세스, 퇴사자에 대한 굿바이 프로세스, 내부 비전과 성장 루트 전달 방법 정돈 및 공유
②	지나치게 CEO 의존적이지는 않은가, 업무가 어떻게 체계화 및 세분화되어 있는지 보여줍니다.	체계적으로 쪼개진 업무 방식과 상호 보완/견제할 수 있는 구조 마련
③	어디에 돈을 쓰고 있는지도 매우 중요합니다.	합리적인 복지, 아이디어에 대한 투자
④	의사 결정 체계가 합리적인지 보여줄 수 있습니다.	커뮤니케이션 방식, 문제 해결 방식
⑤	성과 관리 원칙 또한 컬쳐덱에 들어가는 요소입니다.	투자자도 함께 공감하고 이해할 수 있는 '성공'의 정의, 구체적인 목표 설정, 액션 설정, 평가

기업과 구성원의 관계

잦은 퇴사와 신규 입사는 불필요한 비용을 발생시키는 것 이상의 악재입니다. 근무 환경의 문제도 있겠지만, 투자자 입장에서는 브랜드의 노하우가 쌓이지 않고, 원숙한 결정권자가 부재하다는 것에 몹시 불안해할 것입니다. 성장에 필요한 고급 전략을 구사할 수 없다는 역량 문제로 번지기도 하죠. 때문에 새로 합류한 구성원에 대한 온보딩 프로세스, 퇴사자에 대한 굿바이 프로세스, 내부적으로 어떤 비전과 성장 루트를 보여줄 것인지 잘 정돈하는 것이 좋습니다.

업무의 체계화, 세분화

투자자에게 '믿음의 K사'라고 불렸던 한 기업은 상장 1개월 만에 주요 임원들의 주식 매각으로 결국 주가 폭락을 야기했습니다. 직원 한 명의 수천억 원 횡령으로 기업의 근간이 흔들렸던 O사 사건은 그동안 어떻게 운영되고 있었는지 모두가 놀랐을 정도로 비상식적 일이었습니다. '누가 운영하더라도 문제가 없는' 시스템을 갖추는 것이 투자자에게 매력적인 시대가 되었습니다. 한 사람에게 일임된 상태가 아닌, 체계적으로 업무 분장이 이루어져 있고, 상호 보완과 견제가 가능한 구조의 유무가 점점 중요해질 것입니다.

어디에 비용을 지출하고 있는가

컬처덱에 기업의 비용 목록이 포함되지는 않지만 과도한 복지, 태만한 비용 관리 절차 등이 드러날 수 있습니다. 또는 기존 사업에만 집중하고 새로운 사업 비전이 부재하다면 그만큼 리스크가 커진다는 이야기가 됩니다. 컬처덱에는 합리적인 복지와 생산적인 아이디어에 대한 지출로 직원 만족은 물론이고 다양한 아이디어에 투자하고 있다는 것을 보여주어야 합니다. 물론 실제로 그렇게 하고 있다는 전제가 있어야겠죠.

합리적인 의사 결정 체계

컬처덱에는 커뮤니케이션 방식이 포함됩니다. 서로 어떤 방식으로 아이디어를 나누고, 의견을 일치시키는가에 대한 부분이죠. 이 부분에 투자자의 의견이 어떻게 반영될 수 있는지도 언급할 수 있습니다. 의사 결정 체계는 조직의 유연성을 보여주는 척도입니다. 큰 리스크나 작은 문제가 발생했을 때 이를 해결해가는 방법도 이에 포함될 것입니다.

성과 관리 원칙

조직에서 규정하는 '성공'이 무엇인지 투자자도 공감하고 이해할 수 있어야 합니다. 그 성공을 위해 구체적인 목표를 어떻게 설정했는지도 보여줄 수 있습니다. 그리고 그것을 위해 어떤 액션을 수행할지, 어떻게 평가할지 보여줄 수 있습니다. 평가는 무척 중요합니다. 투자자의 상식에 맞는 평가 기준이라면 더욱 좋겠지만, 그렇지 않더라도 내부 근거가 명확하다면 어떤 방식으로든 레슨 앤 런^{lesson & learn}을 만들어낼 것이라는 메시지가 되기도 하니까요.

컬처덱 사례 1 : 넷플릭스 '자율과 책임'

업무에 대한 명확한 규정과 강렬한 메시지

잘 알려진 넷플릭스의 컬처덱, '자율과 책임'은 125페이지로 구성된 슬라이드였습니다. 이것은 컬처덱이라는 용어를 사용하며 실리콘밸리에 큰 화제를 불러왔죠. 현재는 웹에 게시된 형태로 바뀌었고, 넷플릭스의 채용 페이지에서 확인할 수 있습니다.

기존 컬처덱은 그야말로 냉엄했습니다. 짤막한 텍스트로만 이루어진 슬라이드는 각각의 가치에 대한 상세한 설명을 곁들이고 있습니다. 그 말들은 매우 솔직합니다. 사실 대부분의 메시지는 "우리와 맞지 않으면 나가라" 하는 것처럼 보이기도 합니다. 대다수의 문장은 원론적 느낌이 강하지만, 넷플릭스가 왜 탁월한 인재만을 원하는지 설명하고 있습니다. 예를 들면, 혼돈이 발생

하는 이유를 이렇게 말합니다. 사업이 성장할수록 업무의 복잡성은 증가합니다. 이는 우상향하는 그래프로 묘사됩니다. 이때 뛰어난 직원이 부족해지면(우하향하는 그래프) X자 형태의 그래프가 만들어지는데 그 간극이 혼돈이라는 것입니다. 이 때문에 혼돈을 줄이기 위해 사업의 복잡성보다 더 뛰어난 인재들이 필요하다는 논리를 펼치죠.

넷플릭스의 핵심 키워드는 '탁월함'입니다. 그리고 7가지 관점에 따라 문화를 구조화시켰습니다. 그럴 듯한 구호가 아닌 누구에게 보상을 하고, 누구를 승진시키고, 누구를 해고할지에 대한

Chaos Emerges

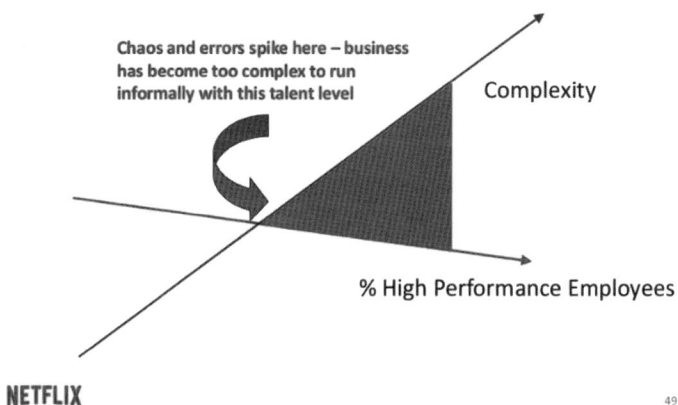

The Key: Increase Talent Density faster than Complexity Grows

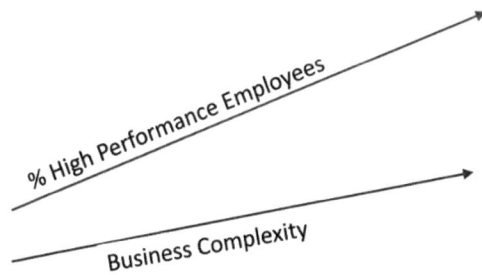

규정이 곧 문화라고 말합니다. 그 기준이 되는 가치가 판단력, 소통, 임팩트, 호기심, 혁신, 용기, 열정, 이타적 행동이죠. 각각의 가치 하위에는 4~5개의 명제가 존재합니다.

예를 들어볼까요. 첫 번째 가치인 판단력judgment에는 5개의 명제가 있습니다.

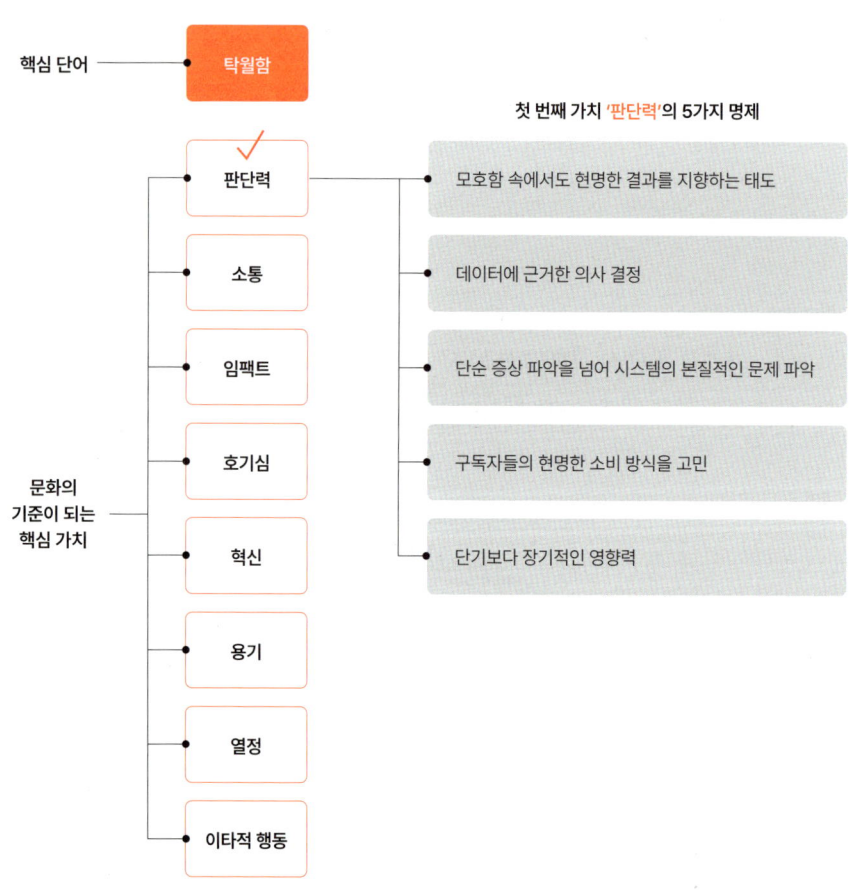

- 모호함 속에서도 현명한 결과를 내려야 합니다.
- 데이터를 이용해 결정합니다.
- 단순히 증상을 파악하는 것을 넘어 시스템의 문제를 파악합니다.
- 회원(구독자)들의 돈을 현명하게 써야 합니다.
- 단기적 영향력보다 장기적 영향력을 생각해야 합니다.

이처럼 무언가를 판단할 때는 현명함, 데이터, 시스템, 고객 관점, 장기적 영향을 고려하라고 말하고 있죠.

다음으로는 팀에 대해 규정하고 있습니다. 원문을 한번 살펴볼까요?

We model ourselves on being a professional sports team, not a family. A family is about unconditional love. A dream team is about pushing yourself to be the best possible teammate, caring intensely about your team, and knowing that you may not be on the team forever.

넷플릭스는 '가족'을 원하지 않습니다. '스포츠팀'을 원하죠. 가족은 무조건적인 사랑을 기반으로 합니다. 하지만 넷플릭스가 말하는 드림팀은 자신을 몰아붙이고, 팀에 적극적으로 관여하고, 팀이 영원하지 않다는 점을 아는 것이라고 합니다. 마냥 행복하고 끈끈한 애정 관계를 원하지 않는 것이죠. 게다가 넷플릭스에서는 우리나라에서 쉽게 언급하기 힘든 '키퍼 테스트'라는 제도가 있습니다. 관리자가 일종의 테스트를 진행해 부적합하다고 생각하는 구성원을 (후한 퇴직금과 함께) 내보내는 것이죠. 이 때문에 넷플릭스는 종종 긴장 상태를 조성하고, 개인주의적으로 운영된다는 평도 듣습니다. 하지만 이것을 비난할 수는 없을 것입니다. 그들만의 문화니까요.

넷플릭스의 컬처덱 이름이기도 한 첫 번째 파트, '자유와 책임'의 첫 문장은 이렇습니다.

우리는 회사 바닥에 떨어진 쓰레기를 줍습니다.

환경 보호에 힘쓰자는 뜻이 아니라 남의 일인 것처럼 미루거나 외면하지 말라는 뜻입니다. 컬처덱에는 이처럼 명쾌한 비유가 필요합니다. "주인 의식을 가집니다"라고 말할 수도 있지만, 잘 이해되지 않습니다. 넷플릭스 컬처덱의 최신 버전은 2015년 만들어진 '자유와 책임'에 비해 문장이 한결 부드러워졌습니다. 더 친절하지만, 내용은 간결하고 명쾌합니다. 짧고 명료한 문장을 사용하고 있죠. 일부 내용을 보겠습니다.

수년에 걸쳐 일부 직원은 자유를 좋지 않은 방식으로 이용했습니다. 그러나 그것은 예외입니다. 우리는 (자유에 대한) 과도한 수정을 하지 않으려고 노력합니다. 소수 사람들이 자유를 남용한다고 해서 나머지 사람들도 신뢰받을 수 없다는 뜻은 아닙니다.

요약하면 '부작용이 있긴 하지만, 그래도 구성원을 신뢰한다'라는 내용이죠. 문장은 대체로 길지 않고 간결합니다. 동어 반복이 많지 않고, 각 문장이 정확한 의미를 가지고 있습니다. 글의 분량이 많은 컬처덱은 빙빙 돌려 표현하지 않도록 조심해야 합니다. 특히 철학적이거나 관념적인 이야기를 할 때는 더욱 그렇습니다.

넷플릭스의 컬처덱은 이미 수많은 기사나 블로그를 통해 널리 알려져 있습니다. 컬처덱이란 단어를 시작한 사례이자 그만큼 강렬한 카리스마를 가진 내용이 인상적이기 때문이죠. 이전까지만 해도 스타트업의 조직 문화는 수평적이고, 똘똘 뭉치고, 열정적이며, 즐겁고 재미있어서 마치 놀이터 같은 느낌이었습니다. 젊고 새로운 혁신가들이 모여 있는 만큼 기발한 복지와 색다른 문화를 보여주기 위해 애쓰던 시절도 있었죠. 넷플릭스는 화려한 복지를 강조하지 않습니다. 냉엄하게도 '최고로 대우해줄 테니 최고의 성과를 창출하기 바랍니다. 우리에게 최고의 복지는 최고의 동료입니다'라고 말하고 있죠. 이는 스타트업에 신선한 충격이었습니다. 이렇게까지 냉정하게 말할 수 있다는 감탄을 자아내게 했죠.

시간이 많이 지나긴 했지만, 스포츠팀처럼 달리는 기업들에게는 여전히 큰 인사이트를 주는 컬처덱입니다. 물론 최근 넷플릭스는 이런저런 말이 많았습니다. 〈기묘한 이야기〉, 〈하우스 오브 카드〉 등으로 넷플릭스의 르네상스를 이끌었던 콘텐츠 헤드

신디 홀랜드와 〈채울 수 없는〉, 〈오징어 게임〉 같은 콘텐츠를 승인한 콘텐츠 헤드 벨라 바자리아의 갈등으로 넷플릭스는 편가르기가 시작됩니다. 그 사이에서 CEO 테드 사란도스는 관망하고 있었죠. 결국 2020년, 신디 홀랜드가 퇴사하면서 넷플릭스의 문화와 정책은 많이 바뀌기 시작했습니다. 아마 2015년도에 만들어진 컬처덱과는 매우 다른 모습일 것입니다. 최신 버전의 컬처덱도 지금의 넷플릭스 모습과 완전히 일치한다고 보기는 어려울 것 같습니다.

이러한 사례를 통해 얻게 될 인사이트는 이것입니다. 적어도 회사의 문화는 합의에 의해, 보텀업$^{bottom-up}$으로 만들어지지 않습니다. 다수는 선택할 뿐이죠. 선택지는 위에서부터 내려옵니다. 윗단이 바뀌면 회사의 색깔도 바뀝니다. 이것이 열린 사회와 다른 점이죠. (물론 열린 사회에서도 극단적인 경우 그렇기는 합니다.)

컬처덱은 기업의 성장이나 변화의 시점마다 다시 제작되고 선언되어야 합니다. 그리고 그럼에도 변하지 않는 원칙을 선택해야 하죠. 머지 않아 다시 업데이트될 넷플릭스의 컬처덱을 기대해도 좋을 것 같습니다.

컬처덱 사례 2 : 밸브 '새로운 멤버를 위한 핸드북'

유쾌함과 특유의 콘셉트

밸브는 '카운트 스트라이크', '하프라이프', '포탈' 등의 게임 타이틀로 유명한 게임 개발 및 유통 기업입니다. 1996년, 마이크로소프트 출신 프로그래머 게이브 뉴웰과 마이크 해링턴이 창립한 곳이죠. 밸브는 특히 채용에 무척 신경을 쓰는 곳으로 유명합니다. 우수한 인재를 공격적으로 영입하는 까닭에 박사급 컴퓨터 공학자들이 꿈꾸는 직장이기도 합니다. 컬처덱의 이름도 '새로운 멤버를 위한 핸드북'으로 지었을 만큼 컬처덱의 목적도 '인재 유치'에 집중되어 있습니다. 그럼 밸브의 문화를 한번 살펴볼까요. 우선 밸브에는 5가지 문화 원칙이 있습니다.

- 직함은 있으나 사장과 임원 외에 큰 의미 없음.
- 대표에게 할 말이 있으면 다이렉트로 건의함.
- 연봉은 설문 응답의 평균으로 결정.
- 누가 일을 하라고 시키거나 업무를 부여하지 않음. (스스로 알아서 함.)
- 해고는 투표를 거쳐 진행. (회사에 해를 끼친다고 모두가 동의할 경우.)

이쯤 되면 일을 스스로 하는 것은 거의 모든 회사의 기본이 아닌가 싶습니다. 어려운 내용은 아닙니다. IT 기업에서 흔히 볼 수 있는 내용들이죠. 이어지는 챕터 구성은 이렇습니다.

Preface

"우리는 1996년에 게임을 만들기 시작했다"라고 소개하며 "재능 있는 여러분은 조직의 성장을 위해 최선을 다해 업무를 수행할 수 있다"라고 언급하고 있습니다. 또한 "이 책은 우리의 가이드라인을 간략하게 요약한 것"이며 "회사가 지속적으로 성장함에 따라 이러한 원칙은 신규 입사자에게 도움이 될 것"이라고 말합니다.

How to Use

컬처덱을 보는 대상의 선택, 기존 구성원에 대해 생각하는 방법, 밸브 내에서 하면 안 되는 것들에 관한 것들을 담았다고 소개합니다.

PART 1 : Welcome to Valve

- Your First Day : 신규 입사자를 위한 축하와 환영 인사
- Valve Facts That Matter : 밸브가 하는 일
- Welcome to Flatland : 조직도와 조직 구조 설명

PART 2 : Settling In

- Your First Month : 입사 후 가장 먼저 해야 할 일
- What to Work On : 업무(프로젝트) 선택 이유, 어떻게 선

택하는지, 진행 상황, 장/단기 목표, 동료와의 이해관계, 해야 할 일과 중요한 일, 업무 방식
- Teams, Hours, and the Office : 프로젝트팀 소개, 구조, 일과 일 사이의 균형, 책상 조립 설명, 밸브의 연혁
- Risks : 실패에 대처하는 방법, 위기에 대한 대처법과 밸브의 믿음.

PART 3 : How Am I Doing?

- Your Peers and Your Performance : 동료와 실적, 순위와 보상, 상사 없이 혼자 일하는 방법, 스킬 레벨과 기술적 능력, 생산성과 산출량, 상대적 가치(랭킹 순위), 그룹/제품 기여하는 방법, 출장 방법.

PART 4 : Choose Your Own Adventure

- Your First Six Months : 역할과 호칭 설명, 밸브의 인재 다양성, 엔지니어와 비 엔지니어의 역할 구분 설명.
- Your Most Important Role : 채용이 중요한 이유, 적합한 인재 선택에 대해, T자형 인재에 대한 선호, 우리가 필요로 하는 인재상, 채용 조건
- What Is Valve Not Good At : 밸브가 잘하지 못하는 것, 신규 입사자를 통한 밸브의 방향성.

이렇게 4개 챕터, 총 74페이지로 구성되어 있습니다. 밸브 컬처덱의 특이한 점은 무척 세세한 설명이 곁들여져 있다는 점입니다. 신규 입사자를 위한 컬처덱인 만큼 전체 목차는 'First Day' 부터 펼쳐집니다. 목차를 찬찬히 보시면 아시겠지만, 먼저 환영 인사와 입사 후 해야 할 일, 6개월간 해야 할 일, 일하는 방식과 인재상, 방향성까지 점점 개념을 키우며 설명하고 있습니다.

밸브는 조직을 '플랫랜드Flatland'라고 설명하고 있습니다. 번역하면 '수평적인 곳' 정도가 되겠죠. 단순히 수평적 문화를 가지고 있다고 말하는 대신 "플랫랜드에 온 것을 환영한다"는 문구로 문화를 표현한다는 것이 꽤 인상적입니다. 동화적이기도 하죠.

이는 디자인에도 잘 반영되어 있습니다. 밸브의 컬처덱은 오래된 고서 콘셉트를 보여주고 있습니다. 얼핏 보면 호그와트의 도서관에 꽂혀 있을 것 같은 마법 서적을 보는 느낌이 들죠. 컬처덱 내부에 들어가 있는 일러스트도 1970~1980년대 미국의 광고 전단지를 보는 것 같습니다. 그리고 줄글이 많고 빼곡하죠. 대신 군데군데 유쾌한 요소들이 많습니다. 책상을 옮기는 방법을 굳이 자세히 설명하고 있다거나, 무슨 일이 일어났는지 확인하는 방법 등이 적혀 있죠. 빼곡한 줄글 가운데 조금 황당하면서도 위트 있는 일러스트가 숨 돌릴 틈을 줍니다.

가독성 측면에서도 주목할 점이 많습니다. 분량이 많은 것 같지만 생각보다 빨리 읽힙니다. 소설 또는 에세이류 판형에 시원시원한 여백, 적절한 행간과 폰트 크기 덕분에 PDF로 확

Fig. 2-4 **Methods to find out what's going on**

step 1. Talk to someone in a meeting
step 2. Talk to someone in the elevator
step 3. Talk to someone in the kitchen
step 4. Talk to someone in the bathroom

Fig. 2-2 **Method to move your desk**

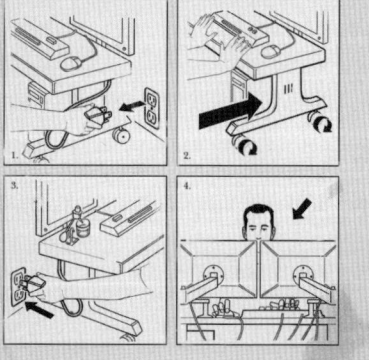

step 1. Unplug cords from wall
step 2. Move your desk
step 3. Plug cords back into wall
step 4. Get back to work

인해도 술술 읽히는 가독성을 만들어냈습니다. 게다가 잘 잡힌 위계와 재미있는 일러스트로 지루하지 않게 읽어내려갈 수 있습니다. 3개 정도로 항목을 나누어 선을 긋거나 박스로 구분하지 않아도 충분히 내용을 이해할 수 있음을 보여주는 좋은 사례입니다.

간혹 컬처덱을 만들다 보면 참고서나 보고서 같이 문장을 지나치게 짧게 끊어 도식을 만들거나 리스트를 만들게 되는데 이는 생각보다 잘 읽히지 않습니다. 빠르게 정보를 '찾는' 데에는 유리하겠지만 말이죠.

신규 입사자를 위한 컬처덱은 온보딩 프로그램과 함께 쓰이는 경우가 많습니다. 일종의 교재처럼 말이죠. 그래서 각 챕터와 소제목이 교육 프로그램 또는 입사 후 일정한 시기별로 나눈 경우가 많았습니다. 입사 당일, OJT 기간, 1개월 뒤, 6개월 뒤, 1년 뒤 등 일정한 시점마다 다시 컬처덱을 열어 자신의 위치와 역량, 문화와 일치 여부를 확인할 수 있게 하는 것이죠. 이처럼 컬처덱의 목적에 따라 순서와 흐름도 함께 정해집니다.

컬처덱 사례 3 : 자포스 '컬처북'

디자인에서부터 느껴지는 기업 문화

1999년 설립된 자포스는 신발과 의류를 판매하는 온라인 소매 기업입니다. 지금은 세상을 떠난 창업자 토니 셰이의 정신이 가득 담겨 있는 브랜드죠. 제가 정신이 담겨 있다고 이야기할 만큼 자포스의 문화는 독특하고 독보적입니다. 자포스는 '문화가 성장 전략의 핵심'이라고 늘 밝힙니다. 몇 가지의 사례를 통해 자포스가 어떤 곳인지 느껴보도록 하죠.

자포스는 라스베이거스에 위치하고 있습니다. 이곳은 부동산 버블 사태 이후 70%의 가정이 경제적으로 휘청였을 정도로 타격을 많이 입은 곳 중 하나였습니다. 도시는 황폐해졌고, 빈 건물이 많아졌으며, 실업자가 증가했죠. 자포스는 예전에 시청으로

쓰던 건물을 리뉴얼해 신사옥으로 쓰게 됩니다. 아마존에 인수된 이후였죠. 이때 단순히 자신의 사옥만 리뉴얼한 것이 아닙니다. 2009년, 사옥 주변 다운타운을 매입해 주변의 멋진 카페와 레스토랑이 있는 공간으로 탈바꿈할 도새 재생 사업을 시작했습니다. 이름하여 '행복한 도시' 사업이었죠. 스타트업과 소상공인이 함께 어울려 동반 성장을 할 수 있는 인프라를 계획했습니다. 자포스의 도시 재생 사업은 이곳의 분위기를 완전히 바꾸어 놓았죠. 이는 기업이 지역을 어떻게 긍정적인 방향으로 바꿀 수 있는지 보여주는 훌륭한 사례가 되었습니다.

자포스를 말할 때 친절함을 빼놓을 수 없을 것입니다. 자포스에 대한 이야기를 배우자에게 했더니 돌아온 첫마디가 "거기는 엄청난 곳이야. 진짜 엄청나게 친절해"였을 정도였죠.

자포스는 극한의 CS 경험을 제공하기로 유명합니다. 이들은 정해진 스크립트 없이 재량껏 상담합니다. 큰 틀만 있을 뿐, 나머지는 사람 대 사람으로 대화하는 것을 지향하고 있죠. 심지어 제품과 관련 없는 시시콜콜한 농담이나 수다를 떨어도 함께 동조해주고 대화를 이어나갈 정도니까요. 고객과 무려 10시간 29분 동안 통화한 기록이 있다면 믿으시나요? 그리고 모든 고객센터 전 직원의 전화 옆에는 엽서가 비치되어 있습니다. 신발을 사는 목적에 따라 적절한 메시지를 적어 박스에 동봉하는 것이죠.

이처럼 철저하게 고객 중심으로 운영되는 자포스의 고객센터는 자포스의 모든 구성원이 거쳐야 하는 필수 코스입니다. 브랜드의 DNA가 녹아들어 있는 핵심 부서인 셈이죠.

이 외에도 자체 화폐를 운용한다거나, 각 그룹이 스스로 컨퍼런스룸을 꾸밀 수 있다거나, 지역 주민 누구라도 사옥에 들어올 수 있는 등 여러 특징으로 가득하지만, 마지막으로 반드시 언급해야 할 특징을 꼽자면 채용 방식입니다. 자포스는 채용 시 서류와 인터뷰만으로 끝나지 않습니다. 입사 지원자는 단순히 서류를 '제출'하는 것이 아니라 자포스의 각종 행사나 미팅에 '참석'합니다. 인터뷰가 없는 것은 아니지만, 기존 구성원과 라포를 형성하고 서로의 핏을 맞춰보는 시간을 가지는 것이죠. 단순히 프로세스에 의해 채용하는 것이 아니기에 이 과정은 몇 주에서 길게는 몇 개월까지 소요됩니다. 이와 관련해 한 인터뷰에서 토니 셰이가 했던 말이 인상깊습니다.

> "우리가 동료 관계가 아니었다면 이 사람과 함께 술을 마실 수 있겠는가?"
> 이 질문에 "아니오"라는 답이 나오는 지원자는 뽑지 않습니다.

자포스의 제도 중 나이스 가이 테스트^{nice guy test}는 무척 흥미롭습니다. 우리나라에서도 지원자의 인성을 보기 위해 식당에서 물을 쏟은 후 반응을 관찰하는 등 색다른 방식으로 면접을 진행하는 경우가 있다고 하는데, 이와 비슷하면서도 조금 다른 제도입니다. 다양한 지역에서 입사 지원자가 찾아오는 자포스는 그들을 안내하기 위해 수행원 또는 운전 기사를 공항으로 보내줍니다. 이때 운전 기사나 수행원을 대하는 태도를 확인한다고 합니다. 인터뷰 결과가 아무리 좋아도 그들을 대하는 태도가 무례하다면 결코 채용하지 않는다고 하죠.

이렇게 흥미진진한 문화를 가진 자포스는 2014년, 컬처북이라는 이름으로 기업 문화를 정리했습니다. 컬처북은 다음과 같이 16개 챕터로 구성되어 있습니다.

- 머릿말
- 진행 이벤트 및 행사 이미지

- 대표(토니 셰이)의 말
- 브랜드 스토리
- 자포스에서 운영하는 센터 소개 이미지
- 주최한 패밀리 행사 소개
- 우수 사원 소개 이미지
- 전체 팀원 소개 이미지
- 워크숍 프로그램 이미지
- 스토어, 타운홀 미팅 소개 이미지
- 회사 문화 소개(코스튬 축제, 20주년 축제 등)
- 슈즈 제품 소개 이미지
- 자포스 어워드 패밀리 포토
- 자포스 컨택 포인트
- 제품, 이벤트 소개 이미지
- 대표 이미지와 엔딩 메시지

각각의 메시지는 큼직큼직하고 굉장히 투박하게 담겨 있습니다. 토니 셰이는 언제나 민머리에 티셔츠, 청바지 차림의 캐주얼한 사람이었습니다. 책상에 앉아 결재나 하는 의사 결정권자의 모습보다는 함께 땀을 흘리고 현장을 뛰어다닐 것 같은 동료의 모습이었습니다. 이런 활동적인 브랜드의 모습을 그대로 반영하듯 컬처덱 내용의 85% 이상은 문화를 보여주는 '사람' 또는 '행사' 이미지로 구성되어 있고 레이아웃도 컬러를 많이 사용해 다

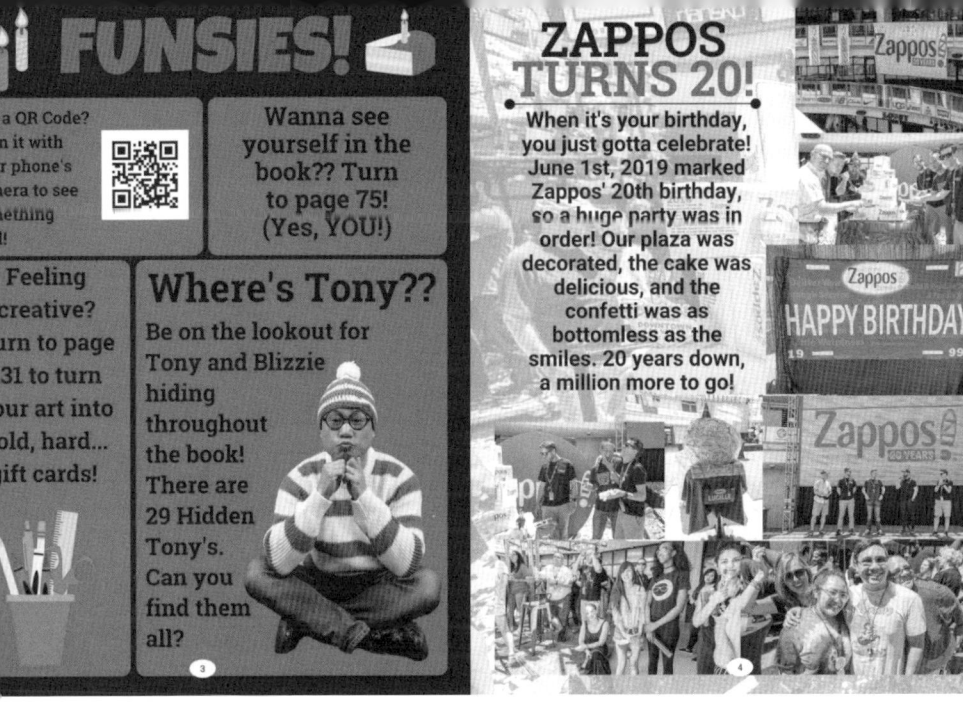

소 산만한 모습입니다.

　자포스의 컬처북은 얼핏 보면 마치 외국 어린이의 사진첩 혹은 다이어리, 개성 강한 키즈 매거진 같지만 가장 중요한 것은 바로 '행복'이라고 말하는 대표와 자포스의 기업 문화가 그대로 반영되었다고 생각합니다. 자포스 사옥, 탕비실 사진을 보면 우리가 생각하는 정갈하고 세련된 모습이 아니라는 것을 알 수 있습니다. 제가 보기에 자포스 사옥은 마치 게스트 하우스 같은 느낌이었습니다. 멋진 커피 머신과 디스펜서가 일렬로 늘어선 웅장한 모습보다는 하우스 파티를 하듯 다소 산만하게 놓인 다과와 음료, 정신없는 컨퍼런스 사진들이 콜라주처럼 모여 있었죠.

컬처덱은 분명 가독성과 브랜드 정체성이 잘 녹아든 디자인이 중요합니다. 그렇지만 트렌디하고 디자인적으로 훌륭한 작품이어야 할 필요는 없습니다. 브랜드 색깔이 잘 나타나는 것이 최우선이겠죠. 그런 측면에서 자포스의 컬처북은 우리가 컬처덱을 만들 때 무엇을 가장 우선해서 생각해야 하는지 알려주는 좋은 레퍼런스가 된다고 생각합니다.

컬처덱 사례 4 : 브랜디 '컬처덱'

확실하게 보여주는 업무에 대한 자부심과 허들

넷플릭스, 스포티파이, 나사, 델, 구글 등 유수의 글로벌 조직은 각자의 컬처덱을 가지고 있습니다. 우리나라 기업도 이에 못지 않은 멋진 컬처덱을 가지고 있습니다. 이번에는 우리나라 기업을 살펴보겠습니다. 다양한 기업이 컬처덱을 제작했지만, 구글 검색 결과에서 늘 최상단을 차지하고 있는 브랜디를 살펴보도록 하죠.

브랜디는 2014년, 서정민 대표님이 창업한 대표적인 여성 패션 쇼핑 앱입니다. 앱 서비스를 운영하는 기업은 높은 확률로 데이터 기반의 의사 결정을 하는 경우가 많았습니다. 폭발적으로 성장하고 있는 데다 개발에서 마케팅까지 다양한 직군이 긴밀하

게 협업해야 하는 터라 커뮤니케이션 룰을 정의하지 않으면 성장 속도와 내부 역량의 괴리가 생기기 때문이죠. 데이터를 좋아하는 사람들인 만큼 문화적 부분도 시스템화하려는 니즈가 있습니다. 브랜디는 이런 니즈를 컬처덱 제작을 통해 해결해왔으며 지속적인 업데이트로 탄탄하게 유지하고 있죠. 가볍게 살펴보도록 하겠습니다.

   브랜디의 컬처덱은 머릿말을 제외하고 4개의 챕터로 구성되어 있습니다. 슬라이드 형태이며 표지를 제외하고 53페이지 분량입니다.

챕터 1 : BRANDI Inc.

- 기업 철학 : 남들이 못하는 것을 하자.
- 슬로건과 미션 : 우리는 다음 세대의 커머스를 만듭니다.
- 비전 : 2015년 창업부터 2030년까지의 비전을 3개 시즌으로 나누어 단계적으로 설명.
- 연혁 : 2016년부터 2021년까지의 브랜드 히스토리.
- 성장률 : 브랜디에서 출시한 각종 플랫폼 앱 지표.
- 투자 유치 : 누적 거래액, 누적 투자 유치, 누적 판매자 수.
- 현재 상황 : 멤버 수, 앱 다운로드 횟수, MAU, 풀필먼트 센터 면적, 엔지니어 수, 총 매출액.
- 오피스 소개.

챕터 2 : BRANDI Business

- 사업 소개 : 브랜디는 고객에 특화된 3개의 버티컬 커머스 플랫폼, 풀필먼트 사업, 글로벌 사업을 운영하는 '커머스 플랫폼 빌더' 기업임.
- 사업 전략 : 버티컬 앱 지속 론칭, 버티컬 커머스 전문 물류, K-패션 글로벌 판로 확대, 커머스에 최적화된 IT, 브랜디 사업 영역 도식 그래프.
- IT 전략 : BRANDI(MZ 패션 쇼핑 앱), HELPI(패션 풀필먼트 서비스), HIVER(남성 고객 대상 쇼핑 앱), SELPi(동대문 패

션 B2B 앱), MAMI(엄마들의 쇼핑 앱).

- 풀필먼트 전략 : 국내 최초 패션도 하루만에 배송 '하루 배송' 론칭.
- 글로벌 전략.
- 브랜디 소개, 앱 바로가기 링크.
- 브랜디 재팬 소개, 웹 사이트 바로가기 링크.
- 국내 최초 남자 쇼핑 앱 '하이버' 소개, 앱 바로가기 링크.
- 종합 육아 쇼핑 플랫폼 '마미' 소개, 앱 바로가기 링크.
- 크레이이터 수익형 콘텐츠 플랫폼 '헬피' 소개, 바로가기 링크.

챕터 3 : BRANDI Pelple & Culture

- 규모의 성장 : 2015년 창업 이후부터 2030년까지 단계별 성장 단계 설명.
- 조직도 : 5단계로 구성, 필요한 경우 각 조직의 전문가로 구성된 TF 운영.
- 리더의 역할 : 조직/비즈니스 미션.
- 기업 문화, 핵심 가치 : 빌더십 원칙, 빌더의 정의.
- 브랜디에서 일하는 방식 9가지.
- 성과 관리.
- 직원 성장 단계 : 4단계의 성장 단계.

- 구성원의 성장과 자립 지원 : 회사 생활은 자기 근육을 만드는 과정이다.
- 구성원의 성장과 창업 지원 : PEOPLE, CAREER, GROWTH, REWARD.
- 복리후생 : 식대 지원, 통신비 지원, 카페 포인트 지급, 급여일 조기 퇴근 등 21가지 복지 프로그램 소개.
- 컬처 프로그램 : B-러닝, 멘탈 케어, 서비스 리뷰 등 10가지 컬처 프로그램 소개.
- 절대 하지 말아야 할 것 : 정치 및 파벌 금지, 비윤리적 의사 결정, 이해상충 행위, 기업 이미지 훼손, 책임 전가.
- 무관용 원칙 : 정보 보안, 넓은 범위의 성희롱, 협력 업체, 파트너와의 불투명한 거래, 직장 내 괴롭힘, 법과 윤리 미준수.

챕터 4 : BRANDI Careers

- 직무 소개 : 개발, 데이터, 프로덕트 매니저, 디자인 등 9개 직무 소개.
- 영입 프로세스 : 일반 전형 4단계, 리더 전형 5단계(팀장 이상)
- 영입 지원 정책.
- 부록 1. 브랜디 리더 인터뷰 : 마미팀, 마케팅팀, 하이버 실장, CTO 인터뷰.

- 부록 2. 브랜디언 라이프 엿보기 : 임직원 대상 할로윈 이벤트, 앱 런칭 3주년 파티, 가정의 달 이벤트, 사회 공헌 활동.
- 부록 3. 브랜디 주요 뉴스 : 주요 뉴스 링크 삽입.
- 엔딩 메시지.

브랜디의 컬처덱은 무척 탄탄한 구성을 보여줍니다. 얼핏 보아도 느낄 수 있겠지만, 비즈니스에 힘이 많이 실려 있습니다. 챕터 1, 2의 대부분을 비즈니스의 목표, 소개, 성과, 서비스 특징 등을 언급하는 데 할애하고 있습니다. 챕터 3, 4는 인사 제도와 조직 문화에 관련된 내용이 많습니다. 짐작하건대 시장에 브랜디의 가치와 성과를 알리고, 좋은 인재를 유치하기 위한 2가지 목적을 염두에 두었을 것입니다. 물론 내부 구성원도 반드시 숙지하고 있어야 할 내용들이기는 하지만요. 순서상 신규 구성원의 OJT 교재로도 활용할 수 있을 것이라 생각됩니다. 브랜디의 컬처덱은 여타 컬처덱과 다르게 디자인적 요소가 거의 없고, 직관적으로 텍스트만 담겨 있습니다.

사실 브랜디의 컬처덱을 처음 접했을 때는 '정말 글만 썼네…?'라는 생각을 했습니다. 그렇지만 내용을 찬찬히 읽어보면서 느낀 것은 단순히 디자인을 '안 한 것'이 아니고 굳이 '할 필요가 없었다'는 점이었습니다. 브랜디 컬처덱 내용은 넷플릭스와 굉장히 닮아 있습니다. '자유와 책임'에 원팀 문화를 곁들인 형태죠. 디자인보다는 한 글자, 한 글자에 많은 공을 들였겠다는 생각

> **슬로건**
>
> **We are building the NEXT Commerce**
> : 우리는 다음 세대의 커머스를 만듭니다.
>
> **미션**
> - 커머스 산업을 기술로 혁신한다.
>   - 우리가 가진 기술을 이용해 전체 커머스 산업을 혁신 한다.
> - 고객의 문제를 해결한다.
>   - 더 나은 고객 가치를 위해 끊임없이 고객에게 집중한다.
> - 창업자를 돕고 지원한다.
>   - 판매자들의 창업을 도우며, 사내 창업가를 양성하고 지원한다.

을 했습니다. 물론 컬처덱의 특성상 크고 추상적인 단어들이 있긴 하지만, 그럼에도 어떤 메시지를 전하고 싶은지 이해하기 쉽게 잘 풀어 놓은 문단이 많았습니다. 한 곳만 예를 들어 소개하겠습니다.

'브랜디 재직 중', 또는 '브랜디에서 재직하였음'이라는 이력서의 한 줄이 브랜디언 여러분들의 인생에 매우 강하고 긍정적인 영향을 줄 수 있게 만들고자 합니다.

브랜디는 구성원의 자립을 적극 지원합니다. 평생 직장은 없다고 말하면서 언젠가 우리는 모두 각자의 길을 걸어갈 운명이라고 말합니다. 우리는 이직이나 자신의 사업을 시작할 때 그동안의 커리어와 레퍼런스가 얼마나 중요한지 잘 알고 있습니다. 이력서에 지나왔던 곳 중 어느 것을 어필해야 내 가치를 드높일 수 있을지 고민하죠. 앞에서 소개한 문장은 이런 상황을 잘 그려 냈다고 생각합니다. 기업이 직원의 독립을 장려하는 것은 분명 독특한 일입니다. 그러나 조직의 성장과 구성원의 커리어를 동시에 생각한다면 참으로 합리적인 문화이기도 하죠. 언어적으로 명문은 아닐지라도, 이러한 메시지가 쉽고 직관적으로 잘 표현되었다고 생각합니다.

한 가지 아쉬운 점이 있다면 접근성입니다. 인쇄물이나 무거운 PDF가 아닌 정말 가볍고 직관적인 텍스트 슬라이드만으로 구성되어 있고, 홈페이지 내 '컬처' 탭에서 쉽게 열람할 수 있다는 것은 정말 좋습니다. 구글에서 "컬처덱"을 검색했을 때 검색 결과 중 늘 첫 페이지에 자리하고 있죠. 다만 네이버 검색 결과에서는 뒤에 소개할 딜라이트룸, 어반베이스, 타입드가 우선적으로 노출되는 것을 알 수 있습니다. 그 이유는 브랜디의 컬처덱이 구글 슬라이드로 제작되었기 때문일 것입니다. 그리고 컬처덱을 확인하기 위해서는 홈페이지에서 탭으로 이동 후 스크롤을 한 뒤에 컬처덱 버튼을 클릭하는 과정을 거치고 나서도 작은 글씨의 슬라이드를 보기 위해 확대해야 합니다. 입사를 희망하는 사람이나 브랜디에 관심 있는 사람이 구글에 컬처덱을 검색해 들어오지는 않을 것입니다. 대부분 "브랜디"를 검색하겠죠. 이렇게 접속할 경우 컬처덱이 쉽게 드러나지 않는다는 것은 아쉽습니다.

브랜디는 컬처덱을 꾸준히 버전업하며 관리하고 있습니다. 2022년 버전도 내용이 조금씩 업데이트되어 최신 버전으로 잘 열람되는 것을 확인할 수 있었죠. 자칫 사소해 보이지만 이러한 유지, 관리는 중요합니다. 특히 이렇게 쉽게 검색될 수 있는 공개형 컬처덱의 경우는 말이죠. 실제로 고객 등 외부 사람들은 회사를 한 번만 스쳐보지 않았습니다. 짧게는 일주일, 길게는 몇 개월, 몇 년 만에 한 번씩 들어가면서 점점 성장하는 모습을 관찰하기도 하죠. 브랜드와 내적 친밀감을 갖게 되는 것입니다.

컬처덱은 기업이 문화와 사람을 대하는 방식을 적나라하게 보여줍니다. 내부 사정까지 속속들이 알 수는 없지만, 노출되는 표면적인 액션만 놓고 봤을 때는 이러한 세심한 관리가 긍정적인 이미지를 주는 것은 분명합니다.

올해의 브랜디 컬처덱을 한번 살펴보세요. 그리고 내년, 내후년의 컬처덱도 한번 기대해보면 좋을 것 같습니다.

(27)

컬처덱 사례 5 : 딜라이트룸 '컬처덱'

분명한 목적과 구체적인 액션 플랜

 마지막 레퍼런스는 제가 제작에 참여했던 딜라이트룸의 컬처덱입니다. 함께 일했던 동료 브랜드인 만큼 애정도 각별하지만, 딜라이트룸의 사내 문화와 컬처덱 제작 히스토리는 정말 인상 깊었습니다. 딜라이트룸은 2012년, 알라미Alarmy라는 앱을 출시한 뒤 2013년, 딜라이트룸 법인으로 전환했습니다. 알라미는 전세계 6,000만 명의 아침을 깨우는 서비스이며, 현재 98개국에서 앱스토어 내 카테고리 1위를 자랑하는 글로벌 알람 앱입니다.
 2022년 초 기준으로 각 분야 전문가로 구성된 19명의 소규모 팀으로 정말 일당백이라는 단어가 잘 어울리는 곳이었죠. 첫 미팅에서는 컬처덱의 제작 목적을 먼저 묻기 마련입니다. 이때 딜

라이트룸의 목적은 명확했습니다.

우리의 문화를 널리널리 알리고, 결이 맞는 분들을 모시고 싶다!

딜라이트룸의 문화는 매우 뜨거웠습니다. 그도 그럴 것이 이들은 20명 내외의 소수 조직임에도 모두가 일이 좋아 모인, 이른바 '일 변태들'이었습니다. 일이 많아서 허우적대고 있음에도 재밌는 일이 들어오면 서로 하고 싶어하죠. (심지어 일을 놓쳐서 아쉬워하는 사람도 있다는 말에 혀를 내둘렀습니다.) 당시 피플팀의 리더

였던 리즈는 팔을 다친 상태였습니다. 수술을 해야 하는 상황이었는데, 컬처덱 프로젝트를 끝내고 수술을 하겠다고 말했죠. 이들의 문화는 강압적이거나 체계적인 시스템에 의해 돌아가는 조직이 아니었습니다. 각자가 이런 순수한 열정으로 모인 소수정예 조직에 가까웠습니다.

딜라이트룸의 컬처덱 제작 목적이 '알리는 것'이었던 만큼 저도 대외적으로 보여지는 강렬한 이미지와 디자인에 공을 많이 들였습니다. 내용을 하나하나 다듬고 작성하는 것도 중요했지만, 세련된 콘텐츠로 만드는 것도 못지않게 중요했던 프로젝트였습니다. 챕터는 3개로 구성되어 있습니다.

챕터 1 : MIND

- 기원 : 알라미의 기원.
- 성장 : 어떻게 여기까지 왔는가.
- 알라미가 다루는 것 : 알라미는 울리는 것, 일어나는 것 그 이상을 고민한다.
- 슬로건 소개와 설명 : CHANGE YOUR MORNINGS WITH ALARMY.
- 가설 : 아침이 망가지면 하루가 무너진다. 성공적인 아침이 쌓여서 삶을 바꾼다.
- 미션과 비전.

- 가치 : 6가지 전달 가치.
- 사용자 : 알라미는 누구의 삶을 바꾸는지에 대한 내용.
- 시장 : 알라미는 깨우는 서비스에서 아침을 만드는 서비스로 확장하고 있다.
- DNA : 사용자 관점을 POV를 유지하기 위한 액션(VOC 미팅, 리텐션 분석 등).
- 소통 방식 : 커뮤니케이션 대화 방식, 문화 리뷰.
- 언어 : 조직에서 사용되는 일상/업무 용어.
- 조직 : 인재 구성 방식(그룹/스쿼드 두 가지 유닛).
- 원하는 딜라이터 : 알라미가 추구하는 4가지 인재상.

챕터 2 : PRODUCT

- 수익 모델 : 딜라이트룸은 어떻게 돈을 버는가.
- 성과.
- 제품 경험 : 각 경험 단계별 알라미가 제공하는 9가지 가치.
- VOC 리뷰 : 알라미 앱 사용자들의 리뷰.
- 어떻게 와서, 어디로 가는가 : 알라미 알람의 책임 범위.
- 그곳에 가기 위해서 무엇이 필요한가 : 제품과 알라미 비즈니스에 대한 설명.

챕터 3 : ACTION

- SYNC BIG : 일하는 방식(OKR, Team OKR, Company OKR, I.C.E Framework).
- 스쿼드 : 광고 모델/구독 모델 수익화.
- 그룹 : 딜라이트룸 10개 그룹의 역할과 담당하는 일에 대한 설명.
- TMI 좋아! : 1:1미팅(커피타임), 리즈닝(티타임), 피어 리뷰(주고받는 피드백), 분기 워크샵.
- 미팅 : 5가지 형태의 미팅(Team Meeting, Townhall Meeting, Group External, Sprint Planning & Retro, Help Meeting).
- BE A Delighter : 딜라이터 컬처핏 체크 문진표, 지원 QR코드, 첫인상 서베이 QR코드, 인재 추천 시의 혜택.
- 딜라이터의 시작 : 온보딩 프로세스.
- 인사 제도 : 웰컴킷, 웰컴 런치, 그룹/스쿼드별 온보딩, 나 사용법, 무제한 연차, 유연 출퇴근, 재택 근무제 등 총 18가지 항목.
- 4가지 키워드 : 성장, 효율, 자율, 즐거움.
- 엔딩 메시지 : 마무리 멘트, 딜라이트룸 미디엄(커뮤니티) 이동 링크.

딜라이트룸이 만드는 프로덕트 자체에 대한 소개보다 비즈니스 관점의 가치와 가능성, 액션 등이 더욱 부각된 컬처덱입니다.

딜라이트룸은 아침을 다루는 비즈니스입니다. 좋은 아침을 만들기 위한 라이프스타일 서비스로 나아가려고 했죠. 디자인 콘셉트도 당연히 아침과 관련된 것이어야 했습니다. 저는 부산으로 내려갔고, 청사포 앞에서 일출 장면을 동영상으로 찍어왔습니다. 그리고 말했죠. "피드백 없이 그냥 이것으로 하셨으면 좋겠습니다." 딜라이트룸에서도 흔쾌히 콘셉트에 동의했고, 우리는 멋진 일출을 형상화한 콘셉트의 매거진 타입 컬처덱을 제작할 수 있게 되었습니다.

제작 후반쯤 갔을 때 인상 깊었던 에피소드가 하나 있습니다. 컬처덱은 조직을 관통하는 자료이다 보니 거의 완성되었을 무렵 전사 피드백을 진행하게 되었죠. 디자인을 하는 입장에서 전사 피드백이란 굉장히 부담 되는 과정 중 하나입니다. 구성원마다 디자인과 내용을 이해하는 개인차가 있을 테니까요. 이 모든 피드백을 받기 시작하면 프로젝트가 산으로 갈 것이라는 암담함이 밀려왔죠. 하지만 피플팀의 말은 매우 인상적이었습니다.

전사에서 피드백이 와도 피플팀에서 추려서 하나로 정리해 전달드릴 예정입니다. 걱정 마세요. 저희는 소통이 매우 잘 되는 조직입니다.

아니나 다를까, 피드백은 깔끔했고 정말 필요한 내용들만 잘 추려서 전달받았습니다. 그렇게 약 4개월간의 프로젝트 끝에 컬처덱이 탄생했습니다. 세상에 널리 알리기 위해 만들었던 만큼 제작 이후 딜라이트룸은 플립스낵Flipsnack이라는 서비스를 이용해 전자책 형태로 온라인 게재를 진행했고, 보도 자료를 재빠르게 배포했습니다. 지금도 컬처덱을 검색하면 딜라이트룸의 사례가 담긴 기사를 확인할 수 있습니다. 말 그대로 그 목적을 온전히 달성한 컬처덱이었죠.

이처럼 컬처덱의 목적은 선명해야 합니다. 선명한 목적에는 동반되는 액션이 반드시 뒤따라야 하죠. 인재 채용을 위한 것이라면 컬처덱을 활용한 인사 평가 제도 및 활용 방안이 함께 구축되어야 하고, 투자 유치가 목적이라면 투자자와 컨택할 수 있는 컨택 포인트와 투자자들이 회사를 이해할 수 있을 만한 내용들이 담겨있어야 합니다. 그리고 불특정 다수가 아닌 선별된 예비 투자자들에게 직접적으로 전달이 되어야 하죠. 딜라이트룸의 컬처덱은 그 목적이 매우 선명했습니다. '우리는 잘하고 있으니 자랑을 하고 싶다!'라는 것이었죠. 그리고 액션 플랜은 구체적이었고, 그것은 실제로 이루어졌습니다. 컬처덱 내용 자체도 깔끔하지만, 컬처덱을 대하고 운용하는 태도에서 좋은 인사이트를 얻을 수 있었습니다.

컬처덱 실패 사례 1

협의 없는 시작, 놀라는 구성원, 망가진 프로젝트

반면 모든 프로젝트가 성공한 것은 아닙니다. 저희가 컬처덱을 처음 시작했을 때는 정말 많은 시행착오를 겪어야 했습니다. 컬처덱을 단순히 이것저것 모아놓은 기록물로 여겼던 적도 있었고, 과도하게 조직 문화에 집착하며 한 명, 한 명의 의견을 모두 반영하려다 실패한 적도 있었죠. 해야할 것을 하지 않았거나, 안 해도 되는 것을 추가하고는 했죠. 그때는 저와 클라이언트 모두 무엇이 필요하고, 무엇이 필요하지 않은지 분간할 만한 경험도, 지혜도 없었습니다. 프로젝트를 안정적으로 운영하기까지 그리고 실제로 작동하는 컬처덱을 만들기까지 수많은 넘어짐이 필요했습니다. 컬처덱은 분명 회사에서 만드는 기록물이지만 이것은 관계와 아주 긴밀하게 연결되어 있습니다. 지나치게 겁먹을 필요도 없지만, 너무 가볍게 여기다가는 회사와 구성원 모두 서로 깊은 상처를 받을 수도 있습니다. 실제 실패 사례인 만큼 구체적인 브랜드명은 언급하지 않을 것입니다. 맥락과 상황 위주로 소개해 보겠습니다.

첫 번째 사례

처음 소개할 사례는 80% 정도 진척 상태에서 완전히 무너져 버린 컬처덱 제작 사례입니다.

해당 클라이언트의 고민은 '채용'이었습니다. 최근 컬처핏이 맞지 않는 구성원이나 협업 시스템에 익숙하지 않은 일부 구성원이 고객을 응대하거나 동료와 협업하는 중 많은 사고를 냈거든요. 대표님도 이 과정에서 많은 상처를 받으신 듯했습니다. 그 때문에 좋은 사람을 영입하고 내부의 협업 시스템을 단단히 만들 목적으로 컬처덱을 제작하기 시작했습니다. 프로젝트 담당자는 3명이었습니다. 대표님과 이사님, 피플팀 매니저였죠. 우리는 4번 이상 미팅을 가졌습니다. 매번 4시간에서 6시간이 넘는 시간 동안 이야기를 주고받았죠.

대표님은 자신의 상처를 가장 우선적으로 해결하고 싶었던 모양입니다. 그래서 엄격한 기준으로 사람을 영입하기 위해 채용 기준을 높고 구체적으로 잡았죠. 피플팀의 매니저님은 난색을 표했고, 이사님은 늘 대표님과 충돌하고 있었습니다. 하지만 컬처덱을 만드는 재미라는 것이 이렇게 충돌하는 의견을 하나로 모으고 합의점을 찾아가는 과정이기도 합니다. 당시에는 큰 문제가 되지 않았죠.

코로나로 인해 오프닝 세리머니도 제대로 진행하지 못한 채 프로젝트를 시작했습니다. 당시에는 오프닝이나 엔딩 세리머니 체계를 제대로 구축하지 않은 상태였죠. 정확히 말하면 그 필요성을 아예 인지하지 못하고 있었습니다. 컬처덱은 당연히 대표님의 목소리를 대변하고 해석하는 것이니 이를 잘 표현하는 것이 중요하다고 생각했죠. 문제는 여기서부터 시작되었습니다.

협업을 진행하던 메신저 채널에는 약 11명 정도가 모여 있었습니다. 대표님, 이사님, 매니저님과 저를 포함해 클라이언트사의 다른 몇몇 멤버들이 있었죠. 1개월 정도 지나 컨처텍에 삽입될 글이 어느 정도 만들어져 갔습니다. 조금 이상했던 것은 이사님과 매니저님만 대화를 하고 있고 대표님을 포함한 나머지 멤버들은 단 한 마디도 하고 있지 않다는 점이었습니다. 디자인 초안이 나왔고, 시안을 보여드릴 때까지도 대화창에는 그 둘을 제외한 누구도 의견을 내거나 말을 하지 않았습니다. 이사님은 디자인을 몹시 마음에 들어하셨습니다. 매니저님도 이에 동의하셨죠. 프로젝트가 진행된 지 3개월이 넘어가고 있었습니다. 그 와중에 매니저님은 퇴사를 하셨습니다. 이제 채팅방에서 이야기하고 있는 것은 이사님과 저 둘뿐이었습니다.

1~2주가 더 지나 전체 디자인이 90% 정도 완성되었을 때 전사 공유를 통해 피드백을 받기로 했죠. "전사에 공유해서 다들 꼭 읽어보고 의견을 달라고 전달할게요!" 이사님이 말씀하셨습니다. 그리고 일이 터졌죠. 채팅창에 피드백이 쏟아지기 시작했습니다. 지나치게 공격적인 피드백이었죠.

전혀 뭘 하고 있는지 모르겠다, 이해도 안 되고 이런 걸 왜 하고 있는 거냐, 전반적으로 마음에 들지 않는다 …

당황한 것은 오히려 이사님이었습니다. 이사님으로부터 전화가 걸려왔고 비하인드 스토리를 들려주시더군요. 내용인즉슨, 대표님은 1개월이 지났을 무렵 지치셨던 모양입니다. 흥미를 빨리 잃는 편이라고 하셨습니다. 이번 프로젝트도 똑같았죠. 그리고 나머지 멤버들은 슬랙에 초대만 되었을 뿐 왜 초대되었는지, 지금 무슨 프로젝트를 하고 있는지 전혀 공유를 받지 못한 상태였습니다. 일단 들어오라고 하니까 들어온 상태였죠. 이 와중에 거의 완성된 컬처덱을 피드백하라는 '지시'가 내려왔습니다. 한창 바쁜 와중에 말이죠. 그런데 컬처덱에는 '지켜야 할 것'이 빼곡했고 멤버들은 전혀 알지 못하는 핵심 가치, 비전, 원칙이 담겨 있었습니다. 인재상과 일하는 방식까지 말이죠. 실무자들에게는 날벼락 같은 문서였을 것입니다. 어느 날 갑자기 출근해보니 지켜야 할 규율이 수십 가지 생긴 느낌이죠.

팀장들은 대표님에게 이를 따지기 시작했습니다. 왜 우리에게 이야기도 없이 이런 것을 만드냐고 말이죠. 저와 이사님도 대립각을 세웠습니다. 디자인은 2차 수정까지 진행되고 있었고, 새로운 시안을 거의 다 만든 상태였으니까요. 프로젝트는 난장판이 되었습니다. 구성원들은 자신의 의견이 조금도 묻어 있지 않은 컬처덱을 인정하지 않았습니다. 대표님은 이런 상황을 적극적으로 해결하지 않았죠. 상황은 갈수록 심각해졌습니다.

이후 새로운 신입 사원이 들어와 이 프로젝트를 전담하게 되었습니다. 신입 사원은 히스토리조차 제대로 몰랐죠. 결국 우여곡절 끝에 컬처덱 프로젝트는 중간에 무산되었습니다. 대표님은 잠수 모드였습니다. 인사조차 하지 못했죠. 이사님이 어찌어찌 봉합하려 했지만 이미 때는 늦었습니다. 팀을 통합시키려고 시작했던 컬처덱 프로젝트는 오히려 팀을 와해시켰고, 단체로 봉기하게 만드는 기폭제 역할을 했습니다. 새로운 신입 사원은 영문도 모른 채 이 모든 혼란의 중심에 서야했습니다. 이사님은 발 벗고 뛰어다니고 있었고, 대표님은 어딘가로 숨어버렸습니다.

오프닝 세리머니와 엔딩 세리머니를 본격적으로 도입해 프로세스화한 것은 이 경험 때문이었습니다. 컬처덱은 내용 자체만 보면 '사측'의 의견에 가깝습니다. 구성원에게는 강압과 규율로 느껴질 수 있는 소지가 있죠. 때문에 컬처덱 프로젝트의 시작과 끝엔 반드시 공유와 합의가 있어야 합니다. 컬처덱 프로젝트 미팅은 반드시 오픈된 장소에서 진행하고, 회의실은 누구라도 들어올 수 있게 합니다. 회의 일정과 어젠다도 전사에 공유합니다. 더불어 오프닝과 엔딩 세리머니는 그 어떤 프로세스보다 힘주어 기획합니다. 메시지는 직관적이되 적극적인 참여를 유도하는 방식으로 진행됩니다. 보텀업 방식으로 전사적 의견을 모으지 않아도 좋습니다. 그러나 참여는 필수입니다. 그러기 위해서는 컬처덱이 구성원의 힘든 부분을 개선시켜 줄 수 있어야 하죠.

단순히 대표님 연설을 글로 풀어 놓은 정도로 끝나서는 안 될 것입니다. 전사의 원칙을 정하는 건 분명 대표님이 맞습니다. 하지만 그것이 명문화되는 것은 좀 다른 이야기죠. 말의 힘과 글의 힘의 차이 때문입니다. 말은 순간에 머물지만, 글은 영속적입니다. 구성원이 느끼는 부담의 크기도 비례해 증가합니다. 회사와 구성원 사이에서도 그만큼 긴장감이 높아집니다. 잘못된 메시지로 오해가 생긴다면 꽤 곤혹스러운 일들이 생길 가능성이 높죠. 그렇기 때문에 각 세리머니에서 어떤 멘트를 해야 할지, 컬처덱을 어떻게 규정하고 표현해야 할지, 어떤 단어로 필요성을 강조할지, 어떤 액션이 실제로 동반되어야 할지 치밀한 가이드가 필요합니다. 단순히 입 발린 단어가 아니라 정확하면서도 필요성을 공감할 수 있게 만들어야 하죠.

예를 들어 "함께 만드는"이라는 표현이 그렇습니다. 오히려 이 단어가 기폭제가 되었거든요. 엄밀히 따지면 컬처덱은 함께 만들지 않습니다. TFT가 만들죠. 나머지 구성원의 의견이 조금씩 반영되긴 하겠지만, 이를 함께 만든다고 표현해서는 안 됩니다. 만든다는 표현에 적합할 만큼 그들의 참여를 유도하지 않을 거라면 말이죠. 어설픈 표현은 오히려 반감을 만듭니다. "난 만든 적 없는데?" 같은 대꾸가 튀어나올 수도 있죠. 이런 표현이 적절할 지 모르겠지만 정치인이 "국민과 함께 뛰겠습니다!"라고 말하는 모습을 보는 우리의 심정과 비슷할 것입니다. 오히려 이번 TFT가 어떻게 구성되어 있고, 각자의 역할은 무엇인지, 왜 이들이 TFT에 참여했고, 어떤 결과물을 만들고자 하는지 솔직하게 드러내고 납득시키는 편이 훨씬 좋을 것입니다. 그리고 함께 만들자는 말 대신 다음의 예시처럼 명확한 요청과 디렉션이 더 좋은 반응을 이끌어 낼 수 있을 것입니다.

- 언제든 열려 있으니 회의 중간에 들어와 구경하셔도 괜찮다.
- 자유롭게 의견을 줄 수 있는 게시판을 따로 만들었다.
- 오늘은 이런 주제에 대해 회의를 할 예정이다.
- 여러분들의 도움이 필요하다.
- 이번에는 참여를 부탁드리고 싶다.
- TFT가 독단적으로 정하면 안 되는 주제다. 여러분의 의견을 달라.

제가 컬처덱을 하나하나 만들면서 느끼는 것은 좋은 컬처덱은 디테일이 만든다는 점입니다. 컬처덱 프로젝트는 상상 이상으로 섬세하고 정교한 말과 글이 필요한 작업이었습니다. 결과물뿐 아니라 커뮤니케이션의 모든 과정에서 말이죠.

컬처덱 실패 사례 2

글과 행동이 다를 때 생기는 사태

클라이언트사와의 미팅에서 컬처덱 이야기를 하다 보면 표면적 욕망과 내재적 욕망이 부딪히는 경우를 많이 봅니다. 제가 항상 먼저 묻는 것은 "컬처덱을 만들고 싶은 이유는 무엇입니까?" 입니다. 대답은 제각각이지만 보통 비즈니스 이야기를 많이 하죠. 신사업을 시작했거나, 리브랜딩을 하고 있거나, 투자를 받아 인원이 급격하게 늘었거나, 인수합병 등 서로 다른 문화가 충돌할 것을 대비하기 위함이었습니다. 이것도 물론 중요한 이유입니다. 저는 다 듣고 나서 다시 질문을 던지곤 했습니다. "그러한 사항은 저도 이미 알고 있고, 컬처덱을 만들고 싶은 진짜 이유는 무엇입니까?"

몇 번 같은 질문을 던지고 답변을 들으면 흥미로운 지점들이 보입니다. 앞서 말했던 이유와는 조금 다른 이유들이 자리하고 있었죠. 그것은 보통 대표님의 통제 욕구, 인정 욕구, 불안감, 경험에 기반한 트라우마 혹은 임원진이나 주주간의 갈등 같은 예민한 상황에서 몹시 불길한 징조를 관찰했기 때문입니다. 구성원의 나태한 모습(대표님이 본 기준에서), 어디선가 들려온 불만, 몇 명의 연속 퇴사, 자신의 말을 오해해서 발생하는 어긋남 등이 그것입니다.

이렇게 사업적 이유와 내면적 이유가 따로 존재하고 있습니다. 좀 더 쉽게 말하면 '내 뜻대로 조직이 흘러가지 않고 있습니다'라는 마음입니다. 물론 회사가 대표님 뜻대로 굴러갈 수는 없습니다. 그래서도 안 되고요. 하지만 리더의 마음은 통제 욕구가 늘 자리하고 있죠. 모든 게 손바닥 보듯 정리되고 통제됐으면 하는 욕망이 항상 자리하고 있습니다. 구성원이 이러한 마음을 반길 리 없습니다. 그래서 수평적 문화 또는 자율성이라는 명목으로 쿨하고 멋진 (또는 젊은) 대표님처럼 보이고 싶어합니다. 착한 사람 콤플렉스도 큰 원인이겠지만, 회사가 커질수록 자신의 욕망을 솔직히 드러내는 것이 외적 리스크가 된다는 것을 알기에 적당히 안전한 수준으로 포장하고도 싶을 것입니다. 모두가 그렇진 않지만, 일부에 한해서 말이죠.

이렇듯 서로 다른 이유가 한 사람 마음 속에 충돌하면 컬처덱의 방향도 갈팡질팡하기 시작하죠. 정확히는 컬처덱의 언어에 모순이 생기고, 내용도 점점 모호해지면서 다양한 오해를 부릅니다. 이 모순이 결과적으로 어떤 컬처덱을 만들게 되는지 살펴보겠습니다.

두 번째 사례

컬처덱을 본격화시킨 지 얼마 지나지 않았을 때 만났던 클라이언트는 크리에이터를 대상으로 한 플랫폼을 운영하시는 분이었습니다. 컬처덱 제작의 목적은 투자 유치 이후 급격한 인원 증가로 인한 문화적 혼란을 막는 것이었습니다. 특히 이번 채용은 경력직 개발자나 시니어급이 많았던 터라 다들 자신만의 고집과 방식이 강한 사람들이었거든요. 이 회사는 이미 200명을 넘어가고 있었습니다. 그리고 대표님의 성향은 꽤나 강했죠. 구성원은 자유분방한 크리에이터 출신과 자기 고집이 강한 시니어급 개발자가 많았습니다. 새로 영입된 개발자는 소위 '모셔온' 분이었기 때문에 기존 구성원에 비해 대우가 더욱 좋았죠. 당연히 기존 구성원의 공분이 생길 법한 일이었습니다.

사실 대표님은 새로 영입한 개발자의 기분을 상하게 하고 싶지 않았습니다. 그들에게 지불하는 연봉이 어마어마했기 때문이죠. 좋은 관계를 유지하면서 제 능력을 발휘해 성과를 내주었으면 하는 바람이 있었습니다. 특별히 건물의 한 층을 내주었고, 의자도 따로 맞춰주고, 더 쾌적한 분위기로 사무실을 구성해주었습니다. 반면 기존 구성원들은 다닥다닥 붙어 있는 책상에 여전히 5만원 남짓 하는 의자를 사용했습니다. 조직이 개발 위주의 플랫폼으로 전환되면서 콘텐츠를 채우는 크리에이터의 위상이 줄어든 것은 사실이었습니다. 기존 구성원의 불만이 생기는 것은 당연한 수순이었죠. 대표님은 딜레마에 빠졌습니다. 그의 마음은 대략 이러했죠.

- 개발자를 편애하는 것이 사실입니다. 그들의 눈치를 보고 있는 것도 사실입니다. 그러나 그것을 말할 순 없습니다. 그랬다가는 난리가 날 테니까요.
- 기존 구성원에겐 원팀을 강조하기 시작했습니다. 공자의 정명론처럼 각자의 자리가 있고, 모두 소중하다고 말했습니다. 그럼에도 새로 들어온 개발자의 자리만 좋은 이유는 설명하기 어렵습니다.
- 원팀이라는 단어를 사람들이 이해하고 알아줬으면 좋겠습니다.

상황이 좋아졌을까요? 시간이 지날수록 암묵적인 불만은 커져가고 이제는 대표님 귀에 들릴 만큼 여기저기서 수근대는 소리가 높아졌습니다. 제가 컬처덱 프로젝트를 맡을 무렵에는 그들의 표정에서 노골적인 불만이 드러날 정도였죠. 이 와중에 컬처덱이 진행됐고, 주요 메시지는 '우리는 하나고 각자의 자리에서 최선을 다하고 있다. 우린 편애가 없다. 하지만 우린 IT 기업이다'라는 내용이었습니다. 이러한 상황에서 그렇게 글을 쓴다는 것은 정말 힘듭니다. 모순된 두 메시지를 한 문장에 담을 수는 없습니다. 그렇기에 다양한 맥락을 덧붙여 설명해야 하죠. 글이 길어질 수록 변명에 가까워집니다. 실제로도 그랬고요.

우리는 한 팀입니다. 각자가 맡은 자리에서 최선을 다하고 있고, 서로에 대한 신뢰로 함께하고 있습니다. 점진적인 변화에 동요하지 않고 회사의 전체 비전에 포커싱하는 집중력, 그것이 우리가 지향하는 '원팀'입니다.

결국 이렇게 표현하게 되었지만, 지금 생각해도 답답한 일입니다. "점진적인 변화"는 개발자 책상과 의자만 멋지고 비싼 것으로 세팅된 것을 의미하죠. 사정을 조금이라도 알고 있는 구성원이라면 너무 뻔한 변명이었을 것입니다. 결국 이 컬처덱은 1차 피드백 단계부터 블라인드에서 실컷 조롱을 당했고, 2차 수정을 했음에도 메시지를 명쾌하게 좁히기 어려웠습니다. 컬처덱의 모든 글이 사실상의 변명과 자기 모순이 가득했죠. 앞 페이지에 했던 말을 뒷 페이지에서 부정하는 경우가 너무 많았습니다. 예를 들면, 각자가 모두 완전한 자유를 지니고 일한다고 했으면서도 뒤에서는 무조건적인 정보 공유를 말하기도 했습니다.

저는 5주째 되던 날 프로젝트 중단을 선언했습니다. 그리고 대표님께서 마음을 정확히 정하고 용단을 내린 후 다시 연락을 달라고 말씀드렸습니다.

컬처덱 프로젝트의 재미있는 점은 단순히 브랜드의 문화를 기록하는 데서 끝나는 것이 아니라 브랜드가 지니고 있는 아주 깊숙한 욕망과 가식, 포장하는 방식까지 낱낱이 보게 된다는 점입니다. 이는 대표의 욕망과 트렌드처럼 퍼져 있는 브랜드 문화, 구성원의 저항과 진실 사이의 완력 싸움이기도 하죠. 단어라는 것은 참으로 솔직해서 단지 스치는 몇 개의 표현에서도 괴리를 느낄 수 있습니다. 앞 문장과 뒷 문장의 서로 다른 어긋남은 결국 모든 구성원의 물음표로 이어지죠.

가끔 사람들은 글의 힘을 과소평가합니다. 글의 힘은 멋지고 난해한 구문에서 나오지 않습니다. 글의 힘은 '단어의 결'에서 나옵니다. 그 결은 숨길 수 없으며, 아무 말이나 늘어놓은 것인지, 명확한 확신에서 나온 결인지, 대강 덮으려고 하는 말인지, 어떻게 해서든 예쁘게 포장하려고 안간힘을 쓰는지 아주 쉽게 눈치챌 수 있죠. 단어들이 주는 어긋남이 본능적이고 불편한 감정으로 뚜렷히 느껴지기 때문입니다. 그래서 구성원은 이미 그 모순을 눈치채고 있으며, 자신들이 결국 숨겨진 욕망과 드러난 문장 사이에서 방황할 것이라는 것을 이해하고 있습니다. 그렇게 만들어진 포장 같은 컬처덱은 더 이상 읽히지 않습니다. 정확히는 읽기 싫겠죠. 멋지기만 한, 그러나 현실이 아닌 것들에 대해 나열한 글을 말입니다.

(30)

컬처덱 실패 사례 3

모든 것이 강압 속에 이루어질 때

컬처덱 프로젝트는 혼자서 할 수 없습니다. 대표라고 할지라도 말이죠. 우선 이 프로젝트는 회사의 비전과 미션, 핵심 가치부터 일하는 방식과 제도, 규율, 무관용 원칙까지 거의 대부분을 정리해야 합니다. 다양한 팀과 실무자에게서 정보를 받아야 하죠. 날것의 내용을 정리하는 수준을 넘어 누가 읽어도 오해가 없도록 정돈하고 풀어 쓰는 텍스트 작업은 물론, 잘 읽히는 디자인적 요소까지 반영해야 합니다. 그렇기 때문에 다양한 능력자들이 함께 TFT를 이루어 진행하는 것이 보통입니다. 전사적인 리소스가 필요하고, 생각보다 에너지가 많이 들어가기 때문에 적절한 시점과 구성원의 동의, 충분한 투자가 필요한 프로젝트입니다.

세 번째 사례

이번 케이스는 완전히 반대의 경우입니다. 이 클라이언트사는 기업이 필요로 하는 소프트웨어를 만들고 AWS와 연동해 서버 관리 및 클라우드 관리까지 담당하는 SI 기업이었습니다. 당시는 실적이 좋지 않아 성장세가 정체된 상황이었습니다. 대표님은 이를 타개할 방안으로 컬처덱을 생각하셨죠. 사실 타이밍이 좋지 않았습니다. 보통 회사가 성장하거나 가능성이 충분히 보일 때 컬처덱을 제작하기 마련이거든요. 보통 컬처덱에는 정체성과 빅 드림, 장기적 비전이 담겨 있으니까요.

회사 사정이 불안해지면 시야는 좁아집니다. 어지간한 야수의 심장이 아니고서야 말이죠. 단기적 관점으로 생각하게 되고, 비전보다 제약, 규율, 강령이 주를 이루게 됩니다. 이것이 잘못된 것은 아니지만, 그 의도가 중요하죠. 단순히 기강을 잡는 용도로만 쓰이는 컬처덱은 매우 위험하거든요.

구성원은 현재의 정체 상태를 벗어나기 위해 고군분투하고 있었습니다. 영업 시도가 더욱 많아졌고, 새로운 시도를 계속 만들어내느라 몹시 지친 상태였죠. 그리고 회사는 충분한 자금과 시간을 투자할 수 없었습니다. 매출도 꺾였고, 마음은 급했기 때문입니다. 모든 조건이 엉망인 상태였습니다. 실무자의 불만은 가득했습니다. 꼭 지금 이것을 해야겠냐는 것이었죠. 하지만 대표님의 의지는 확고했습니다.

시작은 열정적인 대표님과 반대로 짜게 식은 4명의 실무자와 함께한 미팅이었습니다. 미팅을 다니다 보면 회의실에 들어서자마자 그 분위기를 느낄 수 있습니다. 실무자들은 사실 이 자리에서 무슨 말을 해야할 지 모른 채 쭈뼛거리고 있었습니다. 대표님은 말이 세고, 게다가 많은 편이었습니다. 물론 컬처덱을 만드는 사람들은 비교적 '사측' 마인드가 강합니다. 인사 담당 부서와 연관이 깊기도 하고, 일단 대표님의 말을 이해하고 번역해야 하는 역할이기 때문이죠. 아무리 그렇다고 한들 TFT도 결국 구성원입니다. 그런데도 구성원을 앞에 두고 이렇게 말한다면 누구라도 고개를 숙일 수밖에 없겠죠.

요즘 진짜 다들 기강이 해이해진 것 같습니다. 지금 상황이 어떠한지 정확히 모르는 것 같습니다. 컬처덱에 이 엄중한 상황을 좀 담고 싶습니다.

우선 컬처덱은 엄중한 상황을 담는 자료가 아닙니다. 그건 현재의 사정인 것이지 회사가 지향해야 할 방향과 원칙은 아니니까요. 2시간 정도 진행된 미팅의 주제는 단순했습니다. '다들 경각심을 가졌으면 좋겠다', '야근도 불사해야 한다', '생각을 하고 일해라', '우리는 최고의 서비스를 제공하고 있다' 정도였죠.

실무자들은 어두운 표정에서도 열심히 일하고 있었습니다. 덕분에 빠르게 자료가 정리됐고, 텍스트 정리 작업을 착수할 수 있었죠. 문제는 TFT로 모인 이들에게 어떤 권한도 없었다는 점입니다. 텍스트 수정은 정말 복잡한 과정입니다. 단어 하나하나가 줄 수 있는 느낌과 구성원의 편견까지 생각해야 하죠. 수많은 단어와 표현이 바뀌는데, TFT는 한 단어가 수정될 때마다 대표님의 컨펌을 받으러 달려갔습니다. 전체적인 수정이 이루어질 때면 피드백이 돌아오기까지 2주는 기다려야 했죠. 대표님은 바쁘니까요. 그동안 실무자들은 본래의 업무도 함께 해야 했습니다.

TFT 채팅방은 조용해졌습니다. 무언가 일을 할 때 속도를 내서 해야지 자꾸 중간에 맥이 끊어지면 부드럽게 연결시키기 어렵습니다. 2주 만에 돌아온 피드백은 이전과 사뭇 달라져 있었습니다. 그도 그럴 것이 2주 정도면 대표에게 수많은 생각과 경험을 선사하기에 충분한 시간이거든요. 실무자들은 다시 완전히 뒤바뀐 피드백을 저에게 전달했습니다. TFT가 자의적으로 결정할 수 있는 것이 아무것도 없다 보니 거쳐야 할 과정이 하나 더 생긴 느낌이었달까요. 그러나 이것은 어느 정도 참고 넘어갈 수 있는 부분이었습니다.

그보다 다른 구성원의 피드백이 더 큰 문제였습니다. 피드백에는 나쁜 소리가 하나도 없었습니다. 텍스트 초안은 원래 엉망진창인 데다 필수적으로 수정이 필요합니다. 구성원이 이해하기 쉽게 수정을 해야 하죠. 그래서 전사 서베이와 베타 테스트팀을 구성했습니다. 컬처덱을 먼저 읽어보고 내용에 대한 이해, 떠오르는 이미지, 피드백을 주도적으로 해줄 수 있는 역할이었죠. 결과는 의외로 '모두 좋다', '불만 없다', '완벽하다'라는 피드백이었습니다. 그래서 저는 다음과 같은 말로 다시 요청을 했습니다.

호응에는 감사드리지만, 분명 초안이었기 때문에 읽기 어려운 곳이나 내용이 복잡하다고 여겨지는 부분 등 피드백과는 달랐을 것입니다. 최대한 막힘 없이 술술 읽히는 컬처덱을 구성하기 위한 요청이니 가감없이 진솔하게 피드백을 주셔도 좋습니다. 저도 반영할 부분과 패스할 부분을 과감히 선정하고 그 이유도 함께 공유할 테니 개의치 말고 많은 관심 부탁드리겠습니다!

이를 알게 된 대표님은 구성원에게 호통을 쳤던 것 같습니다. 다들 한 가지 이상 피드백을 말하지 않으면 어떻게 될 거라는 식이었을까요. 놀랍게도 모두가 한마디씩 해주셨는데 그 내용이 거의 비슷했습니다.

- 이 부분 띄어쓰기가 잘못된 것 같습니다.
- 문단 구분이 좀 더 되었으면 좋겠습니다.
- 약간 글이 긴 부분이 있는데 좀 짧게 하면 좋겠습니다.
- 오탈자가 하나 있습니다.

흔히 이런 것을 기능적 피드백이라고 합니다. 맥락이나 목적을 떼어놓고 결과물 자체의 퀄리티에 국한된 피드백이죠. 하지만 그런 것은 실무진이 내부적으로 체크할 것이지, 실제로 컬처덱을 써야 하는 구성원 입장에서는 맥락적 피드백이 나와야 합니다. 이 컬처덱의 목적에 비추어 보았을 때 방향성에 문제가 있다던가, 내용 구성이 전체적으로 장황하다던가, 카테고리 구분을 세부적으로 했으면 좋겠다던가, 케이스를 더 추가하고 실무에 가까운 사례들이 중심이 되길 바란다던지 하는 것이죠.

기능적 피드백은 대표적인 소극적 리액션입니다. 이는 십중팔구 하라니까 한마디는 해야겠는데, 딱히 집중해서 읽고 싶지도 않고, 컬처덱에 애정을 갖지도 않은 상태의 태도입니다.

이 컬처덱은 무사히 마무리되었을까요? 아닙니다. 이 프로젝트는 무려 5개월간 이런 식으로 표류하다가 경기가 갑자기 좋아지기 시작하면서 갑자기 무산되었습니다. 지금은 때가 좋지 않은 것 같고, 현재 내부적인 리소스를 더 이상 투입하기 어려워 여기서 종료한다는 것이었습니다. 정확히는 현재까지 진행된 내용을 받으면 나머지는 자체적으로 채우겠다고 하셨지만, 제가 거부했었죠. 솔직히 어디에 가서 이런 컬처덱을 만들었다고 포트폴리오로 내세우기는 어려웠으니까요. 그렇게 서로 한때의 추억으로 남게 되었습니다.

이 사례는 구성원에게 알리지 않고 시작한 케이스와는 다릅니다. 구성원은 컬처덱을 만든다는 것을 이미 알고 있고, 심지어 TFT도 구성되어 있지만 아무 의욕도, 권한도, 동기도 없는 상태입니다. 모든 게 합의가 아닌 명령에 의해 만들어지고 있었기 때문이죠. 컬처덱은 대표님의 목소리를 대변하는 것처럼 보입니다. 일부 그런 요소도 분명 있습니다. 비전과 방향성, 회사의 기원과

정체성은 대표의 의지가 높게 반영되니까요. 하지만 그렇다고 제작 모두를 대표가 진두지휘하거나 오롯이 그의 목소리를 대변하는 자료가 되어서는 안됩니다. 문화는 그렇게 한 사람의 의지로 구성되는 것이 아니니까요. 모두가 입을 다문 사회의 문화란 어떤 색깔이라고 생각되시나요. 그걸 문화라고 할 수 있을까요.

31

컬처덱 실패 사례 4

완성되었지만, 표류하게 된 컬처덱

프로젝트를 시작하면서 클라이언트사에 꼭 드리는 말씀이 있습니다.

이건 저희 프로젝트입니다. 기업에게는 프로젝트가 아닙니다.

저는 이런저런 과정을 거쳐 컬처덱을 완성한 후 원본 파일까지 인계하면 모든 프로젝트가 끝납니다. 하지만 클라이언트는 이제부터 시작입니다. 완성 자체가 중요한 것이 아니라 그 이후 활용이 핵심이죠.

네 번째 사례

아주 초기에 진행했던 프로젝트 중 약 30명 규모의 기업에서 의뢰를 주셨던 적이 있습니다. 직무 관련 교육 콘텐츠를 만들고 계셨고, 3개의 팀이 있었습니다. 콘텐츠 제작팀, 기획팀, 운영팀이었죠. 피플팀이 별도로 없었을 만큼 규모가 작은 데다 채용 등 인사 관련 업무를 모두 이사님이 담당하고 있었습니다.

양질의 교육을 만들기 위해 일하는 방식과 내부 원칙을 분명히 하고 싶다는 대표님의 의지는 분명했습니다. 중구난방으로 일하다가 한 명이 퇴사하면 그 고통을 온 구성원이 나눠 짊어져야 했기에 구성원도 업무 규칙의 필요성에 동의하고 있었습니다. 분위기는 매우 좋았죠. 그러나 막상 시작해보니 담당자가 딱히 정해져 있지 않은 터라 이사님이 모두 책임지는 느낌이었습니다.

이 기업은 슬랙을 사용하지 않아서 메일과 카톡을 사용해야 했습니다. 물론 나머지 구성원도 무척 노력해주셨습니다. '엄지척' 이모티콘을 수도 없이 받았습니다. 평생 받은 엄지의 대부분을 그때 받지 않았나 싶습니다. 그러나 실무에서는 이야기가 좀 달랐습니다. 구성원은 적은 인원으로 매출을 창출해야 했기에 바쁜 상태였습니다. 자료를 챙기거나 스크립트를 업데이트할 시간은 없었죠. 이사님 혼자 대표님과 얘기한 후 내용을 정리해서 남겨주셨는데, 그 속도가 매우 느려 1개월이 지나도록 챕터 하나를 완성하는 것이 고작이었습니다.

2개월 정도 지나자 실무진이 서서히 지치기 시작했습니다. 끊임없이 주고받는 파일과 계속되는 피드백, 요청과 수정이 거듭되며 책임질 사람을 찾기 시작했죠. 이사님은 좋은 책임자였습니다. 결국 자연스럽게 이사님의 손으로 모든 일이 모였고, 실무자들은 더 이상 엄지를 남기지 않았습니다. 채용을 준비할 시기가 다가오자 이사님도 컬처덱에만 신경을 쓰긴 어려워졌습니다. 이제 카톡방은 침묵이 가득해졌습니다. 주의를 환기시킬 방법이 필요했습니다. 그래서 직접 사무실로 찾아갔죠. 그리고 책상을 하나 빌린 뒤 하루, 이틀, 사흘 동안 함께 머물며 관찰하고 기록하기 시작했습니다. 정리된 명제를 주지 않는다면 제가 직접 보고 적는 수밖에 없었죠. 마치 '하멜 표류기' 같은 느낌이었습니다. 실무자와 임원진 사이 어드메에서 표류하며 그들의 모습을 하나하나 상세히 담기 시작했습니다. 그 내용을 검토한 이사님은 웃기도 하고, 피드백도 주시면서 다시 프로젝트가 되살아나는 듯했습니다. 그러나 그것도 잠시였죠.

프로젝트를 시작한 지 어느덧 4개월이 넘어가고 있었습니다. 보통 4개월차에는 디자인이 마무리되고, 어느 정도 컬처덱의 완성본이 윤곽을 드러내고 있을 무렵이죠. 하지만 당시 2/3에 다다랐을 뿐이었습니다. 후반부 챕터로 갈수록 사내 제도와 인사 채용 프로세스 등 더 객관적인 내용이 등장하는데 하나하나 빈 칸을 만들어 이곳을 채워달라고 요청드려야 했습니다. 몇 번의 핑퐁이 오가고, 나머지는 결국 채용 공고를 보고 적어야 했습니다.

프로젝트는 6개월째에 다다랐고, 결국 사내 제도 쪽을 채우고 프로젝트를 마무리하게 되었습니다. 당시엔 엔딩 세리머니라는 개념을 만들지 못했던 터라 원본 파일과 완성된 인쇄물을 전달드렸죠. 그만큼 고생했던 프로젝트였으니 기억에도 오래 남았을 겁니다. 처음에는 컬처덱이 만들어졌다며 대표님의 페이스북 피드에 컬처덱 사진과 감동적인 멘트가 올라왔습니다. 저도 가슴이 벅차올랐죠. 116개의 좋아요를 보면서 그래도 애쓴 보람이 있다는 생각을 했습니다. 홈페이지에도 다운로드 버튼과 함께 컬처덱이 올라와 있는 것을 볼 수 있었죠.

다른 프로젝트에 한참 매진하며 몇 개월이 흘렀고, 해가 바뀌었습니다. 새해 인사를 드리며 문득 생각났죠. 지금쯤 어떻게 잘 활용하고 계실까 궁금해 연락을 드려보았습니다. 이사님은 다른 곳으로 이직하셨다는 소식이 들렸습니다. 그때 당시 함께 했던 실무자 중 대부분은 이사님과 함께 퇴사했고, 지금은 충원해서 새로운 인재들이 또 많이 들어왔다고 했죠. 컬처덱은 어찌 쓰고 계시느냐는 물음에 대표님은 멋쩍은 듯 답하셨습니다.

이제 새로운 사람들이 많아지다 보니 예전 사람들이 만든 걸 딱히 좋아하지 않더라고요. 그래도 내용이 좋아서 개인적으로 소장하고 있습니다.

홈페이지에 있었던 컬처덱 다운로드 버튼은 이제 눌러도 오류 메시지만 뜨는 상황이 되었습니다. 컬처덱은 그렇게 퇴사한 사람들과 함께 사라져버리고 말았습니다.

사실 프로젝트 자체의 경험은 나쁘지 않았습니다. 속도가 느리고 답답하긴 했지만, 그래도 서로 안간힘을 쓰는 것이 보였거든요. 하지만 어느 순간 컬처덱이 그저 '완성'해야 하는 어떤 물건으로 전락한 느낌이었습니다. 그 회사를 규정하고 선언한다기보다는 당시의 실무자들이 만든 하나의 '제작물'이었던 거죠. 그들이 퇴사함과 동시에 가치를 잃어버렸다는 것이 그것을 증명했습니다. 컬처덱을 제작하는 것은 실무자이지만 컬처덱은 그들의 결과물이 아닙니다. 결국 회사의 자산이 되어야 하죠. 대표님은 컬처덱이 지닌 의미를 새로운 구성원에게 어필하지 못했습니다. 대표님조차도 '작년에 잘 정리한 사내 백서' 정도로 생각했던 것 같습니다.

컬처덱은 그 자체를 제작함과 동시에 그것을 운용할 인사제도도 함께 기획되어야 합니다.

- 컬처덱을 언제 지참해야 하는지를 정해야 한다.
- 컬처덱을 활용한 미팅을 신설하거나, 인사 평가 항목에 컬처핏을 추가하고 그에 합당한 가산점과 핸디캡을 설계해야 한다.
- 컬처덱이 언급하는 핵심 가치와 제도를 얼라인하는 것도 중요하다.
- 앞으로의 의사 결정에도 그 핵심 가치의 정의에 따라 새로운 제도나 의사 결정이 선택되어야 한다.
- 특히 상호 피드백이나 질책이 필요할 때는 컬처덱이 기준 역할을 할 수 있어야 한다.

사실상 컬처덱은 눈으로 보이는 '가시화된 콘텐츠'일 뿐 그 영혼은 회사 자체의 조직 문화에 있습니다. 컬처덱을 사용하지 않는다고 해서 문화가 없다고 말할 수는 없지만, 회사의 성장과 더불어 복잡성이 증가하기 시작할 때 발생하는 혼란과 질문에 답하기 어려울 것입니다. 소중한 인재들을 설득할 논리를 잃게 되는 것이죠.

명문화의 힘은 강제력도 있지만, '기준'을 세운다는 점에서 특히 의미가 있습니다. 상황에 따라 기준은 바뀔 수도 있습니다. 다만 기존의 기준에서 얼마나 멀리 떨어졌는지 잴 수 있어야 하죠. 그렇지 않으면 '방황'이 되어버리니까요. 비즈니스는 수치와 성과가 명확한 만큼 성장 지표가 눈에 쉽게 보입니다. 그러나 '어떤 방향'으로 성장하고 있는지, 내부의 구성원은 어떤 문화를 만들어가고 있는지는 오랜 시간이 지난 후 큰 지각 변동으로 드러나죠.

컬처덱이 왜 필요하냐고 묻는다면 대답은 간단할 것입니다. 비가시적인 것에는 항상 깃발이 필요합니다. 기준선이 존재해야 하죠. 기준이 없는 문화는 결국 방황하게 됩니다. 친밀함이 그 속을 파고들어 작은 여러 개의 집단을 만들죠. 이는 정치가 번지게 하고, 전체의 목표보다는 친밀함의 가치가 커지게 만듭니다. 각자 이 판에서 살아남기 위해 노력하겠죠. 조직의 목표보다 관계에서 도태되지 않기 위해 노력하는 상태는 기업에게도, 개인에게도 바람직해 보이지 않습니다. 이것이 문화가 선포되어야 하는 이유입니다. 친밀 집단보다 상위 개념의 기준이 존재해야 하죠. 이 때문에 단순히 '결과물'이라고 생각한다면 제대로 활용하기 어려울 것입니다. 컬처덱은 '결과물'이 아니라 '목적을 위한 도구'와 같거든요. 손에 쥐었으면, 이제 사용을 해야겠죠?

컬처덱 실패 사례 5

아름답지만, 본래 목적을 상실한 컬처덱

컬처덱이 항상 내부 구성원을 위한 것은 아닙니다. 좋은 사람을 채용하고 싶거나, 투자자나 업계에 어필하기 위해 제작할 때도 있죠. 이렇게 외부 사람들을 향한 컬처덱을 제작할 때는 확실히 외형적인 요소에 신경을 많이 쓰게 됩니다. 디자인과 독특한 콘셉트 등을 더해 우리만의 개성과 문화를 더 강렬하게 드러내고 싶어 하죠. 물론 프로젝트를 맡는 저도 외부를 향한 컬처덱을 만들 때는 확실히 눈에 띄는 디자인과 극한의 콘셉트를 추구하는 편입니다. 같은 내용이라면 예쁜 것이 분명 눈길을 사로잡는 것이 사실이니까요. 그렇지만 욕심이 지나치면 화를 부르게 되는 법입니다.

이와 관련해 제가 초반에 경험했던 사례가 있습니다. 너무 예쁘게 만들려다 가독성과 정보의 위계를 놓친 것이죠.

다섯 번째 사례

이번 클라이언트사는 200여 명 규모의 메디컬 기기 제조 기업이었습니다. 젊은 대표님의 패기가 특히나 멋졌죠. 좋은 인재를 채용하기 위한 컬처덱을 제작할 수 있기를 기대하셨습니다. 내용은 비교적 깔끔했습니다 약 50페이지 정도의 컬처덱을 기획했죠. 채용 공고를 엄청나게 상세히 늘린 형태였습니다. 기업의 비전이나 미션을 크게 강조하기보다는 오피스 라이프와 정확히 각 팀이 무슨 일을 하는지에 집중했습니다.

저는 이것을 하나의 큰 세계, 건물, 월드 맵처럼 표현하면 좋겠다는 생각을 했습니다. 그래서 모든 페이지의 연결을 시도해보았죠. 마치 접이식 지도처럼 말입니다.

전체 이미지는 이 회사에서 제작하는 기기의 모습이었습니다. 기기의 설계도 같은 느낌으로 전체 페이지를 디자인했죠. 처음에는 대표님도 무척 흡족해 하셨습니다. 단순히 멋진 텍스트뿐 아니라 회사의 아이덴티티를 담는 이미지까지 명확하게 드러나 있었으니까요.

이후 80% 정도 디자인이 진행되고 전체 피드백을 받았을 때 심각한 문제를 발견했습니다. 한두 페이지였을 때는 무척 예뻤는

데, 결과적으로 이렇게 수십 페이지가 이어지다 보니 피로도가 높아지는 것이었죠. 글은 잘 읽히지 않았고, 이리저리 위치가 계속 바뀌는 글 때문에 눈이 몹시 바빠져야만 했습니다. 한마디로 전혀 읽히지 않았죠. 그나마도 맘에 들어하셨던 몇 페이지조차 다른 페이지들과 함께 있으니 혼란스러움을 가중시키는 또 하나의 난장판일 뿐이었습니다.

그러나 이미 80% 이상 진행된 상태였기 때문에 대표님도 이제 와서 모두 다 바꾸는 건 무리라고 생각하셨나 봅니다. 일부 페이지에 한해 내용을 정리하는 수준으로 피드백을 주셨습니다. 너무 과도하게 콘셉트가 강조된 몇몇 페이지를 다시 정돈하고, 폰트 크기를 조금 더 키우고, 제목과 본문 사이의 위계를 좀 더 분명하게 만들었습니다. 하지만 애초에 콘셉트 자체가 이미 지나치게 복잡했습니다. 한두 가지 요소를 정돈한다고 해결될 문제가 아니었죠. 아니나 다를까, 피드백을 받아 수정한 시안은 오히려 더 조잡해보이기 시작했고, 이제는 심미성도, 가독성도 모두 놓친 상태가 되었습니다.

대표님은 미팅을 요청하셨습니다. 마주한 테이블에서 저와 대표님은 아무 말을 할 수 없었습니다. 서로 입을 다문 채 한숨을 쉬고 있었죠. 거의 다 완성한 상태인 데다 수정까지 이루어졌음에도 도저히 가독성이 개선되지 않았으니 다음 해결책을 모색해야 했습니다. 곧 채용 시즌이 다가오고 있어 이런 상태로 외부에 보낼 수는 없는 노릇이었습니다.

대표님이 먼저 말문을 여셨습니다. 저도 딱히 뾰족한 수가 없었습니다. 정확히는 여러가지 방법을 써보기에 시간이 너무 부족했죠. 우리는 3시간이 넘게 이런저런 이야기를 통해 합의점을 찾아가기 시작했습니다. 여러가지 방법들이 나왔죠. 일단 비교적 잘 나온 부분만을 짜깁기하자는 의견도 있었고, 배경만 단순하게 바꿔보자는 의견도 있었고, 판형을 바꿔보는 것은 어떻겠냐는 의견도 있었습니다. 그러나 디자인이란 것이 어설프게 손을 댈수록 점점 엉망이 되는 것이죠. 3시간의 대화 끝의 결론은 심플했습니다. 제가 먼저 입을 열었죠.

"다시 하시죠. 백지부터 다시 시작하는 게 좋을 것 같습니다."

사실 둘 다 이 방법 밖에 없다는 것을 알고 있었을 것입니다. 결국 우리는 50페이지에 달하는 분량의 디자인을 처음부터 다시 진행하기로 했습니다. 결국 기한을 지키지 못했죠.

앞선 경험이 있어서인지 새롭게 만들어진 시안은 매우 얌전하고 침착한 디자인이었습니다. 딱히 눈에 거슬리거나 큰 콘셉트가 눈에 보이지는 않았죠. 잘 정돈된 문서의 느낌이었달까요. 그러나 이런 일을 겪고 나서인지 대표님은 나름 흡족해하셨습니다. 하반기 채용에는 활용하지 못했지만, 이듬해에 추가 채용 계획이 있으니 그때 사용해보겠다고 하셨죠.

그로부터 몇 년이 흐른 지금은 컬처덱의 디자인 자체에 크게 힘을 주지 않고 있습니다. 대신 가독성을 위한 정보의 위계와 배치에 각별히 주의하고 있죠. '읽혀야 한다'라는 것이 최우선 명제가 되었습니다. 컬처덱은 50~100페이지에 달하는 방대한 자료입니다. 구성원은 이를 정독할 만큼 여유롭지 못합니다. 대충 아무 곳이나 펼쳐도 자연스럽게 읽힐 정도로 유려한 가독성이 있어야 하죠. 그래서 최근에는 본문 자체에 도식이나 장식 요소를 거의 넣지 않고 있습니다. 오히려 줄글이나 작은 각주로 정보를 표현하고 있습니다.

흔히 생각하는 것보다 도식은 잘 읽히지 않습니다. 물론 정보의 관계나 흐름을 표현하기에는 적절하지만 단순히 열거하거나 의미를 설명할 때는 불필요한 도식을 최소화하고 있습니다. 장식 요소를 넣을 때는 아예 전체 페이지를 통으로 쓰는 간지 형태를 주로 쓰고 있죠. 이는 웹과 인쇄물의 차이도 큽니다. 웹의 경우는 불필요한 스크롤을 많이 만들지 않으려고 합니다. 그리고 어디서든 바로 목차로 이동할 수 있는 홈 버튼을 PDF에 꼭 만들고 있죠. 읽는 사람의 경험이 무엇보다 중요합니다. 예쁜 것은 가장 마지막에 고려할 문제였죠.

앞서 말했듯 당시에는 컬처덱을 하나의 '결과물'로 바라보았습니다. 저에게는 이것이 프로젝트이니 당연히 높은 퀄리티로 만드는 것이 중요했죠. 하지만 클라이언트는 '감상'이 아니라 '활용'해야 한다는 사실을 간과하고 있었던 모양입니다. 게다가 기업의 문화가 '디자인'의 아름다움으로 잘 드러날 것이라 생각한 것은 너무 순진한 생각이었죠. 오히려 컬처덱 디자인에서 필요한 것은 문화를 상징할 수 있는 분명한 메타포와 잘 설계된 가독성, 그리고 전체 페이지를 아우르는 시스템이었습니다. 이 모든 것이 탄탄하게 만들어진 상태에서 장식이 추가되는 것이죠.

CHAPTER 3

HOW
TO MAKE

들어가기 전에

제가 수년간 컬처덱을 만들면서 보통 컬처덱에는 이러한 내용들이 들어간다고 하는 것들을 정리할 수 있었습니다. 10여 곳의 기업에서 잘 적용하고 있는 내용을 추려 90가지로 정리했습니다. 정체성 챕터와 실무 챕터로 구분되어 있고, 각각은 3~4개 정도의 소챕터로 나뉘어 있습니다. 소개해드릴 모든 항목을 다 포함해야 하는 것은 아닙니다. 이 90가지의 템플릿 중 여러분의 컬처덱에 필요한 내용만 고르는 것이 중요하죠. 템플릿 설명에도 적었듯 같은 '인재상'이라도 기업 철학 챕터에 들어 있는 것과 실무 챕터에 들어 있는 것은 의미가 확실히 다르거든요.

보통 페이지 플로우를 짤 때 엑셀을 먼저 활용합니다. 각 페이지에 어떤 내용이 들어갈지 예제 이미지처럼 미리 기획하는 것이 좋기 때문입니다. 레고처럼 조립한다는 생각으로 필요한 내용을 뽑아 챕터를 구성하는 거죠. 이때 앞서 설명했던 컬처덱의 목적에 따라 뽑을 내용이 달라질 것입니다. 인재 채용을 목적으로 한다면 우리의 철학과 비전, 온보딩 프로세스를 중심으로 컬처덱을 구성하게 될 것이고, 투자자 노출을 목적으로 한다면 성과, 비즈니스 모델, 고객 관리, 리스크 관리에 좀 더 무게가 실릴 것입니다. 그렇기 때문에 반드시 컬처덱 제작 목적을 분명하게 정하고, 컬처덱에서 말하고자 하는 바를 한 문장으로 정리한 뒤, 그에 맞는 세부 내용을 선별하는 식으로 가야합니다.

페이지수가 매우 많지만 이번 챕터는 정독이 아니라 필요한 부분만 발췌독하는 것이 좋습니다.

(1)   　　　　　　　　　　　　　　　　　　　　　　　　목차

목차를 쓰는 방법은 두 가지가 있습니다. 챕터명만 적는 방법과 세부 항목까지 모두 적는 방법입니다. 전자는 주로 인쇄를 하거나, 목차가 1페이지 내로 짧게 구성될 때 사용합니다. 후자는 웹용으로 컬처덱을 만들 때나 목차를 적을 공간이 2페이지 이상으로 충분할 때 사용합니다. 웹용으로 만들 때는 읽는 사람이 원하는 곳을 바로바로 찾아볼 수 있게 각 목차에 페이지 링크를 걸어주는 것이 좋습니다. 당연히 모든 페이지에는 다시 목차로 돌아갈 수 있도록 버튼을 만들어줘야겠죠. 저는 컬처덱을 만들 때 목차에 큰 의미를 두는 편입니다. 특히 '챕터명'은 이 컬처덱의 목적과 콘셉트를 드러내는 가장 중요한 역할을 합니다. 챕터가 보통 3~4개로 쪼개진다고 했을 때 나눌 수 있는 방법이 매우 다양한데요. 예를 들어 'why, what, how' 처럼 동심원 형태의 구성을 만들거나 '원팀, 혁신, 성장' 과 같이 핵심 가치의 이름을 따오기도 합니다. '형용사, 부사, 명사'로 나누어 정체성, 행위, 언어 등을 정의하기도 하고 '과거, 현재, 미래'로 나누어 서사를 보여주기도 합니다. 이처럼 챕터명에서부터 이 컬처덱이 집중하는 메시지를 보여주는 것이 중요합니다. 어쩌면 모든 페이지를 통틀어 가장 먼저 집중하게 되는 곳이고, 가장 많이 보는 곳일테니까요. 각 목차 옆에 페이지 번호를 적어주는 것도 잊지 마세요.

Q.　　　여러분의 컬처덱을 인쇄하실 건가요, 웹에 게시하실 건가요?

INDEX

우리는 누구인가 ABOUT US
우리의 방향 ACTION
우리의 일과 체계 WORKS
우리가 사람을 대하는 방법 PEOPLE
우리가 문화를 성장시키는 법 CULTURE
기억해야 할 회사 정보 INFORMATION
컬처덱을 마치며 TAIL

프롤로그

프롤로그의 화자는 대표님 본인이거나 컬처덱을 제작하는 TFT입니다. 어떤 의도에서 컬처덱을 제작했고, 이것이 정확히 무엇이고, 구성원에게 어떤 가치를 전달할 것인지 적습니다. 사실 컬처덱은 구성원에게는 꽤나 부담이 되는 문서입니다. 물론 눈치보다 명확한 룰을 좋아하는 사람은 반기겠지만, 대다수에게는 명문화가 주는 강제력을 먼저 느낄 것입니다. 이 때문에 프롤로그에서는 이러한 점을 잘 설득해야 합니다. 컬처덱은 단순히 '지킬 것들을 나열한 자료'가 아닙니다. 오히려 명확한 기준을 세우고 우리가 해야 할 것과 하지 말아야 할 것을 구분하면서 불필요한 업무와 요식 행위로부터 구성원을 자유롭게 만들어야 합니다. 또한 중구난방식 평가가 아닌, 투명하고 명쾌한 평가를 가능케 하고 손바닥 뒤집듯 하는 의사 결정을 미연에 방지하는 것이 목적입니다. 무엇보다 고유한 문화를 공유하는 사람들의 집단을 만들면서 안정감과 소속감을 높이는 것이 중요하죠. 컬처덱을 만들었는데 구성원이 오히려 반기를 들거나, 더 깊은 곳으로 숨어든다면 우리의 문화 자체를 다시 점검해야 할 것입니다. 굉장히 강압적이거나 비합리적인, 또는 시대를 거스르는 문화는 아닌지, 구성원과의 관계를 불평등하게 유지하고 있는 것은 아닌지, 또는 폭력적인 메시지를 예쁘게 포장하고 있는 것은 아닌지도 함께 말이죠.

Q. 컬처덱을 만들면 구성원에게 무엇이 좋은 걸까요?
   구성원도 이것을 원하고 있나요?

프롤로그

여러분이 펼친 이 문서의 이름은 '컬처덱 템플릿' 입니다. 저희 애프터모멘트의 내용과, 가상의 회사를 상상하여 텍스트를 채워보았습니다. 여기에 담긴 내용과 흐름이 여러분께 100% 맞지 않을 것입니다. 다만, 각 페이지의 순서를 어떻게 잡고, 또 무슨 내용을 써야 할지 아주 큰 관점에서 감을 잡으실 수 있게 최대한 실제처럼 적어놨습니다.

각 페이지별로 여러분에게 맞게 텍스트를 바꿔보시고, 또 디자인도 더욱 새롭게 고쳐보세요. 기본적으로 저희는 템플릿의 특징을 살려 '중립'의 의미를 지닌 갈색을 사용했습니다. 이 템플릿은 A5 세로 형태로 제작되었습니다. 인쇄가 가능하도록 상하좌우 도련도 5mm씩 부여한 상태입니다. 찬찬히 읽어보시면서 여러분만의 컬처덱을 완성해보세요. 이곳의 텍스트를 지우고, 여러분의 이야기를 채워나가는 동안 많은 성장과 변화가 함께하길 진심으로 기원합니다. 감사합니다.

(3)　　　　　　　　　　　　　　　　**정체성 챕터**

정체성 파트를 시작하려 합니다. 그 전에 간지에 대한 이야기를 잠깐 하고 갈게요. 간지는 챕터의 시작을 알리는 삽입 페이지를 말합니다. 챕터와 챕터를 구분하기 때문에 시각적 임팩트가 강한 편이죠. 간지에는 사진이나 강렬한 디자인 요소를 사용하기도 합니다. 챕터명, 번호, 간략한 2~3줄 설명이 들어갈 수 있는데 텍스트의 양이 적기 때문에 상대적으로 디자인 요소의 사용이 자유로운 편이죠. 컬처덱 페이지들은 대부분 글이 많은 편이라 화려한 디자인보다 가독성과 정돈된 형태를 주로 띱니다. 정체성을 드러낼 시각적 요소를 사용하고 싶은 기업 입장에서는 아쉬울 수 있죠. 간지는 이런 아쉬움을 풀어줄 좋은 공간이라고 생각합니다. 특히 챕터 1 간지는 이후의 나머지 챕터 간지와의 통일성을 부여하는 첫 번째 디자인 요소기 때문에 더욱 힘을 쏟게 됩니다. 책에 삽입된 템플릿은 7개 챕터로 구성되어 있습니다. 조직을 정의하는 '정체성', 조직의 방향과 전략을 말하는 '액션', 일하는 방식과 태도 그리고 제도를 말하는 '워크', 구성원의 채용과 성장 그리고 이별을 다루는 '채용', 조직의 분위기와 문화 그리고 브랜드 캐릭터를 말하는 '문화와 제도', 기업의 기본 정보인 '컴퍼니 인포', 마지막으로 에필로그인 '드리는 말씀'으로 말이죠. 여러분의 목적과 상황에 따라 적절하게 선택해 사용하면 됩니다.

Q.　　　여러분은 컬처덱을 몇 개의 챕터로 나누고 싶으세요?
　　　　그 이름도 한번 생각해봅시다.

정체성 — About us

우리는 누구인가

(4)　　　　　　　　　　　　　　　　　　　　브랜드 정의

제가 운영하는 회사의 이야기가 종종 예문으로 실릴 것입니다. 옆 페이지에 삽입된 내용은 저희 애프터모멘트의 정체성을 적어놓은 것이죠. 여러분은 여러분의 정체성을 짧게 정의해보도록 합시다. 정체성을 정의하는 과정에서 중요한 건 3가지입니다. 우선 흔히 '정의'라고 하면 너무 사전적 정의나 IR에 삽입될 것 같은 비즈니스 용어가 가득해지는데, 컬처덱은 구성원들에게 우리를 설명하는 글입니다. 내가 읽고 옆사람에게 그대로 설명할 수 있을 정도의 언어로 순화시켜 주세요. 다음은 짧아야 한다는 점입니다. 말이 길어지면 모든 것이 말이 됩니다. 짧게 설명해도 이해할 수 있어야 진짜 '정의'라고 할 수 있죠. 마지막은 동어 반복의 함정을 조심해야 합니다. 브랜드 정의를 하라고 했는데 '우리 브랜드는 그 자체로 브랜드가 되는 것입니다'와 같은 고이즈미 신지로식 화법이나 '블록체인 기반 아트래블 커뮤니티 플랫폼'과 같이 정의에 대한 정의가 또 필요한 상황을 만들어서는 안 되겠죠. 흔히 회사 소개서에 있는 용어나 보도 자료에 쓰였던 원고에서 단어나 문장을 그대로 따오는 경우가 있는데 컬처덱의 언어는 그런 식으로 구성해서는 안 됩니다. 구성원들과 실제로 대화하고 설득하는 듯 살아 있는 언어를 써야 하죠.

Q.　　　여러분의 브랜드를 한 줄로 정의해보세요.
　　　　그리고 왜 그렇게 정의되었는지 2~3줄로 설명해주세요.

우리의 정의
브랜드 정의

애프터모멘트는
브랜딩 회사 아니구요,
편집 디자인 회사 아니구요,
PPT 만드는 회사 아니구요.

저희는 브랜드를 기록하는 디자인 회사입니다.
회사 소개서로 브랜드의 현재를
투자 제안서로 브랜드의 미래를
컬쳐덱으로 브랜드의 역사를 기록해요.

애프터모멘트 Culture Deck 2022

5 브랜드 철학

최근에는 브랜드 철학과 미션을 함께 혼용하는 경우도 있습니다. 미션을 비전보다 더 상위에 두는 경우죠. 브랜드 철학은 말 그대로 여러분의 회사가 '옳다고 믿는 것'을 말합니다. 만약 여러분이 콘텐츠를 다루고 있다면 '콘텐츠'란 무엇인지, 그것은 어떤 모습이어야 하는지 생각하고 있는 자신만의 철학이 있을 것입니다. 철학은 옳다, 옳지 않다를 판단할 수 없습니다. 기업은 세상 모든 문제를 해결하지 못합니다. 자신이 문제라고 생각하는 지점을 자신만의 방법으로 해결합니다.

예를 들어 파타고니아의 유통 철학은 이렇습니다. '많이 파는 것보다 브랜드 이미지를 잃지 않는 것이 중요하다. 통신 판매, 전자 상거래, 소매, 도매의 4대 유통망을 모두 사용하고, 소수의 거래처와 장기적인 동반자 관계를 맺어라.'

파타고니아는 브랜드 이미지가 훨씬 중요하다고 생각합니다. 소수의 거래처를 만들고 그들과 깊은 관계를 만드는 것을 추구하죠. 이것이 완벽하고 완전히 옳은 방법이라고 할 수 있을까요? 반대로 많이 팔고, 다수의 거래처를 추구하는 브랜드는 잘못됐다고 말할 수 있을까요? 이처럼 브랜드 철학은 완벽한 것이 아니라 여러분의 믿음을 드러내는 것입니다. 비록 틀렸다고 할지라도 말이죠.

Q. 여러분이 믿고 있는 믿음의 명제들을 늘어놔보세요.
경영, 인사, 제품, 유통, 디자인, 재무, 환경 등 분야별로 여러분이 옳다고 생각하는 주장을 정리해봅시다.

우리가 믿는 가설과 신념
브랜드 철학

01 디자인은 미디어다.

저희는 디자인이 누군가에게 메시지를 전하는 미디어라고 생각합니다. 때문에 진솔함과 명확함을 제1원칙으로 규정합니다.

02 디자인은 접점이다.

디자인은 이 사람과 저 사람을 연결하는 매개체입니다. 메시지나 정보, 아름다움까지. 결국 우리는 디자인이라는 한 점에서 만나 그것으로 소통하게 됩니다.

**03 최고의 디자인은 없지만
최악의 디자인은 있다.**

최악의 디자인은 불필요한 것으로 가득차 있는 상태라고 생각합니다. 그리고 '척'으로 둘러싸인 경우입니다. 매력적으로 드러내되, 없는 요소를 만들진 않습니다.

애프터모멘트 Culture Deck 2022

⑥ 브랜드 미션

미션은 철학이 좀 더 구체화된 형태를 말합니다. 철학이 '믿음'의 영역이라면 미션은 '행동'의 영역에 가깝죠. 그 믿음을 어떤 행동으로 드러내고 있느냐 하는 점입니다. 저희 회사는 모든 걸 다 잘하지 않습니다. 그렇기 때문에 클라이언트를 무작위로 받을 수 없습니다. 우리가 잘할 수 있는 영역 내에서 소개하고 싶은 회사나, 알려져야 마땅하다고 생각하는 회사와만 일합니다. 디자인은 미디어이고, 우리는 스피커에 가깝습니다. 브랜드를 잘 정리해서 세상에 매력적으로 알리는 것이죠. 이러한 철학 때문에 클라이언트를 선별해서 받는 것이죠. 만약 우리가 아무 클라이언트나 마구잡이로 받기 시작한다면 우리의 미션이 무너진 것입니다. 철학은 그대로일 수도 있죠. 다만 이럴 경우 언행일치가 안 된다는 느낌을 받을 것입니다. 그래서 브랜드 미션은 철학에서 탄생해야 합니다. 러쉬의 예를 들어보겠습니다. 러쉬의 기업 철학 중 하나는 '소비자를 보호한다.'입니다. 그래서 어떠한 판매 제품에 방부제를 거의 넣지 않고, 지구에 유해한 제품 용기나 패키지를 최소화하며, 정신 건강에 유해하다고 판단되는 SNS 계정도 지워버렸습니다. 하나의 생각이 다양한 행동을 만들어내고 있죠. 이중 단발적인 캠페인이 아닌 지속적으로 지켜나가고 사업에 직접적인 방향성을 제시해줄 하나의 명제를 선택하는 과정이 바로 브랜드 미션 구축입니다.

Q. 여러분은 여러분의 철학을 어떤 행동으로 가시화시키고 있나요?

비전을 이루기 위해 우리는 뭘 해야 하는가
브랜드 미션

우리는 소개받아 마땅한 기업을 소개합니다.
필요한 브랜드를 드러내고 알리는 것,
그것이 우리의 미션입니다.

미션은 선포하는 방법은 다양합니다.
마일스톤을 강조해 액션에 좀 더 치중하는
방법도 있고, 비전과 철학과 묶어 정성적인
메시지로 신포힐 수도 있습니다. 우리 회사의
사명으로써 꾸준히, 그리고 반드시 해나가야 할
일이 무엇인지 고민해봅시다.

브랜드 비전

(7)

비전은 미션이 모여 결국 도달하고 싶은 지점을 말합니다. 장기적인 기업의 지향점이자 미래의 어떤 모습이 되고 싶은지를 그리는 것이죠. 어렸을 때 자주 묻던 장래희망과 비슷하다고 할 수 있겠습니다. 비전은 방향입니다. 동서남북 중 어디로 갈 것인지 정하는 것이죠. 저희 회사는 궁극적으로 '정리된 콘텐츠'를 만드는 콘텐츠 기업이 되고 싶습니다. 단순히 디자인 용역을 하는 디자인 에이전시가 아닌, 메시지를 전파하고 매력적으로 만드는 것이죠. 이 때문에 소개서나 컬처덱, IR이 단순히 디자인 결과물이라고 생각하지 않습니다. 구성원이나 투자자, 소비자에게 전달되는 콘텐츠라고 생각하고 있죠. 그러기 위해서는 기획력과 다채로운 포맷, 언어 능력, 비즈니스적 인사이트가 필요합니다. 여러분의 회사 입장에서도 생각해보세요. 철학을 기반으로 미션을 행하고 있습니다. 그래서 결국 어떤 회사가 되는 걸까요? 구체적으로는 포지션부터 정해봐야겠죠. 그리고 수많은 소비자들에게 어떤 평가를 듣고 싶은지도 고민해볼 수 있습니다. 비슷한 회사를 선정해 롤 모델로 삼을 수도 있겠죠. 어떤 방식이든 비전은 미래를 향해 있고, 함께 일하는 구성원에게 손가락으로 "저곳입니다!"라고 말할 수 있어야 합니다. 언덕 너머에 있어 잘 보이지 않을 수는 있겠지만, 저곳에 우리가 꿈꾸는 그것이 있다고 설득해야 하죠.

Q. 여러분들이 결국 다다르고 싶은 곳의 모습을 그려보세요.
    철학과 미션을 생각하며 맥락을 유지해야 합니다.

결국 우리는 어떤 모습이 되는가.
브랜드 비전

Phase 01 부띠끄 스튜디오로 시작합니다.

> 10인 미만의 부띠끄 스튜디오로 회사 소개서,
> 컬쳐덱, IR 제작의 노하우를 쌓아가는 것입니다.
> 우린 이것을 엔그램 engram 이라고 부릅니다.

Phase 02 부띠끄 스튜디오 + 커머스를 더합니다.

> 충분한 엔그램이 축적되면 다음은 자동 인출의
> 단계입니다. 우리가 지금까지 축적한 수많은
> 경험과 지식 중 최적의 것을 자동적으로 꺼낼 수
> 있는 단계입니다.
> 우리만의 템플릿 제품을 판매하기 시작합니다.

Phase 03 부띠끄 스튜디오 + 커머스
　　　　　　+ 미디어 콘텐츠까지 확장합니다.

> 결국에는 콘텐츠 회사로 포지셔닝하는 것이
> 목표입니다. 우리의 작품들이 언어가 되고
> 그것을 구성원이나 소비자가 소비하는 형태가
> 되길 바랍니다.

(8)   **브랜드 가치**

이 페이지는 핵심 가치가 아닙니다. 여기서 말하는 브랜드 가치는 '우리는 어떤 상태일 때 가장 높은 가치를 지니는가?'입니다. 어떤 기업이든 돈을 많이 벌고 확장할 수 있습니다. 그러나 협력 업체와의 신의를 버리거나, 고객을 기만하고, 구성원을 고통 속에 몰아넣으면서 성공하는 것이 좋은 모습은 아니죠. 기업은 '잘 성장해야'합니다. 여기서 '잘'이 어떤 모습인지 설명하는 것이 이 페이지의 핵심입니다. 단순히 MAU가 늘어나는 것이 좋은 걸까요? 물론 좋은 일입니다. 그러나 한 번 왔던 고객이 계속 이탈하면서 화제성만으로 MAU가 늘어나는 것은 분명 좋은 일이 아닙니다. 이때 발생하는 수치들이 높은 가치를 지니고 있다고 얘기하기는 어렵죠. 우리가 성장하면서 지켜야 할 조건을 만들어봅시다. 저희 회사는 단순히 뭔가를 만들어주고 돈을 받는 것이 중요하지 않습니다. 프로젝트를 진행하는 가운데 결과물보다 더 높은 가치의 '과정'을 만들려 하죠. 그리고 고객을 팬으로 만들고, 저희가 만든것이 목적을 다했을 때 잘 성장하고 있다고 평가하고 있습니다. 아무리 비싸고 큰 프로젝트여도 끝난 후 팬덤이 되지 못했거나, 결과물의 목적이 희미해졌다면 성공한 것이 아니죠. 그래서 브랜드 가치를 작성하실 때는 '성공해도 성공이 아닌 경우'와 '작은 성과지만 성공했다고 말할 수 있는 경우'를 나누어 생각해보시면 더 명확해질 것입니다.

Q.   여러분의 성공은 어떤 모습인가요?
       어떤 가치들을 지켜야 '좋은 성공'이라고 생각하시나요?

우리는 어떨 때 가장 빛나는가
브랜드 가치

01 Neutral

클라이언트의 요구와 우리의 전문성이 적당한 합의점에서 원만하게 정리됐을 때

02 Effect

그 결과물이 심미적으로 또는 결과적으로 좋은 성과를 불러오는 수단이 되었을 때

03 Fandom

그로 인해 클라이언트에서 팬으로 전환되고, 바이럴이 진행될 때

9 주요 고객

이 페이지는 '우리의 제품/서비스를 사용하는 사람들'을 규정함으로써 우리 제품이 누구에게 전달되고 있는지 실체화하는 것입니다. 영업이나 CS 등 고객 접점에서 일하는 사람을 제외하면 소비자를 직접 대면하기 어렵습니다. 구성원 대부분은 고객을 추상적으로 이해하고 있거나, 설명하기 어려워하죠. 컬처덱은 이를 규정합니다. 저는 메인 타깃과 서브 타깃으로 나누는 것을 좋아합니다. 메인 타깃은 당장 우리 제품을 구매해줄 수 있는 실질적인 타깃, 서브 타깃은 제휴, 협업, 바이럴 포인트가 될 수 있는 사람을 의미하죠. 구매자와 확산/기여자로 나눈다고 생각하면 더 편할 것 같습니다. 그리고 또 하나, 바로 우리 고객이 아닌 사람을 규정하는 것도 정말 중요합니다. 내부에서 VoC를 접하다 보면 온갖 사람들의 다양한 의견을 듣게 되는데, 종종 불만이 가득하거나 무리한 요구를 하는 고객도 있습니다. 이런 고객을 사로잡아 팬덤으로 만드는 것이 CS의 오랜 과제죠. 그러나 무작정 팬덤으로 만드는 것이 아니라, 그 사람이 우리 고객이 맞는지 확인해야 할 것입니다. 우리는 A를 위해 제품을 만드는데 엉뚱한 사람이 와서 왜 B를 위해서 만들지 않느냐고 주장한다면 그 의견은 우리에게 큰 의미가 없는 의견일 가능성이 큽니다. 이처럼 주요 고객을 정하고 선언하는 것은 업무의 효율화와 방향성을 만들어내는 중요한 역할을 합니다.

Q. 여러분의 고객은 누구인가요?
또 고객이 되어선 안되는 사람들은 누구인가요?

우리는 누구의 삶을 바꾸는가
주요 고객

01 Main target

Series A이상 30명 내외의	연매출 1,000억 내외 /
성장하는 스타트업	100명 내외 / 2세 경영 /
	B2B 계열 기술·유통·
	인프라·프로덕트를 다루는
	중견 기업

02 Second target

Seed – Series B까지의 / 신규 브랜드를 런칭하는
초기 기업을 양성하는 / Series B 이상의 스타트업
엑셀러레이디

신규 브랜드를 런칭하는
Series C 이상의 스타트업

03 Out of target

신규 사업을 런칭하는 대기업, / Seed 이전 단계의
대기업 특정 부서 또는 특정 / 창업 직후 기업 또는
서비스 소개서 / 지원금 소진 목적의 제작

기타 모호한 비즈니스
모델을 지닌 중소기업

애프터모멘트 Culture Deck 2022

10 주요 시장

주요 고객과 마찬가지로 주요 시장이라는 개념은 더욱 크고 추상적입니다. 명문화가 절실한 영역이죠. 대부분의 비즈니스는 시장의 문제를 해결하거나, 소비자의 문제를 해결합니다. 예를 들어 예술 관련 비즈니스를 하고 있다고 생각해볼게요. 예술 시장은 권위가 높고, 폐쇄적인 네트워크로 정보 비대칭이 심합니다. 비즈니스를 하는 사람은 이런 기존의 시장을 언급하고, 이 시장을 어떤 모습으로 바꾸고 싶은지 규정해야 하죠. 새로운 구성원을 모실 때도 이런 시장의 불합리성이나 문제점에 공감하는 사람을 우선적으로 찾아야 할 것입니다. 회사는 커다란 배와 같습니다. 고객과 시장을 규정하는 것은 현재 회사의 좌표를 찍어주는 것과 같습니다. 탑승한 승객에게 우리가 항해할 바다가 어디이고, 현재 어디를 항해하고 있는지 보여주는 것은 기본 중에 기본이겠죠. 이것을 언급할 때 고려할 사항은 구성원의 시장 이해도입니다. 이는 꽤 제각각입니다. 패션 업계라고 해서 모두가 패션 업계 동향이나 내부 관계자인 것은 아닙니다. 완전 다른 업계 종사자였지만, 특정 분야의 전문성이 있어 합류한 케이스도 있죠. 특히 재무나 데이터, AI기술, 개발, UX Writer 등 전문적인 영역의 구성원이라면 더욱 그렇습니다. 그 때문에 내용이 훼손되지 않는 한도 내에서 최대한 쉬운 단어를 사용합니다. 모두가 알고 있을 만한 주요 플레이어나 리더급 브랜드 등을 언급하는 것도 좋은 방법입니다.

Q.   여러분은 어떤 시장에 서 있고, 그곳의 무엇을 바꾸고 있나요?

우리가 도전하고 바꾸는 시장은 어디인가
주요 시장

기존 시장   **Closed space**

시장 자체가 닫힌 구조로 내부에 문제점이 발생해도 외부에서 자원을 조달할 수 없는 상황

| 문제점 A | 문제점 B | 문제점 C |

개선된 시장   **Opened space**

개방적 구조로 외주의 다양한 리소스를 마음껏 활용할 수 있고, 직접 소통을 통해 문제를 개선할 수 있는 상황

애프터모멘트 Culture Deck 2022

11. 우리의 언어

조직에 속하고 싶다면 언어를 먼저 배우라는 말이 있죠. 어떤 조직이든 특정한 언어를 공유하며 특유의 문화를 형성합니다. 저는 이것을 버벌 클러스터(Verbal Cluster)라고 부릅니다. '언어적 군체'라는 뜻이죠. 동일한 언어를 사용하면서 의사소통의 효율을 높이고, 같은 문화권을 형성합니다. 직업마다 쓰는 특유의 언어가 있는 것은 물론이고 업계의 전문 용어처럼 그 이상의 해석이 어려운 용어도 존재합니다. 컬처덱은 문화를 선언하는 기록물입니다. 언어와 문화는 떼려야 뗄 수 없는 요소죠. 신규 구성원이나 기존 구성원에게도 언어는 중요합니다. 이 때문에 우리가 쓰는 특유의 언어를 규정하고 명확한 뜻을 정의하는 것이 좋습니다. 실제 의미가 다를 수도 있거든요. 지혜를 핵심 가치로 두고 있는 클라이언트사가 있었습니다. 보통 지혜라고 하면 어떤 문제를 현명하게 바라보거나 해결하는 관점을 떠올릴 텐데요. 이 회사에서 말하는 지혜란 '해야 할 일과 하지 말아야 할 일을 분별하는 자세'를 뜻했습니다. 기존의 관습, 습관에 의해 비효율적 프로세스로 일하지 말라는 것이죠. 더 좋은 방법이 있으면 그것을 찾고, 새로운 관점이 있다면 그것을 주장하라는 뜻입니다. 사전적 정의와 묘하게 다르죠. 그러나 이조차도 회사가 지니고 있는 문화 중 하나입니다. 우리는 이런 것을 사전처럼 하나하나 적어주고 의미를 상세하고 쉽게 풀어줘야 합니다.

Q. 다른 곳에서 쓰지 않는, 또는 같은 언어지만 다른 뜻으로 쓰고 있는 우리만의 언어는 무엇이 있을까요?

우리 내부에서 쓰는 어려운 단어들
우리의 언어

페이지네이션	제작물의 스토리 흐름을 정리해놓은 스프레드시트 자료
풀링오프	컨셉이 도출된 과정을 프로세스로 정리한 장표
언더체크	클라이언트에게 결과물을 발송한 이후 오류를 다시 체크하는 과정.
스켈레톤 페이지	디자인이 되어 있시 않은 상태에서 콘텐츠가 삽입될 위치와 크기만 정해져 있는 슬라이드
밸류체크	회사의 핵심 가치를 구성원이 올바르게 이해하고 있는지 체크하기 위한 전사 질문 과정
기정산	분기별 프로젝트 정산 및 성과 평가
랩업	하나의 프로젝트가 끝난 후 잘된 점과 부족했던 점을 점검하는 회고 과정

12. 우리의 구조

흔히 조직도라는 이름으로 많이 쓰고 있는 페이지입니다. 여기에서는 조직도와 조금 다른 의미를 담았습니다. 여기서 말하는 구조라는 것은 업무를 하는 조직의 형태를 말합니다. 고전적 기업의 구조는 조직도를 그대로 따라갑니다. 마케팅팀에서 마케팅을 하고, 디자인팀에서 디자인을 담당하죠. 그러나 최근에는 굉장히 다양한 업무 조직의 형태를 보이고 있습니다. 예를 들어 한 기업에서는 디자인팀이 따로 존재하지 않고 디자이너 풀(pool)이 존재합니다. 프로젝트에 따라 각각 디자이너 풀에서 실행 가능한 인원이 배속되는 형태죠. 평소에는 내부적인 스터디나 회사 전체의 디자인적 문제를 고민하다가 프로젝트가 시작되면 각 팀 또는 계열사로 달려가 그 프로젝트를 수행합니다. 프로젝트가 끝나면 다시 풀로 돌아오죠. 또 다른 기업에서는 모두가 레벨과 능력치를 지니고 있습니다. 마치 게임 같죠. 그리고 신사업 TF가 꾸려지면 카드를 뽑듯 필요한 구성원이 모여 하나의 팀을 구성합니다. 프로젝트가 끝나면 다시 개인으로 돌아가 서로 가장 적합하다고 생각하는 프로젝트를 제안합니다. 이처럼 조직과는 별개로 업무를 수행하는 형태가 굉장히 유연해지고 다양해지면서 업무 구조에 대해 설명해야 하는 경우가 많아졌습니다. 여러분의 회사가 그렇다면 이를 반드시 설명해줘야겠죠.

Q. 우리 회사는 업무할 때 어떤 형태를 띠고 있나요? 헤쳐 모이는 형태? 또는 게임처럼 뽑아쓰는 형태?

조직 구조와 팀 구성

우리의 구조

Directing section

의사 결정을 위한 집단이 존재합니다. 이들은 운영 지원 및 의사 결정, 작동 원리를 설정하는 곳으로 오퍼레이션 섹션을 돕고 명확한 방향성을 만듭니다.

Operating section

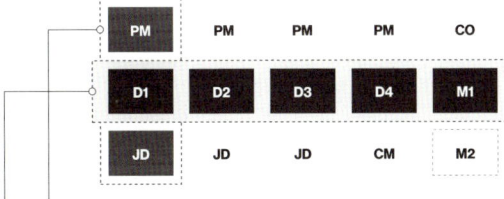

Squad
스쿼드는 목적 집단입니다. 하나의 문제를 해결하기 위해 모였죠. 다양한 직군이 한데 모일 수 있으며 이는 스쿼드 리더가 결정합니다.

J-cell
J-cell은 같은 직무의 구성원끼리 묶여 서로의 노하우와 스킬을 공유 또는 특정 주제에 대한 스터디를 진행하는 그룹입니다.

13 우리의 인재

회사에는 인재상이라는 것이 있죠. 인재상이란 회사의 문화를 나타내는 가장 큰 척도 중 하나입니다. 특정한 성향을 지닌 사람만이 우리 조직에 속할 수 있다는 일종의 허들입니다. 보통은 인재상이라는 것이 너무 추상적이고 거대한 단어인지라 허들이 몹시 낮지만, 성향을 구체적으로 규정할수록 기업 문화는 선명해지고 독특해집니다. 예제 페이지에는 저희 회사의 인재상이 적혀 있습니다. 저희는 극한의 내향형이 모인 집단인 데다, 크리에이티브보다는 논리를 더 중요하게 여기는 디자인 회사입니다. 그렇기 때문에 여기에 어울리는 성향을 지닌 사람을 구체적으로 명시해야 했죠. 다른 기업은 '누구와도 잘 어울릴 수 있는 사교성'을 중요하게 언급하기도 했고, 또 어떤 기업은 특정 사회 문제에 대해 위기 의식을 공유하는 사람을 원하기도 했습니다. 구인구직 매칭 플랫폼 사람인의 조사에 따르면 기업의 74%가 역량이 좋아도 인재상에 부합하지 않으면 탈락시킨 경험이 있다고 했습니다. 반대로 스펙이나 역량이 부족해도 인재상에 부합해 합격시킨 케이스도 83.6%에 달했죠. 일반적인 기업은 성실성, 책임감, 주인 의식, 열정, 전문성, 소통, 팀워크 등을 주요 인재상으로 채택하고 있는데 최근의 스타트업 등 젊은 인재를 모시는 기업에서는 더욱 다채롭고 개성 있는 인재상을 내세우기도 합니다.

Q. 여러분의 조직은 어떤 사람들로 채워지길 바라시나요?

우리가 원하는 인재상

우리의 인재

---

01 캐릭터

우리는 캐릭터가 분명한 사람을 좋아합니다. 잘하고 못하는 게 명확하고 서로 그것을 보완하기 위해 명확한 방법을 찾아낼 수 있으면 가장 베스트겠죠.

---

02 논리력

크리에이티브보다 논리가 우선입니다. 뜬구름 잡는 얘기보다 명확한 논리 관계로 얘기하는 것을 좋아하는 분이면 좋겠어요. 특히 말을 길게 하는 것을 본인도 싫어하고, 듣는 것도 싫어하는 분을 원합니다.

---

03 동기부여는 셀프

괜한 파이팅과 으쌰으쌰는 없습니다. 회사에서는 방향성, 지켜야 할 철학, 명확한 목표를 설정해드릴 거예요. 여기에 대해 동기부여가 되느냐 아니냐는 스스로의 몫입니다. 일의 과정은 대부분의 시간이 지루합니다. 매일 새로운 걸 찾으시는 분보다, 루틴을 쌓아 단단한 결과를 만드는 분을 원합니다.

(14)　　　　　　　　　　　　　　　　**우리의 기원**

국가에는 건국 신화라는 것이 있습니다. 사람은 논리보다 스토리를 좋아하죠. 내가 속한 조직이 어떤 맥락에 의해서 탄생했고, 어떤 방향으로 흘러가고 있는지 스토리 관점에서 접하는 것은 재미있는 일입니다. 기원이 거창한 것은 아닙니다만, 연혁을 늘어놓기보다 약간의 이야기가 가미되면 더 좋을 것 같습니다. 하나의 기업이 만들어지고 사람들이 모이기 시작한 사건이 '창업'이라는 단순한 글자로 점철되는 것은 조금 아쉬운 일이거든요. 스토리를 쓰는 방식은 몇 가지가 있습니다. 예제 페이지처럼 연혁별로 짤막한 문단을 곁들이는 방식이 있고, 아예 줄글로 서사를 쭉 적는 방법도 있습니다. 또는 각 연도별로 카툰을 만들어 그림으로 표현할 수도 있고, 간단한 한두 문장으로 연도별 어젠다를 적어준 후 해시태그를 걸어 주요 키워드를 강조하는 방법도 있습니다. 포맷은 굉장히 다채롭죠. 연도에 얽매이지 않는다면 주요 사건을 중심에 두고 각각의 사건에 의해 어떤 의사결정이 이루어졌는지 알려주는 방식도 좋습니다. 특히 이것은 제가 좋아하는 스토리텔링 방식인데요. 한 사람의 정체성은 그가 선택한 결과의 총합과 같다고 했습니다. 특정한 사건이나 회사의 방향이 바뀐 터닝 포인트를 중심으로 적어주는 것도 꽤 드라마틱한 이야기를 만들 수 있답니다. 기존 구성원에게도 그렇고, 새로운 구성원에게는 더 그렇습니다.

Q.　　　여러분의 조직은 어떻게 탄생했고 어떤 선택들을 해왔나요?
　　　　그 기로를 되새겨봅시다.

창업 이후 우리의 스토리
우리의 기원

- **2019** 브랜드의 메시지와 숫자, 문화를 기록하며 금액을 고정하고, 제작 상품을 3개로 축소했습니다. 제작에 대한 가이드를 세우고, 콘텐츠 베이스로 팬덤을 만듭니다. 만들고 싶은 회사의 소개서를 만든다는 원칙을 추가했습니다.

- **2017** 브랜드의 다양한 디자인 영역을 두루 담당하면서 소위 브랜드 디자인 영역으로 들어갑니다. 이 시기에는 로고, 브랜드 가이드 등 각종 디자인 에셋의 원칙을 세우고, 제작하는 업무를 주로 진행합니다. 특히 오프라인 행사 디자인에 특화되었죠.

- **2016** 최초에는 소셜 벤처의 소개서 제작을 돕는 기업으로 시작합니다. 이때 녹아 있던 DNA가 사회에 선한 가치를 선사하는 기업을 소개한다는 원칙으로 발전했습니다.

(15) **우리의 성과**

시작이 있으면 이후의 성과가 있겠죠. 영화에서도 주인공이 갑자기 무언가를 터득하는 순간이 있잖아요. 고된 수련 장면이 압축되어 보여진 후 '이렇게 고수가 되었습니다!' 하는 듯한 것이죠. 영화 용어로는 몽타주라고 합니다. 성장의 순간은 빠르게 편집되어 넘어가고 영광의 순간에 포커싱하는 것이 바로 이번 장표입니다. 성과의 기록은 4가지 정도로 표현 가능해요. 첫 번째는 현재의 성과를 수치로 늘어놓는 방법입니다. 가장 직관적이고 깔끔한 설명이죠. 예제 페이지도 그러한 구성입니다. 두 번째는 클라이언트나 고객, 타인의 이미지, 코멘트로 우리의 포지션을 알리는 방법이에요. 여러 노력을 통해 결국 이러한 가치를 지닌 기업이 되었다는 점을 강조하죠. 사회적 가치나 이미지가 더 중요한 비즈니스의 경우 자주 쓰입니다. 에이전시도 종종 쓰더라고요. 리뷰가 중요하니까요. 세 번째는 그래프나 표로 나타내는 방법입니다. 변화를 더 드라마틱한 디자인으로 보여주는 방법이죠. 보통 이럴 때는 그래프의 기울기가 굉장히 급격하고 과장되어 있는 경우가 많습니다. 추이를 보여줄 수 있기 때문에 더욱 강한 메시지를 줄 수 있는 방법입니다. 네 번째는 비즈니스의 확장을 보여주는 거예요. 처음엔 커머스만 하고 있었는데 이제는 부동산 비즈니스, B2B 비즈니스, 글로벌 영역까지 다루고 있다는 식으로 확장된 세계관을 강조하는 거죠.

Q.   여러분은 현재 어떤 성장을 이루었나요?
      그리고 그것을 어떤 방식으로 표현하고 싶은가요?

그리고 어떤 성과들을 냈는가.
우리의 성과

400+   협업 기업의 수
우리는 지금까지 400여개가 넘는 기업을 만나왔습니다.

200%   매출 성장률
그리고 3년 연속 200% 이상 매출 성장을 기록했습니다.

5.3M   누적 조회수
지난 3년간 우리 콘텐츠에 노출된, 그리고 조회된 누적 수치입니다.

5.0%   순이익 증가율
지난 3년간 꾸준히 5% 이상의 순수익 증가를 기록했습니다.

애프터모멘트 Culture Deck 2022

16 슬로건과 의미

기업에는 슬로건이 있습니다. 슬로건은 원래 군사 용어였어요. 스코틀랜드 지방의 고대 민족이 비상 시 외치던 'Slaugh-gaimm'에서 기원했다고 하죠. 슬로건은 브랜드가 지향하는 정체성이나 특정한 목적을 위해 사용하는 문구입니다. 태그라인도 슬로건과 비슷하게 쓰이지만, 로고와 함께 쓰이며 좀 더 포괄적인 메시지를 담고 있어요. 그리고 쉽게 바뀌지 않죠. 나이키의 'JUST DO IT' 같은 것이 태그라인입니다. 마지막으로 모토(Motto)는 더욱 상위 개념이자 거의 변하지 않는 정신적 기준을 의미해요. 철학과 일맥상통하죠. 컬처덱에 어떤 것을 담을지는 선택의 문제입니다. 슬로건이라고 말씀드린 것은 컬처덱에 역동성을 더하기 위함이에요. 슬로건은 보통 짧은 문장입니다. 파타고니아의 'Don't buy this jacket : 우리 옷을 사지 마세요!' 같은 것이죠. 예제 이미지에는 2021~2022년까지의 저희 슬로건이 담겨 있습니다. 내년에는 새로운 방향성을 설정한 만큼 새로운 슬로건이 등장할 거예요. 슬로건만 보면 그 의미를 정확히 알기 힘듭니다. 이 때문에 슬로건은 정의와 설명도 함께 쓰여져야 해요. 고객도 슬로건에 담긴 스토리와 함의를 듣고 공감하며 무릎을 치게 되거든요. 슬로건을 상단이나 중앙에 잘 보이게 적고 하단에 설명을 적습니다. 구구절절하지 않게, 슬로건과 함께 읽었을 때 '아!' 하는 끄덕임이 나와야 해요.

Q. 여러분 조직의 슬로건은 무엇인가요?
　　 슬로건이 없다면 모토나 태그라인도 좋습니다.

우리는 어떤 문장을 외치는가.
슬로건과 의미

**오늘을 위한 기록
내일을 위한 정리,
애프터모멘트.**

기회 앞에서 당황하지 않도록.
브랜드를 명쾌하게 정리합니다. 애프터모멘트는 브랜드를 소개하는 디자인 스튜디오입니다. 회사 소개서와 투자 제안서 그리고, 컬쳐덱을 만들고 있습니다.

소개의 순간은 언제나 떨립니다. 특히 브랜드에게 소개는 투자, 협업, 제휴, 제안 등 기회와 변화를 의미합니다. 단순히 '알리는 것' 이상의 중요한 가치를 지니고 있죠. 그 순간은 5분 남짓으로 지나 가면 다시 잡기 힘든 찰나입니다.

**모처럼 찾아온 스포트라이트 아래에서
머뭇거리지 않도록.**
당신의 손에 들릴 매력적이고 직관적인 무기를 만듭니다. 과거를 정리하고, 현재를 정돈하고, 미래로 나아갈 수 있도록. 우리는 당신의 브랜드를 기록합니다.

애프터모멘트 Culture Deck 2022

17 우리의 대전제

대전제는 선택의 기준입니다. 저희는 어떤 클라이언트를 받아야 할까요? 들어오는 대로 다 받아야 할까요? 기준을 정하고 그 기준에 의해 클라이언트를 받아야 할 것입니다. 저희는 이 기준을 '소개하고 싶거나, 소개받아 마땅한 기업'이라고 정의했습니다. 그래서 매번 의사결정을 할 때 '여기를 소개하고 싶은가? 이곳은 소개받아 마땅한 곳인가?'를 내부적으로 고민하고 프로젝트를 받습니다. 여러분도 마찬가지입니다. 브랜드의 대전제가 있어야 어떤 선택을 할지 명확해집니다. 반대로 이것이 없다면 그때그때 감이나 순간적인 데이터, 상황에 의해 결정하게 되죠. 물론 이것이 꼭 나쁜 것은 아닙니다. 의외로 좋은 결과를 만들 수도 있죠. 하지만 브랜드 정체성을 유지하거나 일관된 태도를 만드는 데 걸림돌이 될 것입니다. 이런 경우라면 '우리는 순간순간 가장 합리적인 쪽으로 의사결정한다!'라고 대전제를 설정할 수 있을 것입니다. 대전제가 어떤 것인가 보다 있느냐 없느냐가 더 중요하거든요. 다만, 가끔 너무 추상적으로 생각해서 '우리가 행복한 쪽으로 결정한다' 처럼 너무 모호해지면 안 됩니다. 선택지에 대전제를 적용했을 때 그렇다, 아니다로 의견이 나뉠 수는 있지만, '그런가? 아닌가? 모르겠는데?'로 물음표가 가득해지지 않도록 주의해주세요.

Q. 여러분들 회사엔 의사결정할 때 적용하는 선택의 최상위 기준이 있나요?

선택의 순간이 왔을 때는, 이것을 기준으로.

우리의 대전제

우리는 기획력과 스토리 구성에 특화되어 있어요.

우리 기획력을 발휘할 수 있는 프로젝트인가?
글과 기획, 스토리 구성이 포함된 프로젝트인지 그리고 우리의 자유도를 발휘할 수 있는 클라이언트인지가 중요합니다.

함께 했을 때 시너지가 날 수 있는 클라이언트인가?
모든 기업을 소개하지 않습니다. 우리는 우리의 명확한 기준과 협업했을 때 높은 가치를 낼 수 있는 파트너를 선정합니다.

도덕적으로 올바르고, 건강한 문화를 지닌 곳인가?
우리는 좋은 기업을 소개합니다. 도덕적 문제, 인권, 범죄, 차별, 혐오 등 기업 윤리를 지키지 않는 클라이언트와는 일하지 않습니다.

18 액션 챕터

이제부터는 실제 액션에 대한 이야기를 할 거예요. 앞선 페이지들은 우리의 철학, 슬로건, 비전 등 방향성과 의지에 가까운 내용이 많았습니다. 이제 그 마음이 어떤 행동으로 나오는지 말해줄 차례죠. 앞에서 했던 내용과 겹치는 내용도 있을 수 있습니다. 컬처덱은 제가 예로 들고 있는 모든 페이지를 다 집어넣는 것이 아니라 필요한 부분을 골라 조합하는 것이기 때문에 앞에서 고객을 설정했다면 액션에서 같은 이야기를 반복할 필요는 없습니다. 이 점을 잘 기억하시고, 우리가 적으려는 내용이 철학에 들어가야 할지, 액션에 들어가야 할지 고민해보셨으면 합니다. 더불어 이번 챕터는 매우 실무적 관점에서 이야기해야 합니다. 큼직큼직한 IR용 자료가 아니라 실무자가 실제로 듣고 이해할 수 있어야 하거든요. 앞선 내용보다 훨씬 구체적이고 훨씬 쉬운 용어로 풀어주어야 합니다. 이 챕터에서는 주 사용자, 문제점, 해결 방식, 타깃 시장, 비즈니스 모델, 플라이 휠, 월드 맵, 서비스 정의, 성과, 마케팅 전략, CS 전략, 피드백 관리, 사용자 리뷰 등 매우 구체적인 내용이 들어갑니다. 각각의 페이지에는 이해하기 쉽도록 예제를 드는 것이 좋습니다. 이해의 기준은 우리 조직에 합류한 구성원이 듣고 머릿속으로 그릴 수 있을 정도여야 합니다. 저도 다음 페이지부터는 실 사례들을 많이 들면서 이야기하려고 합니다. 그럼 시작해보실까요?

액션 · ACTION

우리의 방향

CHAPTER 3 - HOW TO MAKE

(19) **우리의 고객**

정체성 파트에서 나왔던 고객과 내용 자체는 같습니다. 그러나 조금 더 구체적으로 사용자를 구분하고 특성을 명확히 규정합니다. 고객 특성의 대표성을 뽑아 하나의 인격체로 표현한 것을 '페르소나'라고 하는데 최근에는 이러한 페르소나뿐 아니라 다양한 방식을 활용할 수 있습니다. B2C를 메인으로 하고 있다면 대표성보다 동일한 취향과 관심사, 라이프스타일을 지닌 '집합' 또는 특정한 경험을 한 사람을 타깃으로 삼기도 하죠. B2B를 메인으로 하고 있다면 목표로 하고 있는 기업명을 리스트업하거나 우리와 함께 했을 때 시너지가 날 것 같은 기업의 특성을 규정합니다. 저희의 경우 대기업과 공공기관은 타깃이 아닙니다. 오히려 시리즈B 이상부터 IPO 직전의 스타트업 또는 중소/중견기업 중 100명 내외, 100억 매출 이상, 2세가 운영하는 기업 중 테크, 플랫폼 기업이 주요 타깃이죠. 서브 타깃은 대기업 중 신사업팀 또는 분리된 계열사, 사회적 기업 중 로컬 비즈니스를 주로 진행하는 기업입니다. 공공 기관과 재단, 대기업 클라이언트는 저희 고객이 아닙니다. 이때 각 고객이 지닌 고유한 심리/행동의 특성도 함께 적어줍니다. 예를 들어 2세 운영의 경우 자신의 경영 능력을 증명해야 하는 위치입니다. 1세대와 분명히 차별화된 문화와 제도, 브랜드 전략이 필요하죠.

Q. 여러분의 고객들은 어떤 특성을 지니고 있나요?
또 고객이 아닌 사람들은 누구인가요?

누가 우리의 고객인가.
우리의 고객

1st **Target**	2nd **Target**	**Audience**
타깃 정의 1차 타깃을 적어줍니다. 최우선 구매가 일어나는 사람이 되겠죠.	**타깃 정의** 선물과 같이 특정한 상황에서 구매하는 경우입니다.	**타깃 정의** 구매자를 방관하는 사람을 파악합니다.
타깃 특징 이들이 가진 특징을 정리해줍니다. 취향, 심리, 행동을 함께 적습니다.	**타깃 특징** 이들이 가진 특징을 정리해줍니다. 취향, 심리, 행동을 함께 적습니다.	**타깃 특징** 이들이 가진 특징을 정리해줍니다. 취향, 심리, 행동을 함께 적습니다.

20　　　　　　　　　　　　　애프터모멘트 Culture Deck 2022

발견한 문제점

여기서 말하는 문제는 부정적 결과를 만드는 요소(Problem)를 말하는 것이 아닙니다. 기업이 물음표를 제시한 것도 문제(Question)가 되죠. 기업이 풀어야 할 숙제랄까요. 이때의 핵심은 문제의 명확성과 적확성입니다. 구성원도 함께 이해하고 공감할 수 있는 문제여야 하겠죠. 대부분 이것을 입사 당시 이미 인지하고 있었을 것입니다. 이 기업이 무슨 일을 하는지 알고 입사했을 테니까요. 그러니 거창한 문장을 적기보다 왜 그것에 문제의식을 느꼈고, 어째서 그것이 문제라고 생각하는지 자세한 설명이 필요합니다. '왜(Why)'를 설명해야 하는 것이죠. 저희가 발견한 문제는 기업 실무와 비전/문화와의 괴리에서 발생하는 비용과 리소스 낭비였습니다. 어떤 문제에 대해 인과/상관/역학관계를 혼동하고 있을 때 생기는 비효율이죠. 예를 들어 구성원의 문화가 쪼개지고, 다양한 친밀 집단이 발생하는 이유가 '브랜드 텍스트'가 없어서라고 규정하는 식이죠. 브랜드 텍스트는 무언가가 규정되어 나온 '결과물'입니다. 진짜 문제는 텍스트가 없는 것 자체가 아니라 '왜 지금까지 없었냐?'라는 질문에 있습니다. 문제와 원인의 관계를 명확히 하지 않으면 자꾸 엉뚱한 곳에 돈을 쓰게 됩니다. 그렇게 만들어진 결과물은 힘이 없죠. 포인트를 잘못 짚은 것이니까요. 그래서 '디딜 곳을 잘못 짚으면 주머니에서 돈이 흐른다'라는 명제를 중심에 두고 있습니다.

Q. 여러분이 생각하는 문제는 무엇인가요?
    그 문제는 왜, 어떻게 문제가 되는 거죠?

무엇이 문제인가
발견한 문제점

01 암묵적으로 만연한 관성에 의해 문화가 형성됩니다.

관성에 의해 만들어진 문화는 그 기원을 알기 어렵습니다. 그리고 맹목적으로 흘러가죠. 의문을 갖지 않으면 점점 편한 쪽으로 왜곡됩니다.

02 새로운 프로젝트나 리브랜딩, 신규 브랜드 런칭 시 방향성이 어긋나는 가이드가 만들어지고, 돌이키기 힘든 상황이 펼쳐집니다.

팀이라는 단어 하나 조차도 서로 생각하는 정의가 다릅니다. 결국 만드는 결과물이나 과정도 완전히 달라지죠.

03 구성원간 친밀 집단의 다수 발생으로 핵심 가치 대신 자체적인 소수 문화가 혼재되는 상황이 발생합니다.

친밀 집단이 음성화되면 소수 부족들로 나뉘어 부족간의 싸움, 완력 다툼, 이해관계의 충돌이 주된 관심사가 됩니다.

애프터모멘트 Culture Deck 2022

해결 방식

앞서 설정한 문제가 Problem이라면 기업은 Solution을 내야 합니다. 반면 설정한 문제가 Question이라면 기업은 Answer를 내야 합니다. 그렇기 때문에 이 페이지의 내용은 앞에 언급했던 문제점에 일대일로 대응되어야 합니다. 문제점이 3개인데 해결책이 2개라면 나머지 하나는 어디로 간 걸까요? 물론 올인원 솔루션이 있을 수도 있겠죠. 그렇다고 해도 솔루션 안에서 3개의 문제가 각각 어떤 방식으로 해결되는지 역학 관계를 풀어줘야 함은 변함이 없습니다. 그래서 문제점 장표와 해결 방식 장표는 동일한 디자인을 가져갑니다. 보통 펼침면으로 구성해 왼쪽 페이지에는 문제점, 오른쪽 페이지에는 해결책을 제시하는 방식을 사용합니다. 페이지 구성상 어렵다면 종이를 접어 넣는 접지 방식을 사용해 펼쳐서 볼 수 있게 합니다. 그것도 번거롭다고 하면 한 페이지를 반으로 나눠 왼쪽에 문제점, 오른쪽에 해결책을 써야겠죠. 대신 반으로 나눌 때는 왼쪽, 오른쪽으로 나눠주세요. 가로로 긴 페이지에서 쓰기 좋겠죠. 핵심은 가급적 넘겨서 읽게 하지 않는다는 겁니다. 컬처덱의 내용은 어지간히 재밌게 쓰지 않는 이상 꽤나 재미없는 기업 이야기거든요. 문제점을 보고 해결책을 보려고 페이지를 휘적휘적 넘기며 부채질하는 것은 독자를 너무 고생시키는 방법입니다. 그렇다고 뒤에 문제점을 또 적자니 같은 말을 반복하게 되고요.

Q. 앞서 질문드렸던 내용을 여러분은 어떻게 해결하고 계신가요? 접속사 없이 짤막하게 말해주세요.

우리는 그 문제를 어떻게 해결하고 있는가?

해결 방식

01 암묵적으로 만연한 관성에 의해 문화가 형성됩니다. ⟶ **Code of conquar**
명문화된 문화를 공표함으로써 강제력을 부여하고 상호 합의된 규율을 단순화시킵니다.

02 새로운 프로젝트나 리브랜딩, 신규 브랜드 런칭 시 방향성이 어긋나는 가이드가 만들어지고, 돌이키기 힘든 상황이 펼쳐집니다. ⟶ **Relavance**
가이드를 일원화하여 추후 브랜드 확장 시, 하나의 내러티브에서 출발할 수 있도록 합니다.

03 구성원간 친밀 집단의 다수 발생으로 핵심 가치 대신 자체적인 소수 문화가 혼재되는 상황이 발생합니다. ⟶ **Concentration**
핵심 가치와의 연결성을 잃어버린 집단에 대한 견제와 회유의 정당성을 부여합니다.

22 타깃 시장

타깃 시장은 3가지 방법으로 나눌 수 있습니다. 예제 페이지처럼 서비스 도달 범위에 따라 TAM(Total Addressable Market), SAM(Served Available Market), SOM(Share Of Market)으로 나누는 방법입니다. 확장 가능성과 수익성을 증명하기 좋아서 투자 제안서에 자주 쓰입니다. 또 하나는 스팟으로 나누는 방법입니다. 성수와 광진구 일대를 중심으로 시작한 다음 강남 전역 그리고 서울 전역으로 확장한다는 식이죠. 오프라인 베이스로 사업을 운영하고 있거나 로컬의 특수성을 활용할 때 많이 사용하는 방식입니다. 마지막으로는 포지션으로 설명하는 방식입니다. 비즈니스가 유연하게 확장되거나, 기존의 포지션이 부정적 또는 올드한 이미지를 지니고 있을 때 이를 탈피하기 위해 자주 사용하는 방식입니다. 예를 들어 유통, 물류, 식자재 납품 기업인데 기술을 활용해 자동화하며 IT 기업으로 포지셔닝하고 싶다고 해봅시다. 구성원은 이제부터 써야 할 단어와 쓰지 말아야 할 단어, 해야 할 프로모션과 아닌 것을 구별할 수 있어야 합니다. 지금 내가 하는 일이 우리가 앞으로 나아갈 시장과 가까워지는 것인지 멀어지는 것인지 파악하게 만드는 것이 이 페이지의 핵심입니다. 그래서 실제 컬처덱을 만들 땐 이를 '짐작, 유추'하게 하지 말고 '이제는 '물류'라는 단어는 쓰지 마세요!' 라고 명확히 규정해주는 것이 좋습니다.

Q.   여러분의 회사는 현재 어디에 서 있고, 어디로 나아가려는 중인가요?

우리가 몸담고 있는 시장은 어디인가?
타깃 시장

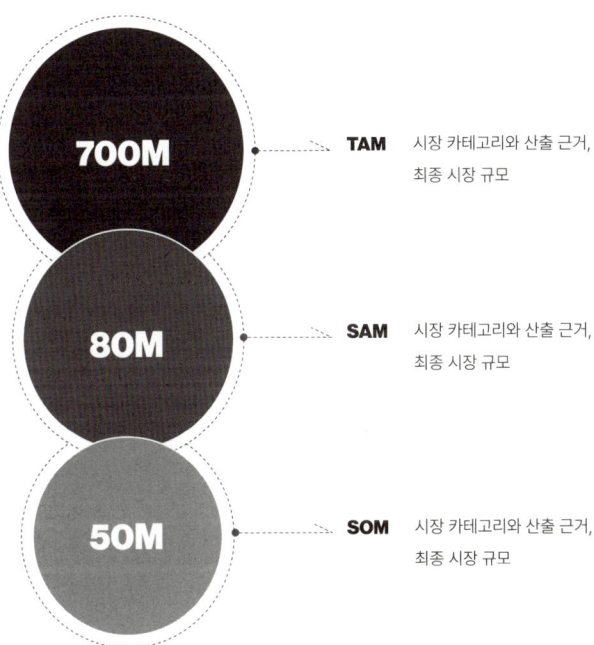

- **TAM** — 시장 카테고리와 산출 근거, 최종 시장 규모
- **SAM** — 시장 카테고리와 산출 근거, 최종 시장 규모
- **SOM** — 시장 카테고리와 산출 근거, 최종 시장 규모

우리의 비즈니스 모델

비즈니스 모델은 수익 모델과 물품이나 서비스가 고객에게 도달하는 방법, 전달하는 가치를 포함합니다. 우리 조직이 어떤 구조로 돈을 버는지 알아야 그에 맞는 일을 하겠죠? 비즈니스 모델은 보통 도식으로 표현하는데 우리 조직을 중심에 놓거나 출발점(왼쪽)에 놓는 경우가 많습니다. 그리고 화살표로 관계를 표현하죠. 예제 페이지에서 우리 브랜드는 기업과 소비자 가운데서 가치를 전달하는 역할을 하고 있네요. 구인구직 매칭 서비스 같은 느낌입니다. 이 경우 구직자는 우리에게 데이터를 제공하고, 우리는 기업에게 양질의 인재 정보를 전달하겠죠. 기업은 이를 대가로 우리에게 대금을 지불하고, 우리는 구직자에게 양질의 일자리 정보를 제공합니다. 이 순환 관계가 도식으로 표현되어 있습니다. 우리 조직과 기업, 구직자는 하나의 플랫폼에서 작동하니 둥글게 묶여 있겠네요. 실무자들은 이를 통해 깨달을 수 있습니다. 그렇다면 실무자가 해야 할 일은 고객 데이터를 축적, 정리, 필터링하고 제공할 기업과 인재를 늘리는 것이 될 것입니다. 수익은 기업에서만 발생하므로 우리의 주 클라이언트는 기업이라고 할 수 있겠네요. 이처럼 우리의 작동 원리를 명확히 표현해주는 게 이 페이지의 목적입니다.

Q. 여러분은 어떻게 수익을 발생시키고 있나요?
　　어떤 가치를 누구에게 전달하고 있나요?

우리는 어떻게 돈을 벌고 있는가?
우리의 비즈니스 모델

수익 모델을 설명해 드릴게요.   수익 모델은 돈을 발생시키는 매출원과 돈의 흐름을 의미합니다. 이 과정에서 발생하는 가치를 함께 표현해주기도 합니다.

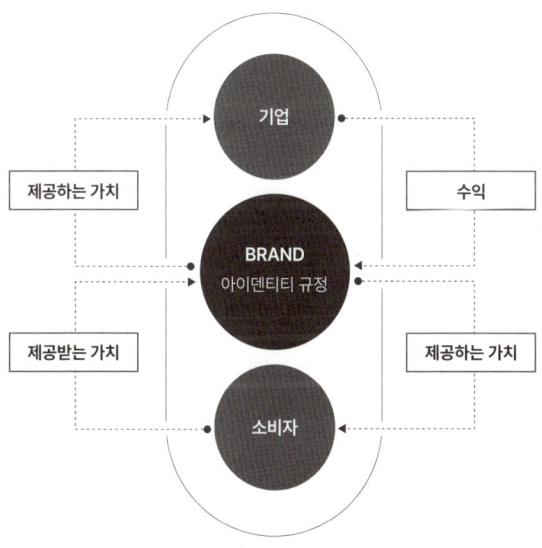

플라이 휠

플라이 휠이란 회전 운동을 저장하고 지속하는 기계 장치를 말합니다. 주된 특징은 순환에 있죠. 비즈니스 모델이 외부 고객과의 관계와 수익에 중점을 둔다면 플라이 휠은 내부와 시장, 두 가지 관점의 작동 원리를 설명합니다. (브랜드에 따라 같은 개념으로 쓰기도 합니다.) 내부적 관점에서는 우리가 열심히 일해 만드는 데이터와 효과, 결과물을 어떻게 다시 활용하는지 표현합니다. 데이터 축적량을 높여 전환율을 높이고 고객 획득 비용을 줄이는 것도 하나의 효과일 것입니다. 외부 관점은 우리 회사가 열심히 일하면 시장이 어떻게 변하는지 표현하는 것입니다. 주로 사회적 가치를 중요하게 생각하는 기업에서 많이 쓰는 방식입니다. 어느 쪽이든 비즈니스 모델에 비해 좀 더 실무적이고 구체적인 내용들이 담깁니다. 복잡한 도식과 화살표가 눈을 어지럽게 만들죠. 사실 도식을 아무리 쉽게 만들어도 참고서 느낌이 나기 때문에 실무자에게는 힘든 페이지라서 도식만 덩그러니 그리기보다 설명을 쉽고 상세하게 써주는 것이 좋습니다.
'우리가 일하면! → 데이터가 쌓인다! → 그것으로 고객을 잡는다! → 획득 비용이 점점 줄어든다! → 더 좋은 고객을 잡을 수 있다!'
이런 식으로 말이죠. 복잡한 경영 용어를 최대한 빼주세요.

Q. 우리가 열심히 일하면 어떤 가치들이 쌓이나요? 그것은 어떻게 활용되죠?

성장을 위한 무한 동력

플라이 휠

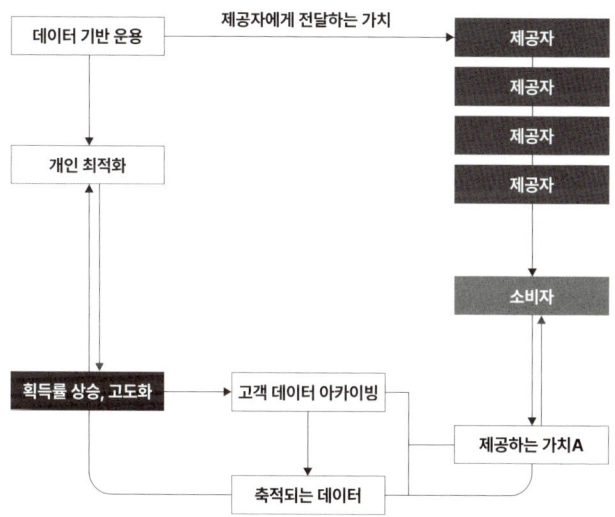

Phase 01
플라이 휠은 좀 더
세분화된
작동 원리입니다.

Phase 02
플라이 휠에 따라
업무가 진행되면서
어떤 것이 축적됩니다.

Phase 03
성장하는 무언가가 쌓여
새로운 에너지나 기회를
창출해야 합니다.

월드 맵

월드 맵은 3가지 종류가 있습니다. 첫 번째로 회사와 외부 업체와의 관계성입니다. 회사의 일은 사무실 안에서만 벌어지지 않습니다. 협력 업체, 하청 업체, 공장, 계열사, 직영점 등 다양한 관계가 존재하죠. 구성원이 가족이라고 한다면 외부에 있는 관계는 일가친척이라고 할 수 있습니다. 구심점에 우리 회사가 존재하고, 하나의 서비스나 제품을 위해 힘을 합치고 있죠. 두 번째는 하나의 회사에 다양한 브랜드가 존재할 경우입니다. 예를 들어 국민은행의 수많은 앱처럼 하나의 기업에서 운영하는 다양한 서비스가 존재하는 경우입니다. 아이덴티티는 계승하되 역할이 각각 다른 것이죠. 마지막으로는 하나의 제품에 다양한 라인업이 있는 경우입니다. 네스프레소도 버츄오 시리즈와 오리지널 시리즈가 있고 그 하위에 바리스타 에디션이나 아이스 에디션이 존재합니다. 레고도 비슷한 형태죠. 시티, 테크닉, 시그니쳐 시리즈 등으로 구분되는 것입니다. 기업은 이 모든 것들을 하나의 세계관으로 묶기를 원합니다. 그래서 각 브랜드의 탄생 비화와 다른 브랜드와의 맥락을 설명하려고 애쓰죠. 컬처덱에도 이러한 내용이 담겨야 합니다. 그래야 구성원이 '저것은 왜 있는 거지?'라고 의아해하지 않겠죠.

Q. 여러분 회사에서 운영하는 브랜드를 모두 나열해보세요. 그것들은 서로 어떤 관계로 연결되어 있나요?

우리가 만든 브랜드를 소개합니다.
월드 맵

여기에서는 하위에 6개 브랜드가 있다고 생각하고
예를 들었습니다. 여러분도 다양한 브랜드를
지니고 있다면 각각의 브랜드를 나열하고
하나하나 설명해볼 수 있을거에요.

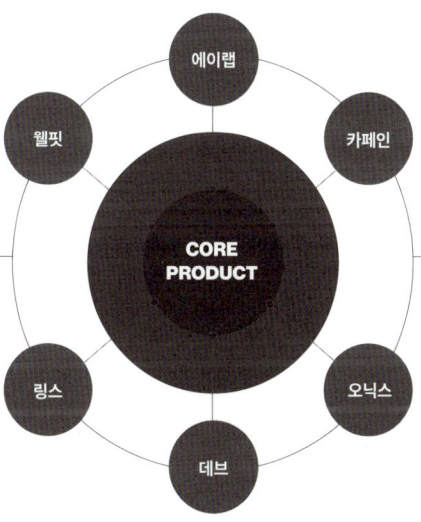

서비스 정의

앞서 월드 맵에서 다양한 서비스의 관계를 정의했죠? 서비스 정의는 서비스 각각을 정의하는 과정입니다. 순서는 월드 맵-서비스 정의 순서로 나와도 되고, 서비스 정의-월드 맵 순서로 조합해도 괜찮습니다. 제가 월드 맵을 더 앞에 둔 이유는 전체 구조를 먼저 보여주고 각각의 세부 설명을 하려고 했기 때문입니다. 급한 한국인 성격을 반영한 것이죠. 저희 회사는 3가지만 만들고 있기 때문에 저희가 제공하는 서비스는 매우 심플합니다. 그러나 여러 개의 서비스를 동시 운영하는 경우라면 분량이 많아질 것입니다. 서비스를 정의할 때는 5가지 내용이 포함되도록 적어야 합니다. 만들어진 이유, 주요 기능, 주요 사용자, 서비스 특징, 제공 가치입니다. 페이지 여유가 있다면 부가적 기능을 조금 첨가하면 좋을 것입니다. 서비스 정의를 명확하게 하는 이유는 구성원끼리도 서비스를 설명하는 언어가 다르기 때문입니다. 외부에 나가서 우리 서비스를 소개해야 하거나, 또는 제안서를 만들 때 실제 서비스 정의와 다른 설명을 하고 있다면 문제가 될 것입니다. 때문에 직급, 직무에 상관없이 모두 동일한 언어로 우리 서비스를 설명하게 만드는 것이 이 페이지의 역할입니다. 저는 이 부분을 꽤나 중요하게 생각해서 내용이나 디자인적으로도 힘을 좀 실어주려고 하는 편입니다.

Q. 여러분 조직의 서비스는 각각 어떤 의미를 지니고 있나요? 위 5가지 내용을 포함해 설명해봅시다.

우리가 만드는 제품/서비스를 명확히 알아보자.

서비스 정의

INTRODUCTION

브랜드/서비스/제품 소개서 제작

영업과 제휴 등 브랜드나 서비스를 소개하고 새로운 일을 도모하고 싶을 때 제작합니다. 약 20페이지 남짓의 PDF 또는 인쇄물, 디지털 콘텐츠로 제작됩니다.

INVESTORS RELATIONS

투자 제안서 제작

투자 유치를 위해 제작합니다. 투자자에게 브랜드의 비전과 현실적인 가능성을 어필합니다. 세술용, 발표용으로 나눌 수 있습니다. 10~30페이지 남짓의 슬라이드, PDF, 인쇄물로 제작됩니다.

CULTURE DECK

컬쳐덱 제작

브랜드의 정신, 행동, 제품, 서비스, 업무 방식, 문화까지. 브랜드의 총체적인 내용을 정리하고 규정, 선언합니다. 50~100페이지의 PDF, 인쇄물, 제작물 등의 형태로 제작됩니다.

애프터모멘트 Culture Deck 2022

우리가 이뤄낸 성과

이 페이지는 컬처덱이 투자자나 시장에 노출될 때 사용되는 장표입니다. 주요 성과를 표현하는 방법은 연도별, 수치별, 중요도별 등 가장 매력적인 방법을 선택합니다. 기업의 역사가 몇십 년 이상 되었고 그동안 쌓아온 레거시가 강력한 무기라면 연도별 성과를 언급하는 것이 좋을 것입니다. 앱 서비스 등 IT 업계라면 실질적인 MAU, ROAS, CAGR 등 운영 지표를 드러내거나 수상 경력, 특허, 매출액, 진출 국가명 등 명확한 수치나 단어를 큼직하게 드러낼 수도 있습니다. 자랑거리가 너무 많다면 중요도순으로 정리해 리스트를 만들 수도 있겠죠. 이때는 수상 경력, 특허 출원 현황, 투자 유치 현황 등 카테고리를 나누어 보여주는 것이 좋습니다. 자랑거리는 눈에 잘 띄어야 의미가 있으니까요. 컬처덱은 회사 소개서가 아니기 때문에 성과에 너무 힘을 줄 필요는 없습니다. 그리고 맥락이 중요하죠. 갑작스레 성과만 보여주기보다 앞 단에서 우리의 강점과 히스토리를 풀어준 뒤 그 결과로 성과를 보여주는 것이 더 의미 있을 것입니다. 제가 만들었던 성과 장표 중에는 '도대체 무슨 일이 있었던 거야'라는 제목의 페이지가 있었습니다. 갑작스럽게 사용자가 늘었던 시점을 표시하고, 그 이유를 재미있게 설명하는 장표였죠. 반응이 무척 좋아 종종 쓰곤 합니다.

Q. 여러분의 자랑거리를 늘어놔주세요!
그것은 여러분에게 어떤 의미가 있나요?

우리의 지난 흔적

우리가 이뤄낸 성과

- **2022.05.05**   투자 유치 Series B 70억 원(누적 투자 유치금 130억 원)
- **2022.06.05**   인증 완료, 임상원 테스트 결과 적합성 판정 완료
- **2022.07.05**   Seed 이후 12개월간 영업 채널 운영으로 거래처 700% 상승
- **2022.08.05**   B사와 기술 제휴 및 공동 연구 개발 계약 완료
- **2022.09.05**   국내 최초 플랫폼 기술 내 B 기술 도입
- **2022.10.05**   베트남, 싱가포르 진출 18개월 만에 순익율 180% 달성
- **2022.11.05**   DAU 45K 누적 월 방문자수 1억 명 돌파
- **2022.12.05**   구글 플레이스토어 '올해를 빛낸 앱' 콘텐츠 부문 4위 선정

28 마케팅 전략

마케팅 전략은 마케팅팀만 알아야 하는 것이 아닙니다. 여기서 말하는 마케팅 전략은 세부적인 프로모션이나 측정 지표 같은 것을 의미하지 않습니다. 그것은 각 팀에서 기획해서 진행하는 실무이므로 세세하게 규정하지 않습니다. 대신 마케팅을 통해 달성하고 싶은 목표와 기본적으로 우리와 고객은 어떤 관계인지, 차별화 방식, 전달 방식, 주요 채널, 메시지 등을 큰 개념에서 정의하는 것이 중요합니다. 저는 가급적 마케팅, 영업, CS, 디자인 등 각 팀의 전문성이 필요한 일이라고 해도 큰 틀을 규정해 전사적으로 알리는 것을 중요하게 생각합니다. 일이란 것이 '너희팀 일, 우리팀 일' 이렇게 칼 같이 나뉘는 것이 아니거든요. 결국 어떤 방식으로든 협업이 필요합니다. 이때 각 팀이 어떤 프레임으로 일하고 있는지 모르면 자꾸 헛다리를 짚으며 서로에게 짜증을 내는 상황이 발생합니다. 예를 들어 영업을 하러 현장 미팅을 갔던 A 씨는 우리 포트폴리오가 게시된 채널이 어디인지 모릅니다. 디자인팀인 B 씨는 주요 마케팅 메시지가 무엇인지 모른 채 멋진 디자인에만 집중하고 있습니다. 우리와 고객과의 관계가 어떻게 설정되어 있는지 모르는 고객 지원팀 C 씨는 자기 스타일 대로 고객 컴플레인에 대응하고 있습니다. 이런 사태가 발생하지 않도록 하기 위해 이 장표를 만드는 것이죠. 서로가 무엇을 하고 있는지 알아야 하니까요.

Q. 여러분 조직은 어떤 마케팅 전략을 가지고 있나요?
마케팅팀 외의 구성원은 이를 알고 있나요?

우리를 알리는 방식
마케팅 전략

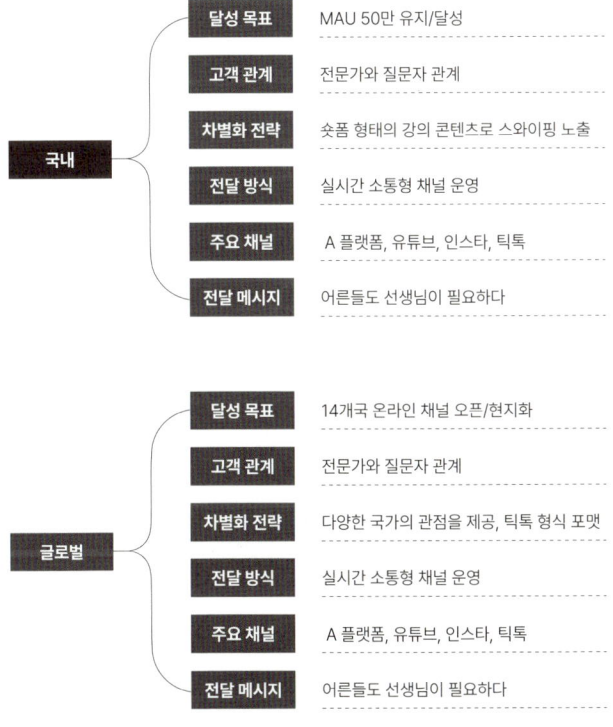

국내		
달성 목표	MAU 50만 유지/달성
고객 관계	전문가와 질문자 관계
차별화 전략	숏폼 형태의 강의 콘텐츠로 스와이핑 노출
전달 방식	실시간 소통형 채널 운영
주요 채널	A 플랫폼, 유튜브, 인스타, 틱톡
전달 메시지	어른들도 선생님이 필요하다

글로벌		
달성 목표	14개국 온라인 채널 오픈/현지화
고객 관계	전문가와 질문자 관계
차별화 전략	다양한 국가의 관점을 제공, 틱톡 형식 포맷
전달 방식	실시간 소통형 채널 운영
주요 채널	A 플랫폼, 유튜브, 인스타, 틱톡
전달 메시지	어른들도 선생님이 필요하다

CS 전략

앞서 말했듯 다양한 팀의 전략을 파악하는 것은 중요한 일입니다. 그러나 그중 전사가 기억하고 있어야 하는 가장 중요한 전략을 꼽으라면 단연 CS 전략이라고 말하고 싶습니다. 요즘엔 CS팀을 외주로 주기도 하고, 별도의 지사처럼 운영해 사무실을 분리하기도 합니다. 그러나 작은 브랜드일수록 CS 파트는 내재화되어야 하고, 치밀하고, 강력해야 합니다. 고객 접점에서 만들 수 있는 수많은 가치는 그저 하나의 프로세스로 넘기기에는 너무 큽니다. 또한 고객은 언제 어디서든 만날 수 있고, 누구에게라도 의견이 들어올 수 있기 때문에 모두가 고객을 대하는 기본 전략을 숙지하고 있어야 합니다. 브랜딩의 기본이자 핵심이죠. CS 단계는 즉각 처리와 보고 후 처리로 나뉘는데 현장에서 즉각 대응해야 하는 경우에는 매뉴얼을 일일이 볼 시간이 없습니다. 그렇기 때문에 이미 체화되어 있어야 하죠. 보고 후 처리 단계에서는 컴플레인 처리 과정을 경보 단계로 구별하기도 합니다. 각 경보 단계는 문제가 발생한 지점과 고객의 컴플레인 강도, 고객이 입은 피해의 정도 등을 고려해 판단하고 각 단계별 응대 프로세스를 매뉴얼화해 누구든 바로 확인할 수 있는 곳에 비치합니다. 그것이 바로 컬처덱이 될 수 있겠죠.

Q. 여러분의 조직은 고객 이슈가 생겼을 때 대응할 수 있는 체계를 가지고 있나요?

고객을 대하는 방법
CS 전략

궁극적인 목표	불만 요소를 미연에 제거하고, 발생한 이슈는 4시간 내 해결합니다.
운영 방식	데이 케어(09:00-18:00)팀과 나이트 케어(18:00-09:00)팀으로 상시 운영됩니다.

	상황 정의	대응 방식
RED	정보 유출, 서비스 셧다운, 해킹, 도덕적 이슈 등	즉각적 C레벨 호출, 긴급 회의 소집. 비상 체제 돌입
Alert 4	서비스 정지, 결제 오류 등 즉각적으로 해결해야 하는 경우	이슈 대응 개발팀 즉각 투입 C레벨 보고, 해결까지 팔로업
Alert 3	지연, 응답 없음, 고객 정보 로딩 실패 등 불편이 야기된 상태	이슈 대응 개발팀 2시간 내 투입, C레벨 보고, 사후 보고
Alert 2	위와 같은 상황이나 아직 실질적인 불편이 야기되지 않음	일반 개발팀 2시간 내 투입 가능, 이슈 스쿼드 내 해결, 사후 보고
Alert 1	제안 또는 이용상 불편, 커뮤니케이션 이슈	각 팀의 커뮤니케이션 매니징 원칙에 따라 해결

30 피드백 관리

CS와 달리 고객 피드백은 응대 자체보다 서비스 고도화 목적이 큽니다. 그러나 모든 고객의 소리를 다 반영할 수는 없습니다. 이 때문에 분류와 처리 절차가 중요합니다. 바로 업데이트할 중요한 피드백, 후순위로 수정이 필요한 부분, 점진적으로 수정해도 될 부분, 수정이 필요하지 않은 부분, 무효 피드백 등으로 구분하고 각각의 피드백을 어떻게 보관, 처리할지 규정해야 합니다. 특히 이러한 과정은 디자인팀, 개발팀, 서비스 기획팀 등 실무와 연결되어 있는 만큼 실질적으로 생산, 관리하는 모든 팀이 함께 참여해 만들고 숙지해야 합니다. 업데이트 미팅이나 전사 타운홀 미팅 등에서 이런 피드백 관리 원칙에 따라 업데이트 계획을 수립하기도 합니다. 리디의 경우 고객의 피드백을 '새 기능 제안'과 '오류, 버그 제보'로 분류한 뒤 각각을 다시 4단계로 나누어 분류하고, 분류된 정보를 다시 세분화해 라벨링합니다. 이때 피드백한 고객의 감정을 고려해 긍정, 부정 의견으로 분류하기도 합니다. 그리고 해당 의견을 편집하지 않고 원문 그대로 리더들과 함께 읽는 TOC 제도를 운영합니다. 피드백 원본을 정기 미팅, 메일, 사이니지 등을 통해 공유하는 것이죠. 이처럼 고객 피드백은 의사 결정에 중요한 역할을 하고 많은 실무진과 연결되어 있는 만큼 확실한 원칙을 정해 선언하는 것이 좋습니다.

Q. 여러분의 조직에서는 고객 피드백을 어떻게 관리하고 있나요? 이를 어떻게 공유하고 있나요?

고객의 목소리를 반영하는 법
피드백 관리

궁극적인 목표	고객 피드백을 통해 브랜드의 현재 상황과 유저 니즈를 명확하게 파악하고, 업데이트 및 제품 개선 논의 시 리소스로 활용합니다.
운영 방식	고객 피드백은 매주 금요일 15시까지 노션 페이지 'FEEDBACK'에 업로드합니다. 특히 주목해야 할 피드백이 있는 경우, 해당 부분에 하이라이트를 더합니다. 4주간 모인 피드백은 매월 말 VOC 미팅에서 전체적인 회고를 통해 확인하고 반영 요소를 선정합니다.

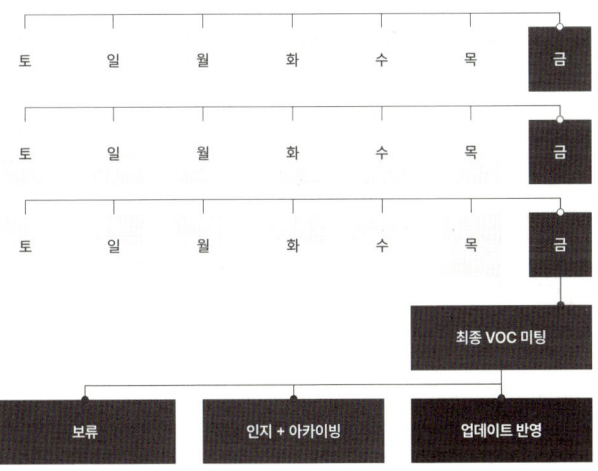

31 사용자 리뷰

리뷰는 피드백과 조금 다릅니다. 피드백은 '제안하는 의견', '요청'입니다. 청자가 공급자죠. 리뷰는 '후기', '느낀 점' 등 좀 더 주관적 내용이 담기고 청자가 소비자입니다. 이 때문에 사용자 리뷰는 대외적으로 활용할 여지가 많습니다. 소개서나 IR 등 외부에 노출되는 자료를 만들 때 삽입되고는 하죠. 이때 정말 수많은 기업이 리뷰를 복사해 사용하고는 하는데, 여기에는 한 가지 아쉬움이 있습니다. 일단 리뷰에는 다양한 내용이 담겨 있기 마련인데 중복되는 내용도 많고 명확한 특장점을 언급하지 않고 '그냥 좋았다'라고만 적힌 리뷰를 사용하기도 합니다. 리뷰는 꽤 중요한 의사 결정의 근거가 됩니다. 그렇기에 명확성이 중요하죠. 예를 들어 비건 화장품을 판매하는 브랜드라면 리뷰를 다음과 같이 카테고리화해 나눠 수집할 수 있습니다. 피부 수분감 개선, 성분 만족, 가성비, CS 만족, 피부 민감도 등이죠. 소구하려는 부분과 일치하는 리뷰를 분류해 정돈한 것입니다. 리뷰는 많으면 많을수록 신뢰가 올라가기는 하지만, 그 정확성 또한 중요하죠. 이러한 리뷰를 누가, 어떻게, 어디에, 어떤 방법으로 정돈하고 아카이빙할지 규정하는 것이 이 페이지의 목적입니다. 주로 마케팅팀이나 CS팀에서 진행하겠지만, 리뷰라는 것은 언제 어디서 누구로부터 오게 될지 알 수 없는 일이니까요.

Q. 소중한 고객 리뷰, 여러분은 어떻게 아카이빙하고 있나요?

고객들이 직접 하는 말

사용자 리뷰

리뷰는 무작정 모으는 것이 아니라, 각 리뷰의 특성에 맞춰 카테고리를 나눕니다. 그래야만 추후 소개서, 영업 자료 등에 삽입할 때 클라이언트 또는 상황에 맞는 리뷰만 따로 추출해 사용할 수 있습니다.

Category 01   컬쳐덱의 효용 관련

A사 김OO 프로

정말 컬쳐덱을 만들면서 **브랜드가 깔끔하게 정리되는 느낌**을 받았어요.

4.0 / 5

B사 이OO 팀장

암묵적으로만 있던 문화가 눈에 보이니, **방향성도 명확**해지는 것 같아요.

4.0 / 5

Category 02   업무 관련

C사 김OO 대표

거대한 프로젝트라 걱정을 많이 했는데 **정말 효율적으로 작업**할 수 있었어요.

4.0 / 5

D사 최OO 사원

우리 멤버들이 이렇게 **적극적으로 임할 수 있단 걸** 깨달았습니다.

4.0 / 5

Category 03   기타

E사 이OO 대표

특히 컬쳐덱 전후로 **세리머니를 하는 게** 놀랍고 신기했어요.

4.0 / 5

F사 박OO 대표

한두 단어만 드렸는데, **우리 마음을 꿰뚫어보는 듯** 글을 써주셨어요.

4.0 / 5

32   주요 뉴스

보도 자료는 모두 소중합니다. 특히 인지도를 높여야 하거나, B2B 비즈니스를 하는 기업에게는 더욱 중요하죠. 보도 자료 아카이빙은 주로 커뮤니케이션팀에서 관리합니다. 이 페이지에서는 브랜드 소식이 어느 언론에 어떤 방식으로 소개되었는지 게시 일자, 언론사, 제목, 내용, 링크 등을 한눈에 볼 수 있게 정리합니다. 페이지의 역할은 매우 명확하지만, 활용법은 다양합니다. 투자자향 컬처덱을 제작할 경우 주요 뉴스로 행보를 어필할 수 있고, 시장을 향해 컬처덱을 공개할 때 미디어 파워를 드러낼 수 있습니다. 뉴스는 예비 고객과 예비 투자자 등 우리 조직에 대해 정확히 모르는 경우 관련 정보를 가장 빠르게 파악할 수 있는 방법입니다. 저도 클라이언트사 조사를 할 때 기사부터 찾아보는 편입니다. 특히 IPO 직전 또는 이후의 컬처덱이라면 그리고 그 목적이 외부를 향해 있다면 빠뜨릴 수 없는 부분이 됩니다. 이는 컬처덱을 웹에서 활용할 경우 유효합니다. 리스트로 기사 제목을 강조할 수 있고, 기사를 블로그처럼 관리할 수도 있습니다. 이럴 때는 제목 일부와 썸네일로 뉴스를 강조할 수 있습니다. 클릭 후 관련 링크로 이동할 수 있게 세팅해야겠죠. 주요 뉴스를 굳이 페이지에 싣고 싶지 않다면 뉴스가 정리되어 있는 팀 페이지나 기업 블로그로 넘어갈 수 있는 링크를 만들어 QR 또는 버튼으로 삽입해주는 것도 좋습니다.

Q.   우리 조직의 주요 뉴스는 어떻게 관리되고 있나요?
        모든 보도 자료가 리스트로 잘 정리되어 있나요?

우리가 세상에 하는 말
주요 뉴스

2022.05.05	OO뉴스	컬쳐덱을 만드는 기업들의 이야기
2022.05.05	OO일보	기사 제목은 편집 없이 그대로 적습니다.
2022.05.05	데일리OO	경우에 따라서는 기자 이름을 함께 기재할 수도 있습니다.
2022.05.05	OO뉴스	또는 기사의 종류를 투자, 신제품, 문화 등의 카테고리로 나눌 수도 있죠.
2000.00.00	OO뉴스	…
2000.00.00	OO일보	…
2000.00.00	데일리OO	…
2000.00.00	OO뉴스	…
2000.00.00	OO일보	…
2000.00.00	데일리OO	…
2000.00.00	OO뉴스	…
2000.00.00	OO일보	…
2000.00.00	데일리OO	…

33   애프터모멘트 Culture Deck 2022

(33)　　　　　　　　　　브랜드 넘버스(트랙션)

앞서 말한 성과와 비슷합니다. 다만 성과가 자랑에 가까운 느낌이었다면 이 페이지는 내부 목표와 지향점을 선언하는 느낌이 강합니다. 그래서 수치, 그래프, 표 등으로 구체적인 수치를 보여줍니다. 트랙션(Traction)이란 본래 퇴적된 입자가 물길, 빙하, 풍력으로 만들어진 어떤 길을 따라 흐르는 것을 의미합니다. 즉 정지한 상태의 수치가 아닌 역동적 수치를 보여주는 것이 이 페이지의 핵심입니다. 예를 들어 전년도 1분기와 올해 1분기 비교 지표, 지난 6개월간의 MAU 변화 지표, 고객 리뷰 증가율, 평점 상승 지표, 우리가 앞으로 목표로 해야 하는 전환율 등 빠르게 바뀌고 계속 변화할 수치를 담습니다. 숫자만 적을 때는 목표량이나 퍼센트로 표시해 앞으로 어떤 것에 좀 더 집중해야 하는지 함께 언급합니다. 수치란 데이터입니다. 데이터는 분석과 해석이 필요하죠. 페이지에 제시한 수치들이 각각 어떤 의미를 가지는지 적어주어야 합니다. 그리고 이 수치들이 총체적으로 어떤 의미를 지니고 있는지 해석도 함께 적어줍니다. 그리고 우리의 가설을 적어줍니다. '우리는 A라는 수치가 15% 이상 상승했을 때 획득 비용이 8% 이상 줄어들 것으로 생각한다. 그러므로 내년 1분기까지의 목표를 A값의 15% 상승으로 설정한다' 처럼 말이죠. 마지막으로는 액션을 적어줍니다. 그래서 '우리는 무엇에 집중해야 한다'는 식으로 말이죠.

Q.　　　우리 조직에서 역동적으로 변화하는, 그리고 계속 신경쓰고 흐름을 관찰해야 하는 수치는 무엇이 있을까요?

우리 상황을 숫자로 표현해봅시다.

브랜드 넘버스

3,450M

현재 누적 View

2022.05.31 기준 누적 합계

600

함께하고 있는 있는 클라이언트사

2022.05.31 기준 누적 합계

670,000

월 누적 방문자 수

2022.05.31 기준 누적 합계

14

1개월 내에 진행할 수 있는 프로젝트 수

2022.05.31 기준 누적 합계

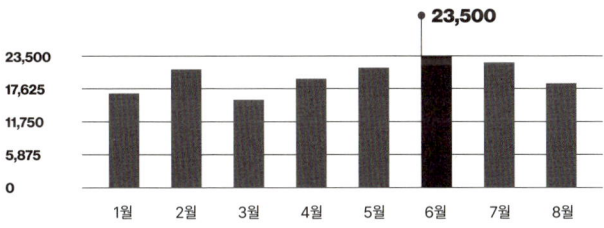

마일스톤

마일스톤이란 표지판이 없던 시절 거리를 표시하던 돌을 가리키는 말이었습니다. 지금은 사업이나 프로젝트의 중요 지점을 의미하는 용어로 쓰이고 있죠. 보통 기업은 장단기 목표를 설정하고 이를 달성하기 위한 주요 전략을 짭니다. 만약 NFT 플랫폼을 운영하는 데 거래액 기준 1조 원을 만드는 것이 목표라면 이를 달성하기 위해 세부 계획이 만들어지겠죠. 공급자를 유치하고, 소비자를 위한 프로모션 계획이 세워집니다. UX 개선을 통해 이더리움 지갑이 있다면 로그인 없이 바로 이용할 수 있게 만들 수도 있습니다. 또는 유명 NFT 아티스트와의 콜라보로 화제성을 만들거나 수수료 조정을 통해 수익성을 개선할 수도 있습니다. 다른 방안으로 우리 플랫폼만이 만들 수 있는 독보적 카테고리를 만들거나 독점 NFT를 유치할 수도 있죠. 이처럼 하나의 목표를 위해 하위 액션을 빌드업합니다. 실무자는 이 마일스톤을 통해 현재 가장 집중해야 할 어젠다를 파악할 수 있죠. 12월까지 UX 개선 작업이 이루어진다면 대부분의 업무는 이 마일스톤을 성공시키는 데 집중됩니다. 내가 지금 무엇을 해야할지 헤매이지 않도록 마일스톤 페이지는 달성 시기, 액션, 달성 목표를 포함합니다. 물론 마일스톤 페이지는 투자자에게도 매력적입니다. 이 경우 후속 투자까지 달성할 목표를 위해 세부 계획을 세워야겠죠.

Q. 현재 목표는 몇 년 후 미래의 모습인가요?
그것을 달성하기 위한 세부 계획은 몇 개로 나뉘어 있나요?

우리가 달성해야 할 작은 목표들
마일스톤

2023.1Q

어떤 목표를 달성할 것인지
신제품 출시와 업데이트 항목, 새로운
카테고리의 생성 또는 연구소 설립,
인수, 합병, 투자 예측 등의 경영 활동,

달성하고 싶은 MAU, DAU, 전환율,
팔로워, 구독자, 가입자 수, 다운로드 수
등의 마케팅 지표

또는 진출 시장 확대 등의 마켓, 영업,
판로 확장 계획 등을 적을 수 있습니다.

2023.2Q

어떤 목표를 달성할 것인지
신제품 출시와 업데이트 항목, 새로운
카테고리의 생성 또는 연구소 설립,
인수, 합병, 투자 예측 등의 경영 활동,

달성하고 싶은 MAU, DAU, 전환율,
팔로워, 구독자, 가입자 수, 다운로드 수
등의 마케팅 지표

또는 진출 시장 확대 등의 마켓, 영업,
판로 확장 계획 등을 적을 수 있습니다.

2022.3Q

어떤 목표를 달성할 것인지
신제품 출시와 업데이트 항목, 새로운
카테고리의 생성 또는 연구소 설립,
인수, 합병, 투자 예측 등의 경영 활동,

달성하고 싶은 MAU, DAU, 전환율,
팔로워, 구독자, 가입자 수, 다운로드 수
등의 마케팅 지표

또는 진출 시장 확대 등의 마켓, 영업,
판로 확장 계획 등을 적을 수 있습니다.

2022.4Q

어떤 목표를 달성할 것인지
신제품 출시와 업데이트 항목, 새로운
카테고리의 생성 또는 연구소 설립,
인수, 합병, 투자 예측 등의 경영 활동,

달성하고 싶은 MAU, DAU, 전환율,
팔로워, 구독자, 가입자 수, 다운로드 수
등의 마케팅 지표

또는 진출 시장 확대 등의 마켓, 영업,
판로 확장 계획 등을 적을 수 있습니다.

달성 전략

이 페이지는 내부 구성원을 향한 컬처덱에만 선택적으로 들어갑니다. 자칫 대외비에 해당하는 경영 전략이 언급될 수 있기 때문이죠. 전략을 얼마나 상세히 기재할 것인지도 고민해야 합니다. 너무 세부적인 계획은 끊임없이 바뀔 위험이 크고 노출될 가능성도 높습니다. 반면 너무 추상적인 계획은 실무자에게 쓸모가 없죠. 저는 달성 전략을 구성할 때 전사적 핵심 전략과 각 팀별 주요 어젠다 정도만 기재하는 편입니다. 대원칙을 정하고 최소한의 원칙 하에 팀별 액션은 자유롭게 만들 수 있게 합니다. 이때 전사적 핵심 전략은 4가지로 구분됩니다. 집약 성장 전략(매출액 상승), 판매 전략(세일즈/시장 확장 등), 안정화 전략(자금 및 서비스 고도화), 방어 전략(리스크/경쟁사/기술 등)이 그것이죠. 지금이 달려야 할 때인지, 내실을 다져야 할 때인지, 방어력을 높여야 할 때인지 선택한 후 핵심 전략에 따라 각 팀의 역할을 규정합니다. 개발, 브랜드, 영업, 판매, 유통, 인사, 재무, 마케팅, 디자인 등 팀별 역할을 간략히 규정하고 필요한 액션을 2~3가지로 요약할 수 있죠. 이는 서로 다른 팀이 무슨 목적으로 어떤 목표를 향해 일하고 있는 지 공유할 수 있게 하고, 협업의 허들을 낮춰주는 역할을 합니다. 그리고 팀장과 팀원도 좀 더 명확한 방향성 아래 일할 수 있죠. 이때 팀 전체의 내용이 하나의 이미지에 담길 수 있다면 더욱 효과가 좋을 것입니다.

Q.   하나의 목표를 향해 각 팀들은 어떤 역할을 해야 하나요?

목표를 달성하기 위한 노력
달성 전략

핵심 전략

현재 시장에서 매출액을 증가시키는 집약 성장과 신시장 개발, 제품 개발 등 제품이나 서비스의 판매 방식과 시장을 결정하는 전략과 더불어 자금 관련 안정 전략과 방어 전략을 함께 적어줄 수도 있습니다. 이 부분은 대외비 항목인 경우가 많아 컬쳐덱에서 빠질 수도 있습니다.

세부 전략

개발 전략
- 01 세부 전략을 적어주세요.
- 02 세부 전략을 적어주세요.
- 03 세부 전략을 적어주세요.
- 04 세부 전략을 적어주세요.

브랜드
- 01 세부 전략을 적어주세요.
- 02 세부 전략을 적어주세요.
- 03 세부 전략을 적어주세요.
- 04 세부 전략을 적어주세요.

영업 전략
- 01 세부 전략을 적어주세요.
- 02 세부 전략을 적어주세요.
- 03 세부 전략을 적어주세요.
- 04 세부 전략을 적어주세요.

기능적 특징

이 페이지는 서비스나 제품의 특장점을 언급하는 페이지입니다. 이때 우리 제품 소개는 언제 어디서든 바로 활용할 수 있도록 1~2줄로 짧게 정의해야 합니다. 특히 앞에서 세계관을 언급한 경우 서비스 정의가 한번 되었을 것입니다. 이 둘의 소개는 반드시 통일되어야 합니다. 컬처덱 내부에서도 서비스 소개가 다양하면 무척 혼동될 것입니다. 이제 우리 제품이나 서비스의 기능적 특징을 적어줍니다. 이때 방식은 다양합니다. 그저 열거할 수도 있고, 고객의 상황에 따라 제공하는 기능을 구분할 수도 있고, 복제 불가능한 독보적 기술만을 따로 뽑아 자세히 소개할 수도 있습니다. 기업마다 가진 강점은 다양할 테니 말이죠. 저희의 경우는 글도 쓰고, 기획도 하고, 콘텐츠 제안도 하고, 영업 프로세스도 함께 구축합니다. 컬처덱 파트에서는 피플팀과 함께 내부 커뮤니케이션 전략을 수립하기도 하죠. 이런 의외성이 저희의 가장 큰 특징입니다. 그러나 이러한 다양한 특장점에도 위계가 있죠. 가장 상위의 기능적 특징은 기획 단계와 텍스트 설계입니다. 콘텐츠화나 각종 활용 전략 구축은 후순위입니다. 여러분의 브랜드 특장점도 위계를 구분해 주된 부분과 부가적 기능을 나눠 설명해주는 것이 좋습니다. 이 페이지는 외부에 자랑하기보다는 내부의 커뮤니케이션을 통일하기 위함이니까요.

Q. 여러분 조직의 제품(서비스)의 가장 큰 기능적 특징은 무엇이 있나요? 그것은 다른 것들과 어떻게 차별화 되나요?

어떤 기능으로 가치를 전달하나요?
기능적 특징

**우리 제품은
IT 기술로 '수면'을
관리합니다.**

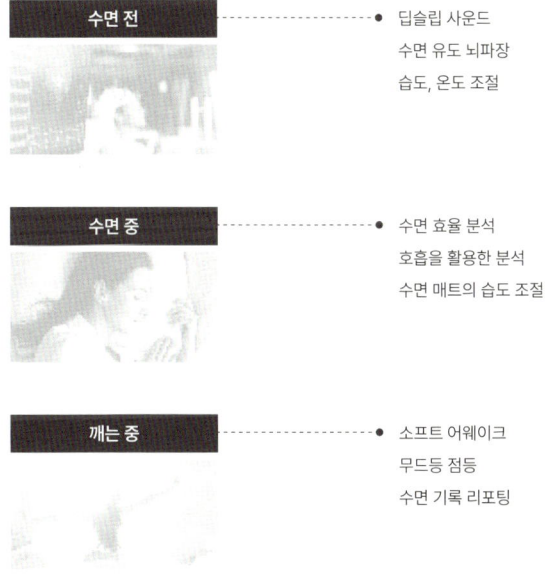

수면 전
- 딥슬립 사운드
  수면 유도 뇌파장
  습도, 온도 조절

수면 중
- 수면 효율 분석
  호흡을 활용한 분석
  수면 매트의 습도 조절

깨는 중
- 소프트 어웨이크
  무드등 점등
  수면 기록 리포팅

(37) 경험적 특징

조명 기기를 생산하는 기업을 예로 들어봅시다. 특장점을 꼽자면 광원 효율이 좋고, 오래 가고, 어디든 잘 어울린다는 것을 말할 것입니다. 이 페이지에서는 조금 다른 이야기를 해볼 것입니다. 조명을 여성도 손쉽게 설치할 수 있는지, 어떤 인테리어에 잘 어울리는지, 이 조명과 어떤 음악과 술이 잘 어울리는지 등 제품을 사용할 고객의 동선을 따라가며 매력을 느낄 수 있는 '시나리오'를 그려 보는 것이죠. 최근 제품이나 서비스는 '라이프스타일'에 녹아들기 위해 노력합니다. 조명은 주로 밤에 필요합니다. 퇴근 후 맥주를 마시며 책을 보거나 음악을 들으며 하루를 정리하는 몇 시간, 짧게는 몇 분의 경험을 만들죠. 제품을 이용하는 시간은 하루 중 일부일 뿐입니다. 샤워기 필터라면 아침과 저녁 샤워 시간 30분의 경험을, 업무 관련 정보 제공 플랫폼이라면 회사에서 검색과 답을 찾는 10~20분의 경험을 만들게 될 것입니다. 이때 우리 제품(서비스)를 사용하는 고객이 어떤 경험을 하게 될지, 어떻게 반응하기 바라는지, 어떤 반응이 나오면 안 되는지 구분해 적어주는 것이 중요하죠. 그리고 제품 개발 부서, 디자인팀, 마케팅팀은 이를 면밀히 인지하고 있어야 합니다. 그리고 이를 규정하고 선언해야 합니다. 어떤 고객 경험을 만들어야 하는지 목표로 정하고 그것이 실현되었는지 정량적으로 파악할 수 있어야 하죠.

Q.   여러분의 제품(서비스)는 고객의 하루 중 언제 사용되나요?
     그것을 쓰면서 고객은 어떤 편안함을 느껴야 하나요?

어떤 경험으로 가치를 전달하나요?

경험적 특징

우리는 고객이 무언가를 더 조작할 필요가 없도록 경험을 설계합니다.

수면 전

● 앱을 활용한 수면 체크 ON
핸드폰을 충전하는
일상적 행동으로 안심하고
잠들 수 있는 음성 멘트

수면 중

● 수면을 방해하지 않는 무음 분석
수면 중 이동 패턴 분석
기타 웨어러블 기기 불필요

깨는 중

● 소프트 어웨이크
무드등 점등
수면 기록 리포팅

38 카테고리 및 포지션

자신이 몸담고 있는 조직의 포지션을 잘 모르는 구성원이 많습니다. 구성원은 자신의 생각 대로 회사를 규정하는데 정작 대표님은 '우리는 콘텐츠 기업입니다'라고 외치는 상황을 상당히 많이 보았습니다. 별 것 아닌 것 같지만, 포지션은 많은 의미를 담고 있습니다. 스포츠는 어떤 포지션을 들으면 역할과 이미지가 떠오르기 마련이죠. 최근 많은 기업이 포지션을 새롭게 선언하고 카테고리를 넓히기 위한 노력을 하고 있어요. 분명 숙박업에 속하는 비즈니스를 하고 있지만 테크 기업이라고 외치는 곳도 있습니다. 아무리 봐도 물류와 식품, 유통 기업인데 IT 기업이라고 외치는 곳도 있습니다. 제품을 판매하는 커머스 같아 보이는데 콘텐츠 기업이라고 자신을 소개하기도 합니다. 포지션에는 각 기업이 나아가고자 하는 방향성과 회사가 규정하는 각 포지션의 정의가 존재합니다. 이는 시기나 사업 단계에 따라 바뀌기도 합니다. 예제 페이지와 같이 지금은 어떤 포지션인데, 점차 어떻게 확장시킬지 단계별로 작성할 수도 있습니다. 보통 이러한 내용은 타운홀 미팅 등 전사적으로 선언하는 중요한 내용이므로 디자인적으로도 강하게 강조하거나, 챕터 간지 바로 뒤 또는 앞에 넣어주는 것을 추천합니다. 선언의 느낌이 들도록 말이죠.

Q. 여러분의 조직은 어떤 기업인가요? 카테고리를 설명해주세요.

우리는 어디에 있고, 어디를 향해 가고 있는가.
카테고리 및 포지션

We are here

카테고리	에이전시 ▶	온라인 커머스 ▶	컨설팅&전문가 집단
	의뢰를 받아 용역을 제공하는 상태.	특정 채널에서 오리지널 콘텐츠를 판매, 수익화	소수의 클라이언트 대상 고도화된 프로젝트를 진행
주요 가치	기획과 제작	상품성과 전파	기준과 안정
	기획력과 제작 역량	콘텐츠 퀄리티와 전파전략	업계 기준을 수립, 안정화된 프로세스
포지션	하청 업체	고객과 판매자	브랜드 파트너
	갑/을 관계와 단일 프로젝트의 수행	필요한 것을 공급하는 공급자	클라이언트사의 장기적 파트너로 포지셔닝

애프터모멘트 Culture Deck 2022

업데이트 방식

IT 업계에서 컬처덱에 대한 니즈가 꽤 높았습니다. 게임, 앱, 플랫폼, Saas 등 다양한 온라인 비즈니스가 탄생했고, 온라인 서비스 특성상 유연하고 획기적인 사내 문화가 구축되는 경우가 많기 때문입니다. 제품도 전작을 개선해 새롭게 출시하듯, 서비스는 그 주기가 좀 더 짧고 디테일합니다. 우린 이것을 업데이트라고 하죠. 업데이트는 온라인 서비스를 운영하는 기업에게는 필수적인데다 계획을 잘못 세우면 불필요한 리소스가 투입되며 내부 구성원과 소비자를 모두 혼란에 빠뜨리기도 합니다. 이런 체계가 잘 잡혀 있다면 추후 서비스 관련 채용을 할 때 좀 더 좋은 인상을 줄 수도 있겠죠. 업데이트 원칙은 업데이트 요소와 목적에 따라 굉장히 다양하게 나뉩니다. 크게 보면 정기 업데이트와 수시 업데이트, 비상 업데이트 정도로 나눠볼 수 있겠죠. 각각의 업데이트 프로세스와 업데이트 항목을 결정하는 의사 결정 방식 등을 정의합니다. 주로 디자인팀, 서비스팀, 개발팀이 열람할 수 있겠죠. 하지만 기본적으로 우리 서비스 자체가 온라인 기반 앱 서비스라고 한다면 이번 업데이트에 어떤 것이 진행되고 있고 현재 버전이 몇인지 정도는 전사가 인지하고 있어야 합니다. 이 때문에 컬처덱에 이를 명시해 업데이트에 대한 기본 지식을 공유합니다. 더욱 세부적인 지침과 가이드는 개발, 디자인팀 내부의 원칙을 통해 운영될 것입니다.

Q. 혹시 온라인 기반 서비스를 운영하고 계신가요?
그렇다면 업데이트의 원칙을 생각해보세요.

어떤 방식으로 제품을 성장시키는가?

업데이트 방식

우리는 서비스를 가만히 놔두지 않습니다. 가만히 있으면 바로 고입니다.
고인 곳에는 온갖 문제가 발생하죠. 우린 꾸준히 고객의 말을 듣고, 반영하고, 우리 서비스를 계속 성장시킵니다. 그렇기 때문에 우리 서비스의 나이는 연차가 아닌 버전 넘버입니다. 잘 키워서 어른을 만듭니다.

업데이트 항목

| 서비스 플로우 | 오류 개선 | UX Design |
| 서버 관리 | 기능 개선 | UX Writing |

업데이트 주기

| 정기 업데이트 | 기능 업데이트 | 긴급 업데이트 |

업데이트 플로우
01 VoC 공개와 검토, 전사적 공유가 필요합니다.
02 리더급의 VoC 분석과 우선 순위 검토가 필요합니다.
03 우선적 업데이트 리스트를 선정합니다.
04 업데이트 계획을 수립하고 세부 일정을 협의합니다.
05 역량과 자원을 분석해 지원 전략을 짭니다.
06 실제 업데이트 진행 후 추이를 분석, 피드백합니다.

필요 역량 및 구성 필수 요소

앞에서 포지션을 새롭게 설정했습니다. 문제는 그렇게 단계적으로 발전하는 데 있어(또는 현재의 포지션을 원하는 곳으로 정의하는데 있어) 필요한 요소가 있다는 것입니다. 우리를 유통이 아닌 IT 기업으로 정의했다면 IT 기업에 걸맞는 기술력과 기존 비즈니스를 IT 기술을 통해 개선한 사례가 존재해야 할 것입니다. 그래야 외부인을 비롯한 구성원의 동의와 공감을 이끌어낼 수 있을 테니까요. 이 때문에 각 포지션으로 확장하기 위해 필요한 역량과 실제로 만들어져야 하는 구성 요소를 나열해봅니다. 포지션으로 확장하기 위한 역량은 다른 말로 '구성원이 갖춰야 할 스킬셋'입니다. 우리에게 기획력이 필요하다면 구성원도 그에 걸맞는 능력을 갖추거나 길러야 하는 것이죠. 구성 요소는 '구성원이 만들어내야 할 결과물'입니다. CS 대응 프로세스가 필요하다면 이제부터 그 대응 체계를 만들기 위해 누군가의 머리와 손이 바빠지겠죠. 그렇기 때문에 이 페이지는 앞의 포지션과 카테고리 페이지와 함께 쓰입니다. 포지션과 카테고리 페이지가 선언이라고 한다면 이 페이지는 실무 과제를 언급하는 것과 같거든요. 내부 실무 가이드를 확실히 잡는 목적의 컬처덱이라면 이 페이지에 힘이 많이 실릴 것이고, 외부향 컬처덱이라면 굳이 필요하지 않기도 합니다. 목적에 따라 삽입 여부를 선택해주세요.

Q. 여러분이 원하는 포지션까지 가기 위해 필요한 역량과 준비물은 어떤 것이 있을까요?

방향 대로 순항하기 위해 필요한 역량
필요 역량 및 구성 필수 요소

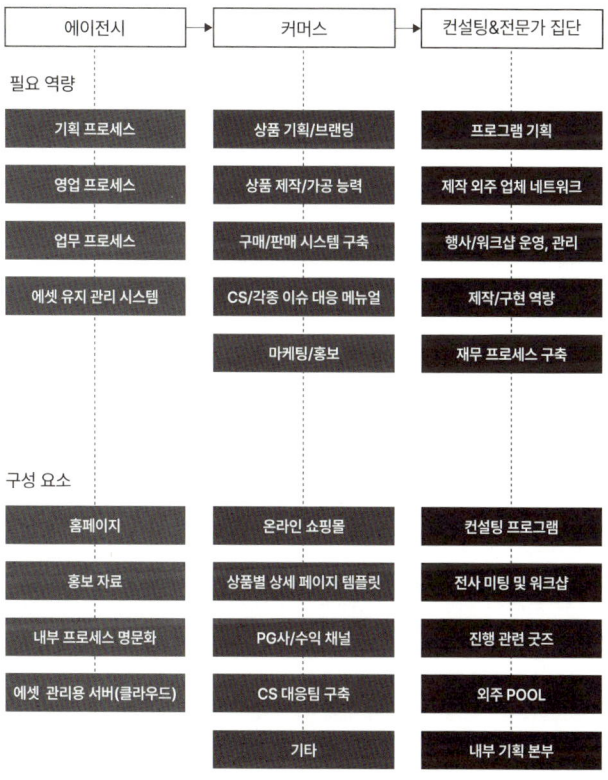

(41)　　　　　　　　**발전시켜야 하는 고객 경험**

　이 페이지는 중요합니다. 하지만 약간 복잡할 수 있으니 찬찬히 설명하겠습니다. 우선 첫 번째 탭에는 유저 시나리오가 순서대로 적혀 있습니다. 소비자가 어떤 행동을 하느냐를 단계별로 구분한 것입니다. 핸드폰으로 우산을 검색해 다른 우산과 금액, 품질을 비교할 것입니다. 그 즉시 구입하지 않을 수도 있습니다. 무척 매력적이거나 당장 필요하지 않다면 보통 기억해놓거나 저장해놓고 주변에 의견을 묻거나 리뷰를 먼저 찾아볼 것입니다. 이런 식으로 소비자는 브랜드를 처음 안 순간부터 실제 구매까지 몇 가지 행동을 거칩니다. 이때 우리 회사는 각각의 행동이 원활하게 흘러갈 수 있도록 장치를 잘 준비해야 합니다. 소비자가 검색할 때 상품명과 정보가 직관적으로 보일 수 있게 한다거나, 소비자가 가장 궁금해할 요소를 우선적으로 보여주는 식이죠. 세 번째 탭에는 소비자의 반응을 예상해봅니다. 이때 소비자가 궁금해하거나, 망설이거나, 불만이 생길 수 있는 요소는 없는지 체크하는 것이죠. 네 번째 탭은 이 반응을 어떻게 개선하고 싶은지 적어줍니다. 실제로 고객에게서 이런 반응이 나왔으면 하는 바람을 적는 것이죠. 그리고 실제로 이런 반응이 댓글이나 피드백 등으로 나오는지 추적합니다. 우리가 만들어야 할 고객 행동과 반응을 명확히 제시하면 실무 방향이 아주 분명해지죠.

Q.　　여러분 제품을 처음 검색한 고객이 어떤 말을 하길 바라나요?
　　　그 말을 듣기 위해서는 어떤 것을 개선해야 하죠?

우리가 들어야 하는 고객의 소리

발전시켜야 하는 고객 경험

우리는 유저 시나리오를 면밀히 관찰해야 합니다. 고객이 각 단계마다 어떤 마음으로 어떤 행동을 해야 할지 이해하고, 이것을 개선된 상황으로 고칠 수 있는 방법을 고민해야 합니다. 그리고 개선된 상황이 유지되고 있는지 꾸준히 지켜봐야 합니다.

UX scenario	제공 가치	제공 가치	개선된 상황
검색 단계	직관성	검색 단계	검색 단계
비교 단계	실질적 이득	여긴 A, 저긴 B가 있네.	C는 여기밖에 없네.
재검색	정성적 후킹	C가 중요한가?	C가 필요하지 않을까?
의뢰/진입	가시성과 정보 배치	물이나 보자	우리도 C가 되나?
문의/응답	응대 속도와 명확함	C가 뭔가요	C가 되나요?
미팅	어젠다&애티튜드	일단 만나보자	C를 만들어주세요.
계약/견적	합리성	더 싸게는 안 되나?	이정도면 합리적이네.
소통 채널 오픈	효율성	번거롭네	뭐지... 꽤 체계가 있네.

우리의 태도

(42)

이 페이지는 앞서 설명했던 '우리의 대전제'와 연결됩니다. 핵심 가치라는 것은 성격이나 외형을 의미하지 않습니다. 몹시 급하고 깔끔한 성격에 명확한 근거를 들어 세 줄로 설명하는 것을 좋아하는 사람이 있다고 합시다. 만약 이 사람이 취업과 사업 중 하나를 결정해야 합니다. 선택을 결정하는 근거는 특성이 아닌 가치관일 것입니다. '돈은 자고로 꾸준히 벌고, 아껴서 모으는 거다'라는 가치관을 가지고 있다면 취업을 선택하겠죠. '인생은 도전이고 어차피 젊을 때 실패해봐야 한다'라는 가치관을 가지고 있다면 사업을 선택할 것입니다. 이처럼 특성과 대전제는 조금 다릅니다. 특성은 때에 따라 바뀔 수도 있고, 행동 방식에 영향을 미치지만 경제관, 교육관, 인생관 같은 대전제는 쉽게 바뀌지 않고 중요한 선택에 영향을 미칩니다. 기업의 대전제도 이와 마찬가지죠. 핵심 가치는 대전제에서 비롯됩니다. '소개하고 싶은 기업'을 소개한다는 것은 '주도성'을 의미합니다. 조직에게 가장 중요한 것은 주도성을 잃지 않는 것이죠. 어떤 프로젝트든 주도성을 잃는다고 판단되면 멈춥니다. 영향력도 마찬가지입니다. 우리가 좋은 영향력을 미치지 못한다고 생각하면 그만두는 것입니다. 핵심 가치는 이처럼 대전제를 하나의 단어로 압축시킨 형태로 표현됩니다.

Q. 여러분 조직의 대전제를 다시 한번 생각해보세요.
여러분이 지키고자 하는 핵심적인 가치는 무엇인가요?

우리가 지녀야 할 기본적인 태도

우리의 태도

우리는 소개하고 싶은 곳과 ············· ● 주도성
소개받아야 마땅한 곳을 소개합니다. ············· ● 영향력

(43)　　　　　　　　　　**우리의 최종 성장 목표**

앞서 다양한 내용을 통해 우리의 기원과 마음, 그 결과물과 방향성까지 조직의 정체성을 규정했습니다. 액션 챕터의 마지막 내용은 우리의 목적지입니다. 어떤 시기를 정하거나 실적의 관점이 아닌 우리가 궁극적으로 되고자 하는 완성형의 모습을 그려주는 것이죠. 물론 이는 굉장히 어려운 작업입니다. 대표님만이 이를 알고 있겠죠. 그 모습은 자주 바뀌기도 할 것입니다. 당장 다음 달에 할 일도 파악하기 힘든 것이 사업이기 때문입니다. 그럼에도 컬처덱은 이를 선언해야 합니다. 그래야 필터링이 가능하죠. 이 목표에 동의하는 구성원과 동의하지 않는 구성원을 명확히 나누고, 스스로 동행을 선택할 수 있게 만듭니다. 이 목표가 반드시 현실적이거나 수치화될 필요는 없습니다. 불가능한 목표를 그려도 됩니다. 애플의 시가 총액을 뛰어넘는 글로벌 IT 플랫폼이 되겠다거나, 사용자 1억 명을 만든다거나, 이 회사를 다니는 것 자체가 자부심과 자랑거리가 될 수 있게 만들겠다는 메시지도 좋습니다. 예제 페이지에는 좀 더 구체적인 내용이 담겨 있습니다. 이러한 목표에 동의하는 사람만 조직에 남겠죠. 이 페이지는 디자인적으로 굉장히 강조합니다. 군더더기 없는 깔끔한 텍스트로 정리하는 것이 좋습니다.

Q.　　　여러분의 조직은 결국 어떤 기업이 될까요?

그래서 결국 이런 모습이 되고 싶다.
우리의 최종 성장 목표

우리는 마땅히 알려져야 할 브랜드를 소개할 뿐만 아니라, 그들의 현재/과거를 정리해 미래로 나아갈 수 있는 방법을 제시합니다.

현재는 시각화(=용역)로, 추후엔 상품(=실물)으로, 최종적으로는 인사이트(=실물과 무형 자산)를 제공합니다. 결국엔 모든 멤버가 PM 조직이 되어, 필요한 자원을 연결하고 **브랜드 정리의 데스크 역할을 수행**해야 합니다.

브랜드는 성장만큼 중간 정리가 중요합니다. 성장의 중턱에서, 변화의 구간에서, 위기의 순간에 이렇게 정리된 기록들이 빛을 발할 것입니다.

애프터모멘트 Culture Deck 2022

워크 챕터

워크 챕터에서는 업무에 관련된 이야기를 할 것입니다. 실무 가이드와 인사, 채용, 제도 등을 언급합니다. 업무 파트의 핵심은 그레이존(Gray Zone)을 없애는 것입니다. 그레이존은 A와 B중 명확한 선택이 어려워 헤매이는 방황의 공간을 의미합니다. 이곳에서는 하나의 일이 끝나고 무엇을 할지 몰라 가만히 있거나, 애매한 선택으로 엉뚱한 결과를 만들거나, 의견을 밝히지 않고 그저 방관하는 태도가 발생합니다. 조직 입장에서 좋지 않은 현상이고, 구성원 입장에서도 난감한 상태가 되죠. 이 때문에 컬처덱 업무 파트에서는 해야할 것과 하지 말아야 할 것을 나누어야 합니다. 정체성 파트에서 회사의 다양한 이야기를 풀어놓았지만, 구성원은 여전히 의아할 것입니다. 실무자에게 주어진 업무는 상상 이상으로 구체적입니다. 방향성만으로는 명확한 업무를 해낼 수 없죠. 그렇기 때문에 이번 파트에서는 크게 일하는 방식, 일하는 태도, 회사의 제도라는 측면으로 정보를 나눌 것입니다. 일하는 방식은 명확성이 중요합니다. 이는 원칙과 순서로 구성될 것입니다. 일하는 태도는 커뮤니케이션과 마인드셋으로 나뉩니다. 회사의 제도는 지켜야 할 규정, 복지, 일반적인 작동 원리(채용, 미팅, 의사 결정 과정 등)으로 나뉩니다.

워크   **WORKS**

우리의 일과 체계

조직도

앞서 우리의 구조 편에서 '업무를 할 때 어떤 형태를 띠는가'를 설명했다면 여기서는 말 그대로 조직의 구조를 보여줍니다. 순서는 바뀌어도 좋습니다. 지금 이 페이지를 정체성쪽에 삽입해도 되죠. 업무 형태는 근육입니다. 유연하고 개방적입니다. 반면 조직 구조는 쉽게 바뀌지 않습니다. 경영의 뼈대와 같거든요. 조직도는 말 그대로 우리의 조직도를 그대로 삽입하면 됩니다. 그리 어려운 페이지가 아니죠. 다만, 각각의 조직이 어떤 역할을 하는지 기재해야 합니다. 최근의 조직은 이름이 몹시 복잡한 데다 추상적으로 만들어진 경우가 많아서 규모가 조금만 커지면 각각의 조직에서 대체 무슨 일을 하는지 쉽게 알아차리기 어려워집니다. 어떤 회사의 부서이름 중엔 'UXA GROUP'이란 명칭이 있었습니다. '고객 경험 설계 부서'라는 뜻이었죠. 이름만 들어서는 무엇을 하는 곳인지 이해하기 어렵습니다. 자세히 뜯어보니 '서비스 기획, 디자인팀, 브랜드팀, 영업 부서, CS 부서'를 묶어 유저 시나리오에 맞게 대응한다는 것이었죠. 예제 페이지에서도 기대했듯, 각 부서의 역할 설명과 부서의 구성을 함께 적어줍니다. 보통은 문어발식 구성을 많이 사용합니다. CEO가 가장 상위에 있는 형태죠. 최근에는 대표와 C레벨도 하나의 역할일 뿐이라고 여기며 상하 위계 없이 동등하게 조직을 표현하는 경우도 많았습니다.

Q. 여러분의 조직은 어떻게 나뉘어져 있고, 각각은 어떤 역할을 맡고 있나요?

우리의 조직은 이렇게 생겼습니다.
조직도

Manegement

매니지먼트 그룹은 회사 운영에 필요한 재무, 경영 지원, 자산 관리, 정책 결정, 투자, 주주 대응 등을 담당합니다.

- Finance
- Operating
- C-Level

Business

비즈니스 그룹은 개발팀과 각 섹션으로 나뉘어져 있으며, 서비스 개발의 핵심으로 직무가 아닌 서비스에 필요한 어젠다별로 움직입니다. TF의 형태가 강합니다.

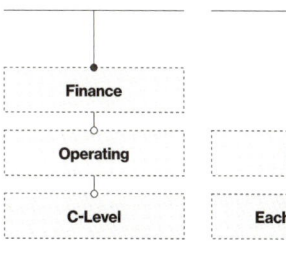

- Dev
- Each Section

Brand

브랜드 그룹은 우리 브랜드를 대내외적으로 유지하고 발전시키는 부서입니다. 피플팀과 PR팀이 이를 담당하고 있으며, 채용과 언론 대응, 브랜드 에셋 데스크의 역할입니다.

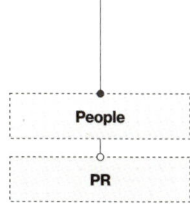

- People
- PR

46 역할과 책임

조직이 나누어져 있다면 각각의 역할을 언급해야 합니다. 권한과 책임을 포함해서 말이죠. 이렇게 생각을 해볼게요. 사람들을 몇 명 모아 한방에 넣었습니다. 이들을 셀이라고 이름을 지었죠. 그리고 모인 사람들이 해내야 할 목표를 줍니다. 이제 이들은 무엇을 시작할까요? 각자 업무를 맡아 시작할까요? 그렇지 않습니다. 우리는 지난 대학 생활을 통해 조별 과제가 어떻게 망해가는지 수없이 경험했습니다. 이들은 그저 웅성댈 것입니다. 때로는 과격한 방법을 제시하는 사람이 등장하기도 합니다. 그저 묻어가는 방관자도 생길 것입니다. 그래서 시스템을 만들어야 합니다. 이들이 할 수 있는 권한을 줍니다. 사용할 수 있는 자원과 방법을 규정합니다. 그리고 책임을 언급합니다. 이것을 망가뜨리거나 목표를 달성하지 못했을 때의 핸디캡을 함께 언급하죠. 이 방에서 해서는 안 될 일을 규정하기도 합니다. 이제 생각의 울타리가 생긴 이들은 울타리 안에서 최적의 방법을 고민합니다. 서로가 내는 의견과 행동이 합의된 규칙 안에서 움직일 때 대화가 시작됩니다. 컬처덱에는 이러한 시스템을 담아야 합니다. 누가 셀장을 맡는지. 셀장은 제일 먼저 무슨 일을 해야하는지. 업무는 어떻게 나누고, 어떤 자원을 가질 수 있는지, 어떤 책임을 져야 하는지 등을 명시해주고 그 안에서 최대의 답을 찾게끔 해야 하죠.

Q. 여러분 조직의 부서를 한 곳 생각해봅시다. 그 부서는 어떤 권한과 책임을 지니고 있죠?

각 조직은 이러한 역할을 합니다.
역할과 책임

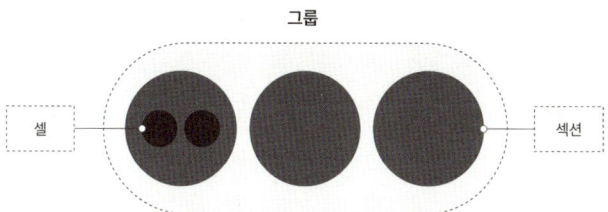

그룹의 역할 Group	그룹은 회사에 필요한 가장 큰 영역들을 구분해놓은 대단위로써 각각의 그룹장은 C-LEVEL에 해당합니다. 그룹 안에는 3개의 섹션이 있으며 각 섹션 마스터들에게 상향 보고를 받습니다.
섹션의 역할 Section	섹션은 셀을 포함하고 있으며 같은 목적을 지닌 셀의 협업으로 시너지를 만드는 역할을 수행합니다. 섹션장은 각 셀의 결과물이 방향성과 일치하는지 확인합니다.
셀의 역할 Cell	각 셀은 주어진 과제를 해결하기 위해 존재합니다. 셀 내부에는 각각의 스쿼드가 존재합니다. 특정한 문제를 규정하고 해결 방안을 모색합니다.

47 직급과 직책

수평적 문화가 유행처럼 번지던 시기가 있었습니다. 직급을 내려놓고 모두가 영어 이름을 쓰자는 것이었죠. 그러나 문제가 있었습니다. 분명 수평적인 조직인데 책임은 수직적 구조처럼 상급자에게 전해집니다. 수평적이라는 것이 직급도, 체계도 없는 친목 모임 같은 형태를 뜻하는 것은 아닙니다. 업무적으로는 권한과 책임을 분명하게 전달하고, 각자가 맡은 일을 성공적으로 수행하는 것을 의미합니다. 문화적으로는 인격과 능력을 존중하며 발언의 무게를 동등한 위치에 둔 상태를 의미합니다. 회사는 돈이 오가고, 조직이 커질수록 실질적인 리스크와 중대한 의사 결정이 많아집니다. 결국 최종 의사 결정권자가 존재할 수밖에 없고, 이 위치에 있는 사람을 갓 합류한 신입 사원과 같은 위치에 둘 수는 없습니다. 직급과 직책은 권력이 아닙니다. 책임과 의사 결정 권한의 정도를 의미하죠. 그렇기 때문에 가장 큰 책임과 최종 의사 결정을 하는 사람, 각 부서의 의사 결정을 하는 사람, 팀의 의사 결정을 하는 사람 등 위계가 나뉩니다. 컬처덱에는 이러한 내용을 잘 명시해야 합니다. 최근에는 같은 직책이라도 레벨을 다르게 하거나 리더로서의 트랙, 직무 분야 전문가로서의 트랙을 구분해 성장 루트를 선택하도록 하기도 합니다. 온라인 게임 같죠? 평가 항목이 다양해지고 개인 니즈가 복잡해지면서 직급과 직책도 창의적으로 변하고 있습니다.

Q. 여러분의 직급은 무엇인가요? 어떤 책임을 갖고 계시죠?

각 직급은 이러한 역할과 책임이 있습니다.

직급과 직책

CEO
대표님

각 섹션의 비전을 수립하고 방향성을 결정하며, 섹션에서 결정된 사항에 대한 최종 컨펌과 책임을 지는 사람입니다.

C-LEVEL
이사님

이사는 매니저들의 의사 결정을 총괄하고 하나로 모아 어젠다를 수립합니다.

Lv.10
Lv.09
Lv.08
Lv.07
Lv.06
Lv.05

MANAGER
매니저님

매니저는 각각의 크루들과 함께 문제를 해결하는 가장 기초 조직의 리더입니다.

Lv.04
Lv.03
Lv.02
Lv.01

CREW
[이름] 님

크루는 팀을 구성하는 최소 단위이며, 리더의 직책을 갖지 않는 모든 구성원을 말합니다.

JUNIOR

JUNIOR

주니어는 온보딩 프로그램 중인 구성원으로 프로그램이 모두 끝난 후 리뷰를 통해 크루가 됩니다.

애프터모멘트 Culture Deck 2022

48 업무의 대전제

기업의 대전제와는 조금 다릅니다. 업무의 대전제는 말 그대로 일하는 방식이 탄생한 뿌리와 가장 큰 모체를 말합니다. 기업의 모든 업무 방식이 어디에서 뻗어나왔는가를 적는 것이죠. 이를 전제할 때는 연역적으로 하셔야 합니다. 모두의 일하는 방식은 조금씩 다르고, 개인의 성향이 반영되거든요. 하나의 원칙이 있어도 세부 방식은 모두 다릅니다. 그렇기 때문에 귀납적으로 이를 정의하다 보면 결국 '잘 하는 것'으로 귀결됩니다. 업무의 대전제는 구성원의 업무 방식을 파악하고 그것을 합쳐 하나로 합의하는 귀납적 방식이 아니라, 위에서 하나의 메시지를 던지고 모두가 그것에 맞추는 연역적 방식으로 가야 합니다. 회사가 일하는 방식을 결정해야 하죠. '무조건 속도전이다!', '실수는 용납하지 않는다!', '개방적이고 입을 열어야 한다!', '무조건 세 줄 요약이다!', '친절하고 상세해야 한다!' 같은 대전제가 있어야 합니다. 그리고 여기서 확정된 대전제로부터 모든 세부적인 원칙이 뻗어나갑니다. 대전제가 세 줄 요약인데, 미팅 원칙이 친절해야 한다는 것은 말이 안 됩니다. 굉장한 모순이죠. 그래서 컬처덱을 만들다 보면 위와 아래가 다른 이야기들을 많이 발견할 수 있습니다. 이런 것들을 수정하며 일원화하는 것이 컬처덱 TFT의 역할이죠.

Q. 여러분 조직은 어떻게 일하고 있나요?
큰 원칙을 한번 생각해봅시다.

일할 때는 이것을 꼭 기억하세요!
업무의 대전제

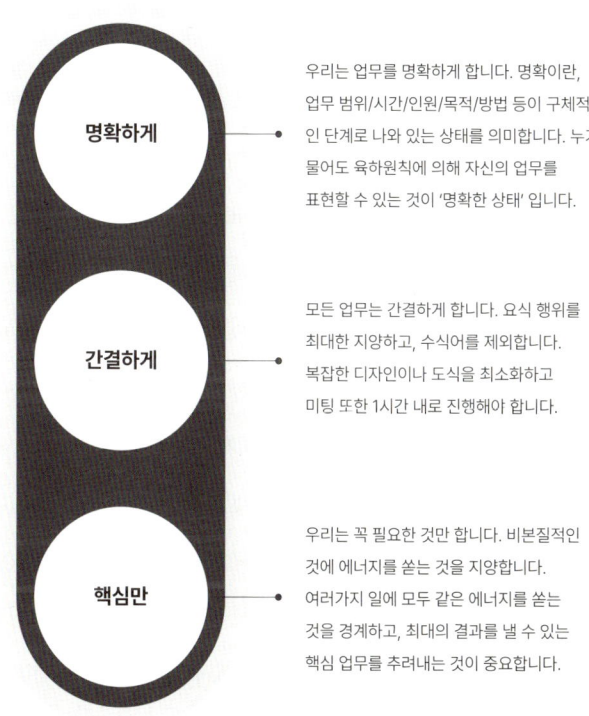

우리는 업무를 명확하게 합니다. 명확이란, 업무 범위/시간/인원/목적/방법 등이 구체적인 단계로 나와 있는 상태를 의미합니다. 누가 물어도 육하원칙에 의해 자신의 업무를 표현할 수 있는 것이 '명확한 상태' 입니다.

모든 업무는 간결하게 합니다. 요식 행위를 최대한 지양하고, 수식어를 제외합니다. 복잡한 디자인이나 도식을 최소화하고 미팅 또한 1시간 내로 진행해야 합니다.

우리는 꼭 필요한 것만 합니다. 비본질적인 것에 에너지를 쏟는 것을 지양합니다. 여러가지 일에 모두 같은 에너지를 쏟는 것을 경계하고, 최대의 결과를 낼 수 있는 핵심 업무를 추려내는 것이 중요합니다.

팀별 업무 특징

(49)

대전제가 있음에도 각 팀은 일하는 방식은 다를 수 있습니다. 예를 들어 '속도전'을 추구하는 업무 방식이라고 생각해봅시다. 영업팀은 속도를 추구하느라 늘 자리에 없고, 마케팅팀은 끊임없이 A/B 테스트를 돌리고 있을 것입니다. 디자인팀은 러프한 시안부터 빠르게 검증을 받고, 경영지원팀에서는 불필요한 과정을 건너뛰고 자동으로 법인 카드 사용 내역이 등록되도록 할 것입니다. 이 때문에 영업팀과 커뮤니케이션을 하려면 한참을 기다려야 하고, 디자인팀은 자꾸 일하는 중간에 피드백을 요청할 것입니다. 마케팅팀은 어차피 대다수는 버려질 콘텐츠를 디자인팀에 계속 요청하겠죠. 우리는 각 팀의 니즈와 일하는 방식을 이해하고 있어야 합니다. 그렇지 않으면 감정이 상할 수 있습니다. 각자 최선을 다하는 것일 뿐인데도 말입니다. 컬처덱은 이런 점을 풀어줘야 합니다. 무작정 강요하는 것이 아니라, 내가 미처 보지 못했던 전체의 모습을 보도록 해야 합니다. 팀별 업무 특징은 3가지를 기재합니다. 하나는 각 팀의 하는 일이 무엇인지 리스팅하는 작업입니다. 다음은 각 팀의 목표와 달성해야 할 과제가 무엇인지 규정하는 작업입니다. 마지막은 그래서 각 팀의 업무 특징과 커뮤니케이션을 할 때 어떤 점을 배려해야 하는지 적어주는 것입니다. 사정을 알고 나면 그리 화나지 않습니다. 모르니까 화가 나는 거죠.

Q. 여러분은 옆 팀이 무엇을 개선하는지 이해하고 계신가요?

각 팀은 무엇을 담당하고 있는가

팀별 업무 특징

	각 셀의 역할	업무 특징
CX	CX셀은 CS와 유저 시나리오를 검토하며 현재 서비스에 어떤 부분이 부족하고 과잉인지 모니터링합니다. 고객 반응의 관찰 수집, 분석, 인사이트 도출을 통해 PLAN, MKT팀과 협업합니다.	CX셀은 특히 고객의 목소리를 직접적으로 듣기 때문에 고객 지향적인 마인드와 VoC에 대한 분별력, 데이터를 통한 인사이트 도출 능력이 필요합니다.
PLAN	기획셀은 신사업과 새로운 프로모션 등 기업의 성장을 위한 새로운 제안과 근거를 마련합니다.	기획셀의 모든 기획은 근거가 중요합니다. 데이터와 리서치, 면밀한 재무적 분석은 물론 방향성과의 일치 여부를 확인할 수 있어야 합니다.
MKT	마케팅셀은 기업과 시장의 접점에서 다양한 활동을 전개합니다. 행동에 대한 지표 분석과 개선, 빠른 재실행 전략을 만듭니다.	마케팅셀은 재빠르고 기민한 태도가 필요합니다. 변화무쌍하고 끊임없이 업데이트되는 수치에 유연하게 대처할 수 있어야 합니다.

키 디렉션 설정 방법

키 디렉션은 말 그대로 방향성을 설정하는 방식입니다. 정체성 파트에서 큰 방향성은 정했지만, 동서남북 중 어느 쪽인지 정하는 방위 개념일 뿐입니다. 키 디렉션은 좀 더 구체화된 메시지입니다. 기한과 목적이 있고, 달성 여부를 측정할 수 있습니다. 철학적 방향성과는 의미가 다르죠. 키 디렉션은 다음과 같습니다.

- OKR(Objective and Key Results)
  조직 전체가 달성해야 하는 목표와 그것을 위한 핵심 지표
- OMTM(One Metric That Matters)
  현 시점에 발생한 상황을 해결하기 위한 가장 중요한 지표
- KPI(Key Performance Indicator)
  비즈니스 목표 대비 팀의 진행 상황을 파악할 수 있는 핵심 성과 지표

조직에 따라 다양한 지표 설정 방법을 사용합니다. 이 페이지에 담아야 할 것은 3가지입니다. 우리는 무슨 지표를 활용하는가, 그것은 어떤 의사 결정 과정을 통해 결정되는가, 재설정 또는 수정 방식에 대한 설명입니다. 예제 페이지는 OKR을 사용했습니다. 데이터 기반 회고 미팅 후 결과를 타운홀 미팅에서 공유하며 다양한 OKR 후보안을 뽑습니다. 그리고 토론을 통해 최종 OKR을 뽑습니다. 이는 만장일치를 원칙으로 합니다. OKR이 선정되면 그 메시지를 받아 각 팀의 KPI를 설정하는 식입니다. 컬처덱에서는 이 프로세스를 알려줘야 합니다.

Q. 여러분 조직의 키 디렉션은 어떤 방식으로 설정되나요?

우리가 목표를 설정하는 방법

키 디렉션 설정 방법

OKR은 회사의 모든 멤버가 나아가야 할 명확한 방향성 **Objective**과 구체적인 결과치 **Key Result**를 명시한 핵심 지표입니다. 이는 각 팀과 타운홀 미팅을 통해 합의된 내용으로 도출되며, 일정 기간 동안 검증을 거쳐 업데이트합니다. OKR을 업데이트할 때에는 명확한 근거와 데이터를 기반으로 의사결정을 해야 합니다.

 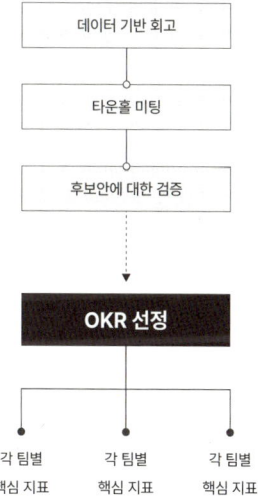

(51)　　　　　　　　　　　　　**성과 측정 방식**

키 디렉션을 설정했다면 일정 시간이 지난 후 제대로 운영되고 있는지 측정할 수 있어야 합니다. 키 디렉션의 조건은 기한, 목적, 측정이라고 했습니다. 우리는 정해진 기한이 지난 후 목적이 달성되었는지 명확한 측정 기준에 따라 평가할 수 있어야 합니다. 이때 수치적 측정과 목적성 부합이라는 측면으로 나누어 평가 가능해야 합니다. 다만 기업에 따라 목표 설정과 측정의 패러다임을 바꾸는 경우도 있습니다. OKR 같은 성과 지표를 정하지 않고 그때그때 '문제'만을 파악해 해결에 집중하기도 합니다. 평가 기준도 매우 명확합니다. 그 문제가 해결되었는지만 보면 되죠. 스타트업처럼 조직이 빠르게 변하고 다양한 문제에 기민하게 대처해야 한다면 오히려 전사 목표를 설정하고 여기에 각 팀의 전략을 맞추는 행위가 비효율을 만들기도 합니다. 과정에 집착하다 본질을 놓치게 되는 것이죠. 반면, 체계와 안정성이 훨씬 중요한 조직에서는 이러한 식으로 문제를 해결해서는 안 됩니다. 전체의 목표와 각 팀의 목표가 위계를 이루고 있어야 합니다. 이렇듯 목표 설정과 측정 방식은 어느 것이 맞다 틀리다의 개념이 아닌 상황과 업계 특성, 문화에 맞춰 가장 적합한 것을 선정하기만 하면 됩니다. 최근 '아직도 그런 방식을 쓰세요? 그건 틀렸어요' 라는 식의 아티클이 보이는데, 그런 말에 현혹되어 방법론에 끌려다니는 것이 가장 잘못된 방법입니다.

Q.　　　여러분의 조직은 어떻게 성과를 측정하고 있나요?

우리가 성과를 측정하고 돌아보는 방법

성과 측정 방식

성과는 팀별 자체 기준을 바탕으로 무엇을 얼마만큼 달성했는지 개별 측정합니다. 개별 측정한 수치를 가지고, 리뷰 미팅을 진행합니다. 각 수치가 Key result의 어떤 부분을 충족시켰는지, 전체적으로 큰 방향성에 어긋나지 않았는지를 최종 평가합니다.

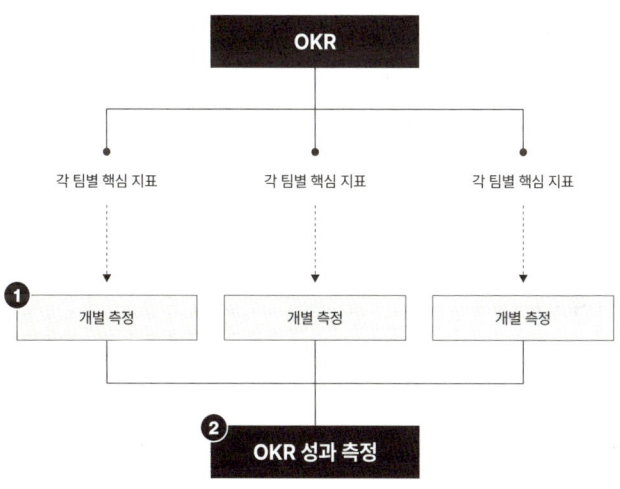

52 필요 스킬셋

조직은 구성원에게 필요한 역량을 요구할 수 있습니다. 채용 과정에서 필요 역량을 미리 체크할 수도 있고, 입사 후 조직의 방향성이 바뀌거나 부서 변동으로 역량을 키워야 하는 경우도 있습니다. 이때 필요한 역량은 보통 이 페이지에서 추상적으로 작성될 가능성이 높습니다. 예제 페이지에 있듯 '커뮤니케이션 능력', '빠른 업무 처리 능력', '성실성' 정도로 작성하는 곳도 있습니다. 이는 해당 업무의 특수성을 잘 모르거나, 우리 조직이 어떤 방식으로 일하는지 대전제가 합의되어 있지 않기 때문입니다. 저희 회사의 스킬셋은 이렇습니다. 디자인 회사이지만 디자인 스킬 자체보다 논리적인 콘셉트 프로세스를 낼 수 있는지가 중요합니다. 그리고 정보 A와 B의 관계를 파악해 글로 표현할 수 있어야 합니다. 툴은 포토샵, 일러스트레이터, 인디자인, MS 오피스, 노션, 슬랙, 구글 시트가 기본이고 다른 툴을 더 다룰 줄 안다고 해서 가산점 같은 것은 없습니다. 물론 메일을 잘쓰고, 커뮤니케이션도 잘되고, 상식도 많고, 트렌드에도 민감하면 얼마나 좋겠습니까. 하지만 한 사람에게서 그 모든 것을 바랄 수는 없습니다. 조직이 커지면 각각의 능력이 합쳐져 놀라운 한 사람처럼 일할 수 있겠죠. 스킬셋은 업무의 특성과 직급에 따라 달라질 수 있고, 경우에 따라서는 삽입하지 않을 수도 있습니다.

Q. 여러분이 지금 채용을 하고 있다면 해당 포지션에 필요한 능력은 무엇인가요?

일할 때 필요한 필수 역량
필요 스킬셋

Manegement

01 안정적인 경영 전략 수집
02 자산 리스크 관리
03 커뮤니케이션 능력

Business

01 정보 수집과 데이터 분석 능력
02 빠른 업무 처리 능력
03 정확한 근거를 바탕으로 비전을 제시하는 능력

Brand

01 트렌드에 빠르게 반응하고 새로운 솔루션을 먼저 제시
02 고객과 브랜드와의 관계 형성을 위한 실행 능력
03 차별화된 브랜드 아이덴티티 도출 능력

애프터모멘트 Culture Deck 2022

(53)　　　　　　　　　　　　　　　　**필요 마인드셋**

마인드셋은 성향, 업무 태도와 연결되어 있습니다. 섬세하고 디테일한 능력은 예민하고 배려심 넘치는 내향형의 신중한 타입이 보유하고 있을 가능성이 높습니다. 이러한 사람에게 과감한 도전, 열린 사고, 진취적 태도까지 요구한다면 안 되겠죠. 그것은 그냥 이상형일 뿐입니다. 각 업무를 담당할 때에도 필요한 성향이 있습니다. 재무팀에게 진취적이고 과감한 도전 정신이 있다면 좋겠지만, 기본 성향은 꼼꼼함, 예민한 관찰 능력입니다. 우리는 모든 사람이 모든 일을 할 수 없다는 것을 알고 있습니다. 유능한 인재를 적재적소에 배치하는 것도 조직과 리더의 역할이죠. 물론 컬처덱에서 이러한 부분까지 언급할지 여부는 내부적으로 결정해야 합니다. 컬처덱은 우리가 현재 겪는 문제를 해결하기 위한 목적도 있기 때문에, 미스 포지셔닝으로 업무의 효율이 떨어지거나 사고가 많이 발생한다면 가이드가 필요할 수 있습니다. 중요한 점은 이러한 가이드는 새로운 인사 배치나 신규 인원을 영입할 때 필요한 것이지, 이미 일하고 있는 직원에게 새로운 마인드셋을 갖추라고 요구하긴 어렵습니다. 그렇기에 이 페이지를 잘못 오해하면 기존 구성원의 오해나 반발을 살 수 있습니다. 컬처덱에 성향과 성격에 관련된 부분을 기재할 때는 이러한 점을 조심해야 합니다.

Q.　　여러분의 조직 또는 각 부서는 그에 맞는 성향의 사람들로 구성되어 있나요? 아니면 모두 제각각의 성향이 있나요? 또는 성향을 신경 쓰지 않아도 되는 비즈니스인가요? 마인드셋이나 개인의 성향이 중요하다고 믿으시나요?

일할 때 필요한 마음가짐
필요 마인드셋

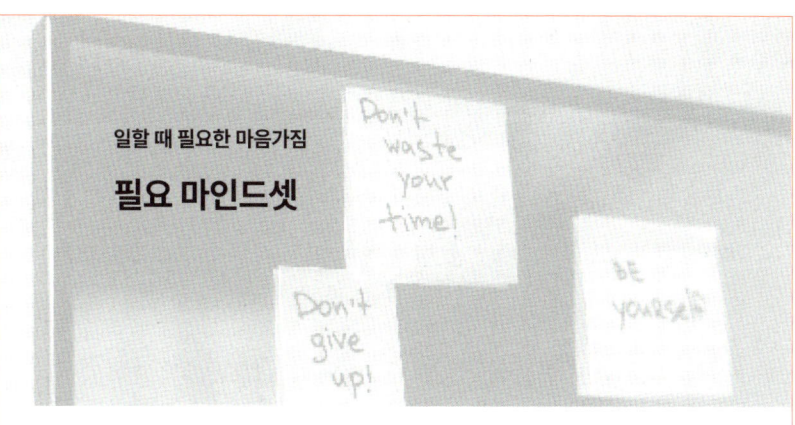

Manegement

01 작은 목소리도 귀기울여 경청
02 실수 없이 한번 더 꼼꼼하게 체크하는 자세
03 사람에 대한 이해와 배려 있는 소통

Business

01 변화를 두려워하지 않는 열린 사고
02 문제점을 찾고 빠르게 대처하는 효율성
03 나와 다름을 인정하고 타인의 감정을 먼저 이해하는 노력

Brand

01 실패에 무너지지 않고 자극제로 만드는 집념
02 다양한 관점에서 바라볼 수 있는 특별한 안목과 통찰력
03 도전을 즐기는 진취적인 태도

54 사용하는 언어

업무에 필요한 용어가 있습니다. 문화적 일체감을 떠나 업무 효율을 높이기 위해 필요한 언어죠. 클라이언트와 만나는 첫 미팅을 오프닝 미팅, 헬로우 미팅, 퍼스트 미팅 등 다양하게 부르고는 합니다. 디자인을 진행하기 전 텍스트 초안을 담은 스크립트 파일을 블랭크 페이지, 스켈레톤 파일, 텍스트 초안, 스크립트 등 아무렇게나 부르고는 했죠. 실제로 서로 커뮤니케이션을 하다 잘못된 용어를 써서 엉뚱한 업무를 처리하게 된 경우도 있었습니다. 앞서 '우리의 언어'에서는 회사 전반의 생활에 대한 언어 또는 대외 PR을 진행할 때 우리를 일관되게 표현할 텍스트를 규정합니다. 반면 업무 챕터에서는 정말 업무할 때 서로 오해가 생기지 않도록 언어들을 정리합니다. 물론 실제로 일하다 보면 이런 것을 보면서 이야기하지는 않을 것입니다. 이 페이지는 주로 신입 구성원에게 알려주거나 홀로 자꾸 엉뚱한 단어를 쓰는 구성원을 견제할 목적으로 만들어집니다. 이 페이지는 비즈니스 파트와 업무 파트로 나누기도 하는데, 앞의 '우리의 언어'에서 규정한 단어와 중복되지 않도록 주의합니다. 사전처럼 용어와 용어의 설명으로 적는데 조금 더 정성을 기울인다면 예문을 함께 적어주는 방식도 있습니다. 가나다 또는 ABC순으로 정리하는 것도 잊어서는 안 됩니다.

Q. 지금 우리 조직의 언어는 잘 통일되어 있나요?
혹시 서로 다르게 쓰고 있는 언어가 있지는 않나요?

커뮤니케이션에 꼭 필요한 필수 용어입니다.

사용하는 언어

비즈니스

MVP
Minimum Viable Product, MVP는 고객의 피드백을 받아 최소한의 기능을 구현한 제품을 뜻하는 용어입니다.

BM
Business Model. 비즈니스 모델은 회사의 수익을 만들어내고 가치를 창출하는 작동 원리를 뜻합니다.

VP
Vice President. 바이스 프레지던트는 각 사업부 리더를 의미합니다. 독립된 사업부의 미니 CEO 역할을 수행합니다.

IR
Investor Relations. 인베스터 릴레이션은 기업 설명 또는 투자 유치를 위한 행위 그 자체를 의미합니다.

PMF
Product Market Fit. 프로덕트 마켓 핏은 제품은 시장 적합성이라는 뜻으로 시장과 프로덕트의 핏을 찾는 가설 검증 단계를 말합니다.

업무

SPRINT
짧은 거리를 전력 질주하는 것을 이르는 스프린트를 업무에 대입하여 단기간에 집중해 완료하는 프로젝트를 뜻합니다.

TASK
태스크는 현재 내가 진행하고 있는 업무 그 자체를 의미합니다. 모든 종류의 업무를 의미합니다.

R&R
업무 분장입니다. 하나의 업무 또는 프로젝트에서 각자가 수행해야 할 역할을 말하며, 역할에는 책임과 평가요소가 포함됩니다.

AGENDA
어젠다는 커뮤니케이션의 주제, 핵심을 의미합니다. 모든 커뮤니케이션은 어젠다가 존재해야 하며 해결 가능해야 합니다.

WRAP-UP
랩업은 프로젝트 종료 후 반성, 피드백, 개선점 등을 도출하기 위한 마무리 미팅을 의미합니다.

사용 툴

기업에서는 다양한 업무 툴을 사용합니다. 크게 커뮤니케이션 툴, 생산성 툴, 마케팅 툴, 재무 툴, 인사 관련 툴 등으로 나뉘죠. 예전에는 수기 작성해 보관했지만, 툴 도입으로 생산성은 크게 증가했고 의사 결정을 위한 다양한 데이터를 관찰하기도 수월해졌습니다. 일각에서는 기업이 사용하는 툴의 종류에 따라 기업의 업무 문화도 결정된다고 합니다. 툴은 곧 행동 양식을 결정하고 사고방식까지도 지배하니까요. 예를 들어 슬랙을 주로 쓰는 곳은 실시간 대화와 자유로운 커뮤니케이션을 추구합니다. 반면 플로우처럼 SNS형 피드 방식의 툴을 사용하는 곳은 과업별 체크와 피드백, 진행과 완료를 관찰하기 쉬워집니다. 업계 특성이나 커뮤니케이션 특성에 따라 사용하는 툴도 달라집니다. 특히 재택근무가 급격하게 늘어난 이후 툴의 사용이 증가했습니다. 줌이나 구글 미트 등 화상 회의 툴, 개더타운이나 세컨 블록 같은 메타버스 사무실 등 그 영역도 더욱 넓어졌죠. 직접적인 커뮤니케이션보다 툴을 이용한 업무 처리가 많아지면서 툴의 사용 방법 자체가 커뮤니케이션 원칙으로 자리잡는 경우가 많아졌습니다. 이 페이지에는 각 툴을 사용할 때 어떤 점에 유의해야 하는지, 어떤 것을 지켜야 하는지 중요한 원칙을 정리하고 기재합니다. 단, 너무 디테일하거나 많아져서는 안 될 것입니다. 일을 위한 일을 늘리는 격이 될 테니까요.

Q.   여러분의 조직이 사용하고 있는 툴을 한번 정리해봅시다. 각각은 사용 원칙이 정해져 있나요?

우리는 무엇으로 일하는가
사용 툴

	툴의 역할	툴 사용법
SLACK	업무용 메신저, 전체 프로젝트 채널 관리	기본 커뮤니케이션 채널이며 사생활을 보호하고자 카카오톡과 분리하여 사용하도록 합니다.
NAVER WORKS	드라이브, 업무 메일, 사내 주소록 및 게시판	주요 업무 메일 채널입니다. 드라이브의 역할을 겸하고 있습니다.
FLOW	업무 관리, 화상 회의, TO DO LIST	프로젝트의 진도와 상황 보고가 필요한 어젠다를 논의할 때 사용합니다.
GATHER TOWN	재택 근무, 비대면 회의, 스터디	재택, 원격 근무를 진행할 경우 업무 시간 중 비디오를 on 상태로 유지합니다.
NOTION	효율적인 프로젝트 관리 및 업무 처리	업무에 필요한 자료를 정리하고 아카이빙하는 목적으로 사용합니다.

56　주 소통 방법과 채널

앞서 사용 툴은 조직에서 사용하는 모든 툴을 정리한 요약본이었습니다. 이번 커뮤니케이션 툴 페이지는 슬랙, 잔디, 플로우, 채널톡 등 팀 커뮤니케이션을 위한 툴을 사용할 때의 소통 원칙을 정하는 것입니다. 물론 이 페이지가 꼭 필요할 정도로 다양한 커뮤니케이션 방법이 존재해야 의미가 있겠죠. 사용툴 정도로 정리가 된다면 굳이 중복해서 적을 필요는 없습니다. 이 페이지는 재택 근무, 원격 근무, 다국적 근무 등 복잡한 커뮤니케이션이 있을 때 더욱 빛을 발합니다. 소통이 이루어지는 각 채널 설명과 소통 방법, 주요 원칙으로 구분해 적어줍니다. 무분별한 개인 채널 오픈을 막고, 일관된 방식을 유지하기 위함이죠. 예를 들어 채널을 오픈할 수 있는 상황과 권한자가 누구인지. 외부 업체와 일할 때는 어떻게 채널을 열어야 하는지, 특정인과 소통하기 위해서는 어떻게 해야 하는지 등을 규정합니다. 더불어 최소한의 원칙을 적어야 할 것입니다. 비속어나 욕설 금지, 밤 11시 이후 야간 소통 금지, 전체 소통 채널에서 특정인에게 2번 이상 독촉, 재촉 금지 등이 그것입니다. 소통 원칙은 큰 범위에서 최소한의 원칙만 존재하는 것이 좋습니다. 물론 회사에 따라서는 소통에 개방성을 더 중요하게 생각해 원칙 자체를 거부하는 경우도 있습니다. 우리는 어떠한 종류의 소통도 모두 용인한다는 식으로 대전제를 적어주시면 되겠습니다.

Q.　여러분의 조직은 어떻게 소통하고 있나요?
　　꼭 지켜야 할 원칙이 존재하고 있나요?

우리가 커뮤니케이션하는 방법
주 소통 방법과 채널

SLACK

기본 규칙	채널 생성		신규 채널은 팀 리더 이상이 생성합니다. 프라이빗 채널을 가급적 만들지 않습니다.
	운영 방식	팀/조직 채널	개인이 속한 팀의 채널을 생성합니다.
		업무 문의 채널	팀 외부의 사람들과 소통 시 사용합니다.
		목적 채널	목적을 달성한 채널은 아카이빙합니다.
채널 사용법	내부 채널		특정 이슈에 대해 논의를 해야 하는 경우에는 채널 내 스레드 기능을 활용합니다.
	외부 채널		외부 소통 시 [파트너사 이름 또는 프로젝트명]으로 채널을 개설하고 분리하여 관리합니다.
커뮤니케이션	DM 금지		비공개 채널 및 DM은 팀원 간 신뢰도를 떨어트릴 수 있습니다. 업무 이야기는 공개 채널에서만 나눕니다.
	멘션 활용		전달 대상과 목적을 분명히 하고 나를 향한 멘션은 누락 없이 챙기도록 합니다.

57 히스토리 관리

일을 하다 보면 중간에 합류하는 구성원원도 있고 휴가나 연차로 잠시 업무의 공백이 생긴 구성원도 있습니다. 자리에 없는 동안 일이 어떻게 진행되고 있었는지 빠르게 파악하기 위해서는 일의 히스토리 관리가 필수입니다. 이는 추후 사고 예방, 책임 소재 규명, 투명한 업무 처리, 사후 피드백 등의 목적도 있죠. 소통 채널은 다양할 것입니다. 메일, 커뮤니케이션 툴, 개인 메시지, 클라우드 저장 파일 등을 생각할 수 있겠습니다. 이때 각 히스토리를 어떤 방식으로 보관할지 규정하는 페이지입니다. 히스토리 관리는 그 목적을 먼저 적고, 각 채널별 히스토리 관리 방식을 적어줍니다. 가장 효율적인 히스토리 관리 노하우를 뽑아 심플하고 단순한 원칙을 정하는 것이 좋습니다. 앞에서도 언급한 것처럼 기업 특성에 따라 이런 히스토리 원칙 자체를 거부하는 곳들도 있습니다. 기업의 특성에 따라 이 페이지는 선택적으로 운용 가능합니다. 원칙을 기재하는 경우 누구도 헷갈리지 않도록 적절한 예제를 곁들이는 것이 중요합니다. 이는 신규 구성원의 온보딩 프로그램에도 포함됩니다. 혼돈을 막기 위한 규정인 만큼 이 페이지는 현재 구성원이 행하고 있는 방식과 크게 달라서는 안 될 것입니다. 암묵적인 룰을 존중하되, 일부를 개선하는 방식으로 가보도록 합시다. (물론 효율성과 리브랜딩의 정도에 따라 다소 차이가 있을 수 있습니다.)

Q. 여러분의 기업은 업무 히스토리를 어떻게 관리하고 있습니까?

메일은 어떻게, 피드백은 어떻게?
히스토리 관리

- **메일 히스토리 관리**

  메일 히스토리는 하나의 주제가 끝날 때까지 원본 메일을 유지하여 답신합니다.
  - 모든 메일은 전체 답장으로 보냅니다.
  - 제목은 변경하지 않습니다.
  - 사안에 대한 결정이 끝나면 [최종]이라는 태그를 걸어 다시 딕테이션 체크합니다.

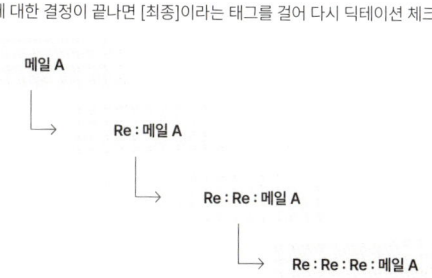

- **협업툴 히스토리 관리**
  - 협업툴의 경우 업무 관련 피드백을 별도 포스팅 형태로 적습니다.
  - 의사결정을 위한 각자의 의견들은 댓글로 남깁니다.
  - 댓글은 히스토리로 인정하지 않습니다.
  - 댓글을 정리하여 하나의 정리된 의견으로 합쳐지면 히스토리로 인정합니다.

파일 공유법

이런 것까지 적어야 하나 싶지만, 실제로 저희 조직처럼 하나의 파일을 여러 사람이 열람하고 편집해야 하는 경우에는 이 규정이 유용했습니다. 여러분의 조직이 어떻게 일하는지에 따라 이 페이지는 자유롭게 선택할 수 있습니다. 이 규정을 만들기 전 저희의 가장 큰 문제는 각 디자이너가 자신의 방식대로 디자인 파일을 만들고 있다는 점이었습니다. 협업을 할 때 상대방이 만든 파일이 너무 복잡해 편집이 어렵거나, 누군가가 애써 정리한 레이어가 협업 과정에서 무너지는 경우도 있었죠. 더불어 원본을 받은 클라이언트가 제대로 활용하기 어려운 경우도 있었습니다. 담당자 부재 시에는 파일을 못 찾아 헤맸던 때도 있었죠. 그래서 파일 이름과 폴더 저장 방식, 폴더 위계, 협업 클라우드 사용법 등을 원칙으로 정했습니다. 저희는 디자인 기업이기 때문에 각 파일에 레이어 이름과 순서까지도 규정했죠. 꽤나 번거로운 작업이라고 생각했지만 실제로 빛을 발한 케이스가 몇 번 있었습니다. 4명이 25페이지씩 만든 작업물을 하나로 합쳐야 하는 프로젝트가 있었습니다. 모두가 만든 디자인 파일의 형식과 레이어 이름 등이 동일하다 보니 단 1분 만에 완료 가능했죠. 누락되는 요소도, 번거로운 후작업도 필요하지 않았습니다. 또한 누군가가 휴가를 가거나 자리를 비워도 전혀 이질감 없는 공동 작업이 가능했죠.

Q. 여러분의 회사는 파일이나 공유 폴더 등 회사의 자산을 다루는 원칙이 정해져 있나요?

파일은 이렇게 관리해주세요!

파일 공유법

- **공유 폴더 사용 방법**
    - 업무가 끝나고 저장된 파일은 반드시 드롭박스에 업로드합니다.
    - 파일명에 각별히 신경써주세요. 작업 파일은 '날짜_클라이언트명_제작물_버전'입니다.
    - 한 프로젝트당 폴더는 4개입니다. 이것은 규칙입니다.

        01_기획 단계 > 02_제작 소스 > 03_제작 파일 > 04_최종 파일

    - 각 폴더 안에 자유롭게 별도 폴더를 만들 수 있습니다.
    - 가급적 드롭박스는 '온라인' 모드로 사용해주세요.
    - 동기화는 기본입니다. 항상 최신 상태로 유지해주세요.

- **공유 폴더 사용 방법**
    - 업무가 끝나고 저장된 파일은 반드시 드롭박스에 업로드합니다.
    - 파일명에 각별히 신경써주세요. 작업 파일은 '날짜_클라이언트명_제작물_버전'입니다.
    - 한 프로젝트당 폴더는 4개입니다. 이것은 규칙입니다.

        01_기획 단계 > 02_제작 소스 > 03_제작 파일 > 04_최종 파일

    - 각 폴더 안에 자유롭게 별도 폴더를 만들 수 있습니다.
    - 가급적 드롭박스는 '온라인' 모드로 사용해주세요.
    - 동기화는 기본입니다. 항상 최신 상태로 유지해주세요.

59 내부 커뮤니케이션(미팅)

내부 커뮤니케이션 방식에는 온라인과 오프라인이 있습니다. 툴을 이용한 방식은 온라인 커뮤니케이션, 미팅이나 대화 등 대면 상태에서 진행하는 커뮤니케이션은 오프라인 커뮤니케이션이죠. 원칙 없이 자유도를 중요하게 생각한다면 생략해도 좋습니다. 원칙이 있다면 각각 어떤 방식으로 대화해야 하는지 기본 예절과 원칙을 단순하게 적습니다. 이는 단순히 감정과 예의범절의 문제를 넘어 최소한의 시간과 에너지로 큰 효율을 내기 위한 생산성 측면의 가이드입니다. 이를테면 미팅 전에 자료를 사전 공유하고 자료를 미리 숙지하고 오거나, 미팅 전 정확한 미팅의 목적과 주제를 공지하는 등의 내용이죠. 회사에 따라서는 시간 제한을 두는 곳도 있었습니다. 또는 서서 하는 회의를 추구하는 곳도 있었습니다. 요즘에는 다양한 방식으로 개선하려 하지만, 보통 회의란 한 사람만 떠들고 나머지는 고개를 숙이고 있는 지루하고 긴 시간이라는 인식이 강합니다. 회의 방식이야말로 그 조직의 문화를 직접적으로 드러내는 행위 중 하나입니다. 그렇기 때문에 이 페이지는 현재의 방식을 그대로 적기보다는 지금의 방식이 정말 효율적인지, 목표를 달성하는 데 적합한 방식인지 내부적으로 고민한 후 개선하는 작업을 곁들이는 것이 좋습니다. 앞서 말했던 업무의 대전제에 어긋나지 않도록 말이죠.

Q. 미팅이나 대면 대화 시 서로 같은 목적을 가지고 효율적으로 회의하고 있나요?

내부에서는 이렇게 커뮤니케이션합니다.

내부 커뮤니케이션 미팅

미팅 종류	
	프로젝트 일정 및 내용 공유 / 의사 결정 / 1:1 / 회고

미팅 규칙	
미팅 전	모두가 함께 약속한 시간과 장소로 모이도록 합니다. 미팅 어젠다는 사전에 공유하도록 합니다. 미팅 자료를 미리 검토하고 참석하도록 합니다.
미팅 중	사전에 공유된 미팅 어젠다를 먼저 선언하도록 합니다. 원하는 결과를 도출하기 위해 미팅을 리드할 담당자를 결정합니다. 조직도에 따른 상급자들만의 의사 결정이 되지 않도록 합니다.
미팅 후	모든 미팅 관련 자료는 항상 공유되도록 합니다. 회고하는 시간을 가져보는 것도 좋습니다.

내부 커뮤니케이션(보고)

60

이 페이지는 '주 소통 채널과 방법'과 거의 같습니다. 다만, 툴이 '사용 방법'에 가까운 형태라면 이 페이지는 '체계와 태도'에 관련한 내용이 포함됩니다. 업무 보고 체계나 피드백 방식, 건의 방식 등 회사 내부에서 주고받는 직간접적 소통 대다수를 다룹니다. 최근 많은 회사에서 보고 체계나 피드백 방식의 무형식주의(아무런 제약 없이 모두가 모두에 대한 자유 발언이 가능한 상태)를 채택하고 있지만, 그럼에도 업무 방식이나 사내 문화에 따라 체계적인 보고 절차를 중요하게 여기는 곳도 존재합니다. 컬처덱을 만들다 보면 가끔 컬처덱을 개방적인 문화를 지닌 IT 스타트업의 전유물로 여기는 경향이 있습니다. 그러나 실제로 컬처덱은 제조업, 생산, 유통, F&B 비즈니스 등 디지털 전환이 활발히 이루어지고 있는 레거시 산업과도 굉장히 잘 어울립니다. 오히려 공장, 협력 업체, HQ 오피스, 국제 사무소 등 업무 거점이 나뉘어져 있을수록 다양한 커뮤니케이션과 원칙이 필요해지죠. 작은 오해가 엄청난 사고로 이어지거나, 생산 속도와 커뮤니케이션의 속도가 같아야 하는 경우, 툴에 익숙하지 않은 인원이 많은 경우 커뮤니케이션의 체계는 불필요한 비효율을 줄여주는 중요한 역할을 합니다. 그래서 어떤 곳에서는 '의사 결정 과정'은 수평, 개방적으로, '업무 중 커뮤니케이션'은 수직, 폐쇄적으로 나누어 스위칭(Switching)하기도 합니다. 이렇게 복합적인 소통 방식이 섞여 있다면 이런 페이지가 필수죠.

Q.   여러분의 조직은 내부의 보고 체계나 피드백에 원칙이 있나요?

내부에서는 이렇게 커뮤니케이션합니다.

내부 커뮤니케이션 보고

| 미팅 | **보고 체계** |

보고
- 업무 성과를 보고 할 때는 가장 간소화된 형식을 사용합니다.
- 포함되어야 할 내용은 **예측량, 실제량, 진행 방식과 이유**입니다.
- 형식은 사내 공유 폴더의 12번 양식을 이용합니다.
- 보고는 각 팀의 팀장에게 합니다. (팀장은 주간 회의에서 내용 공유)

피드백
- 사내 제도 및 방향성 등 분야를 막론하고 피드백이 있을 경우 컬처팀의 블라인드 채널을 이용해 남길 수 있습니다.
- 상급자가 하급자에게 피드백할 때는 피드백 원칙에 따라 '피드백 내용과 개선된 상태'를 명확히 설명하고 그 근거를 들어야 합니다.

61 외부 커뮤니케이션(전화)

대외 커뮤니케이션은 다른 업체, 사람, 고객과 소통할 때 필요한 커뮤니케이션 원칙을 의미합니다. 이 페이지를 삽입한 컬처덱을 보여줬을 때 두 가지 반응이 있었습니다. "이런 것은 마이크로 매니징이다. 결국 조직을 병들게 할 것이다" 라는 의견과 "이런 것이 반드시 필요하다"는 의견으로 나뉘었죠. 물론 조직 내부의 사정에 따라 전화, 이메일, 미팅 등 커뮤니케이션 원칙은 선택적으로 정하면 됩니다. 대외 미팅이 잦고, 해외 바이어와 주로 일하는 경우, 메일에 포함되는 수치와 전달 내용의 객관성이 무엇보다 중요한 경우라면 템플릿이 편할 수도 있습니다. 삽입 자체는 자유롭게 결정하면 되지만, 일단 삽입하기로 마음을 먹었다면 다음과 같은 점을 신경 써야 합니다. 우선 설명보다 바로 실전에 쓸 수 있게 명쾌하고 깔끔하게 표현해야 합니다. 최근 들어 젊은 구성원 중에는 전화 공포증을 호소하는 이들이 많습니다. '폰 포비아'라고 하죠. 이들은 전화를 받아본 적도, 걸어본 적도 많지 않기에 인사부터 자기 소개를 어떻게 해야 하는지도 잘 모르는 경우가 많습니다. 이 때문에 거의 스크립트 형태를 그대로 보고 읽을 수 있게 대본을 짜주기도 합니다. 대외 커뮤니케이션 파트를 아예 하나의 챕터로 구성해 스크립트 사전을 만드는 곳도 있었습니다. 상황에 따라 펼쳐 읽을 수 있게 말이죠.

Q. 우리 조직은 대외 커뮤니케이션을 어떻게 하고 있나요? 규정이 있나요? 아니면 개인의 역량에 맡기나요?

전화할 때는 이렇게 해주세요!

외부 커뮤니케이션 전화

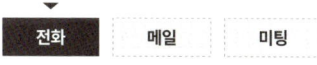

전화를 걸 때	
인사	안녕하세요, [상대 이름] [상대 직책]님!
회사/부서/성명 밝히기	애프터모멘트 [팀]의 [이름]입니다.
내용 전달하고 양해 구하기	[업무 및 용건] 건으로 연락드렸는데 잠시 통화 괜찮으실까요?
끝인사	감사합니다.

전화를 받을 때	
담당자가 자리에 있을 경우	잠시만 기다려주시면 OO 님께 전화 돌려드리겠습니다.
담당자가 부재 중일 경우	OO 님께서 자리에 안 계시는데, 메모 남겨드리겠습니다.
모르는 내용을 물어볼 때	죄송하지만 메모 남겨주시면 확인 후 연락드리겠습니다.
크로스 체크	말씀해주신 내용 한 번 더 확인하겠습니다. [통화 내용]이 맞나요?

외부 커뮤니케이션(메일)

이메일도 같은 맥락입니다. 폰 포비아뿐 아니라 글쓰기의 어려움을 호소하는 구성원도 매우 많습니다. 이럴 경우 메일 내용을 명확히 파악하기 어렵고, 길고 장황하게 메일을 쓰는 경우가 많습니다. 실제로 클라이언트사 구성원 중 적지 않은 수가 이메일 한 통 작성에 1~2시간 이상 걸린다고 응답했습니다. 이러한 비효율을 개선하기 위해 자주 사용하는 이메일 양식을 스크립트화해 복사, 붙여넣기해서 쓸 수 있도록 모은 회사도 있었습니다. 컬처덱에는 '제목에는 어떤 내용의 이메일인지 요약하고, 첨부 파일이 여러 개일 경우 압축하고, 오탈자를 확인하고, 자신의 소속과 이름을 밝히라'는 정도의 기본 원칙만 적고, 나머지 스크립트는 QR 코드를 통해 노션 페이지로 연결하는 것이죠. 같은 내용의 이메일을 자주 보내 내용을 어느 정도 템플릿화할 수 있는 경우 적합합니다. 이러한 구체적인 가이드를 적을 때는 구성원의 의견도 반영해야 합니다. 업무에 있어 전화나 이메일은 불가피한 요소입니다. 이를 어려워하는 구성원이 얼마나 있는지, 이것을 템플릿으로 만들면 어려움이 정말 개선될지 등을 면밀히 논의한 후 제작에 들어가는 것이 좋습니다. 편하다고 생각하는 구성원도 있지만, 때로는 과도한 억압이라고 생각하는 구성원도 있기 때문이죠.

Q. 우리 구성원은 다들 어떤 방식으로 메일을 쓰고 있나요?

메일 보낼 때는 이렇게 해주세요!

외부 커뮤니케이션 메일

전화 메일 미팅

메일을 보낼 때	
메일 제목	[회사 및 팀 이름] 0/00(금) 스프린트 미팅 일정 공유
인사말	안녕하세요, [메일 수신인 직책과 성명]님, 애프터모멘트 [팀]의 [이름]입니다.
요약	[업무 및 용건] 건 관련하여 [목적] 드립니다.
내용	[업무 및 용건 관련 내용]
첨부 파일	20220610_회사소개서_디자인시안_애프터모멘트
맺음말	감사합니다. 좋은 하루 되세요.

63   외부 커뮤니케이션(미팅)

회사를 대신해 외부인과 미팅을 나갈 정도라면 적어도 어떤 목적을 달성할 수 있는 능력이 있거나, 영업 관련 부서 소속이거나, 어느 정도 의사 결정권이 있는 상태일 것입니다. 외부인과의 미팅은 목적과 종류가 다양해 대원칙 정도를 규정하는 것이 보통입니다. 명함 전달 시 예의, 외부에서 우리를 부르는 호칭, 의사 결정 원칙 등이 있겠죠. 하지만 영업팀을 대상으로 하거나 업무 특성상 외부인과 미팅이 많은 경우라면 미팅 프로세스를 규정하고 스크립트를 설계하기도 합니다. 이 경우에는 상대방 앞에서 컬처덱을 펼쳐 스크립트를 읽을 수는 없으니 휴대 형식의 스크립트를 별도로 만들거나, 영업 부서에서 영업 트레이닝을 하는 데 쓰입니다. 주 미팅 특성과 업계 특성을 고려해 삽입 방식이나 삽입 여부를 선택적으로 고려합니다. 앞서 말씀드린 전화, 메일, 미팅은 대외 커뮤니케이션 세트로 묶어 하나의 커뮤니케이션북으로 제작할 수도 있습니다. 실제로 외부 크리에이터를 대상으로 끊임없이 영업을 펼쳐야 했던 한 온라인 교육 플랫폼 기업에서는 미팅 가이드를 제작해 별도 영업 교육을 진행하기도 했습니다. 다른 클라이언트사는 자주 협업하고 있는 주요 협력 업체와의 커뮤니케이션 팁(특유의 말투, 빠르게 요청할 때 노하우, 취향과 지난 히스토리 등)을 모아 하나의 신입 사원 교육 자료로 만들기도 했습니다.

Q.   여러분 조직의 구성원은 외부에 나가서 우리 회사를 어떻게 표현하고 있나요?

미팅할 때는 이렇게 해주세요!

외부 커뮤니케이션 미팅

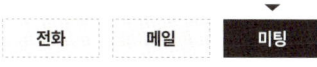

사전 미팅	
목적	일하는 방식을 공유하고 브랜드에 대한 이해도를 높이며, 과업의 범위, 내용 등을 명확히 규정합니다.
어젠다	01 브랜드 히스토리와 앞으로의 방향성 02 필요한 과업과 작업량, 논의된 내용 공유 03 계약과 견적, 일정 등의 조율
소요 시간	총 60분 내외
참석자	해당 과업의 책임자와 실무자, 유관자 등
어떻게 진행되나요?	01 메일을 통해 서로의 일정을 확인합니다. 이때 일정은 2, 3개 정도로 제안드립니다. 02 가능한 일정에 **줌 콜이나 대면 미팅**으로 진행합니다. 03 미팅 시에는 **명함**을 챙깁니다. (5장 이상 챙겨주세요.) 04 너무 딱딱할 필요는 없지만, 처음 서로 인사하는 자리인 만큼 **적당히 예의 있는 복장**을 갖춰주세요. 05 미팅 시작 **최소 10분 전 현장**에 도착하여 연락드립니다. 06 미팅 종료 시에는 **굿바이 인사와 다음 프로세스에 대한 안내**를 정확히 전달하고 마무리합니다.

채용과 온보딩 챕터

별도의 챕터로 구분하지 않았지만, 채용을 따로 빼 중요도를 높이는 경우도 있습니다. 이는 선택의 문제죠. 채용 부분에서는 기본적인 채용 프로세스, 온보딩 프로세스, 채용 후 업무와 성장, 퇴사까지 다룹니다. 내용을 좀 더 상세하게 구성해 인사팀의 기준 자료로 사용할 수도 있습니다. 단순히 채용 공고 내용을 담는 것이 아니라 앞서 정체성 파트에서 언급했던 우리의 비전과 미션에 맞는 인재를 어떻게 유치할 것인지 맥락 있게 풀어내는 것이 중요합니다. 또한 이 부분은 아직 우리 조직을 잘 모르는 예비 입사자도 열람할 수 있기 때문에 쉽고 간결하면서 브랜드만의 목소리가 한껏 느껴지도록 쓰는 것이 핵심입니다. 예제에서는 중복되는 내용이라 포함하지 않았지만, 앞서 언급한 인재상이나 문화에 대한 정의도 함께 녹여낼 수 있습니다. 보통 채용 부분 앞에 이것을 언급해 주죠. 그리고 자격 요건, 면접, 온보딩, 성장과 퇴사까지 한 명의 인재가 브랜드를 장기간에 걸쳐 경험한다는 느낌으로 적는 것을 추천합니다. 내가 어떤 목적에 의해 이곳에 왔고, 어떤 비전을 달성할 수 있으며, 어떻게 성장할 수 있는지 비전을 함께 그려갈 수 있도록 말이죠. 컬처덱을 만들다 보면 이쯤 와서 꽤나 지치기 마련입니다. 그래서 보통 현재 운용하는 인사 제도(채용 공고 내용 그대로)를 수정 없이 옮겨 담는 경우가 있는데 조금 더 힘을 내서 매력적인 내러티브를 만들어보시길 바랍니다.

채용과 온보딩 **PEOPLE**

우리가 사람을 대하는 방법

채용 프로세스

채용 프로세스를 적는 것은 복잡하지 않습니다. 보통 3~4단계의 전형을 통해 구성원을 맞이할 것입니다. 이때 예비 구성원이 손쉽게 파악할 수 있도록 각 전형에 대한 상세 설명을 적어주어야 합니다. 채용은 가장 기초적인 기업 브랜딩 행위 중 하나입니다. 아직 구성원이 되지 않은 외부 지원자는 우리 브랜드의 가장 강력한 팬으로써 가장 심도 있는 브랜드 여정을 경험하게 됩니다. 컬처덱의 페이지 모두가 채용 공고의 역할을 겸하고 있다면 이 컬처덱을 열어보는 순간부터 경험의 시작일 것입니다. 예제에는 단순화했지만 브랜드에 따라 약도부터 각 전형의 상세한 내용을 구체적으로 적는 곳도 있었습니다. 예를 들어 온라인 지원 접수의 경우 어떤 링크에서 어떻게 진행하는지 주의 사항을 적고, 컬처덱을 본 지원자만 확인할 수 있는 채용 팁 등을 적어 구인구직 플랫폼의 채용 공고와는 다른 가치를 컬처덱에 부여하기도 합니다. 면접 진행 방식 또한 시간, 장소, 방식을 상세히 적어 면접 이후 일정을 예측하게 하기도 합니다. 과제가 있다면 어떤 툴을 이용하고, 주로 어떤 과제가 나갔는지 기재하기도 하죠. 합격과 불합격 시 어떤 식으로 연락이 가는지도 함께 적어줍니다. 어떤 곳은 지원 탈락한 지원자에게 전하는 편지를 미리 적어놓기도 했습니다.

Q. 우리 조직의 채용 프로세스는 몇 단계로 이루어져 있나요?
각각의 단계에서 중요한 점들은 어떤 것인가요?

우리는 사람을 이렇게 맞이합니다.
채용 프로세스

01	지원서 접수

　　　　　온라인 지원 접수

02	서류 전형

　　　　　인재상을 기반으로 자유 양식 이력서, 포트폴리오 심사

03	1차 면접

　　　　　직급/직무별 경험 및 역량 면접

04	2차 면접

　　　　　토론/과제 면접을 통한 적합성 여부 심사

05	최종합격

　　　　　면접 후 5일 이내 별도 연락

직무별 채용 원칙

66

특정 직군을 채용하는 경우도 있지만, 보통 컬처덱을 만들 정도의 규모라면 여러 직군을 한번에 채용하는 경우가 많습니다. 앞서 말한 채용 프로세스가 예비 구성원의 공통 사항이라면 이 파트는 각 직무별 구체적인 인재상을 적는 곳입니다. 마인드셋, 스킬셋 등 필요한 지원 자격과 컬처핏을 언급하죠. 물론 이렇게까지 구체적으로 언급하고 싶지 않다면 빼도 됩니다. 이 페이지를 삽입한다면 다음에 유의하세요. 단순히 조직에서 원하는 스킬셋과 마인드셋을 열거하는 방식도 나쁘지 않습니다. 하지만 우리 조직은 어떤 일을, 어떻게 하기 때문에 이 능력이 필요하다고 그 맥락을 설명한다면 좀 더 친절하고 납득할 수 있는 페이지가 될 것입니다. 이 페이지를 보는 이는 우리 조직에 대해 전혀 모르고 있습니다. 기업에 따라 다르긴 하지만 현재 진행하고 있는 일과 빠른 시일 안에 시작될 일에 대해 구체적으로 알려주는 곳도 있었습니다. 업데이트 주기가 짧아 번거로움이 있지만, 사람을 맞이한다는 것은 그러한 번거로움 이상의 가치를 지니고 있으니까요. 예제는 한 페이지로 요약되어 있지만 직무별로 상세한 내용이 들어가면 몇 페이지로 늘어날 수 있습니다.

Q. 여러분은 어떤 직무에 종사하고 있나요?
   그 직무를 담당하려면 어떤 스킬셋과 마인드셋이 필요한가요?

각 직무별 인재를 모시는 최소한의 원칙

직무별 채용 원칙

	Mindset	Skillset
개발	개발 직무에 필요한 마인드셋을 적습니다. 추상적인 것보다 실제 갖춰야 할 특성 위주로 적습니다.	개발 직무에 필요한 스킬셋을 적습니다. 실제 실무에 쓰이는 툴이나 역량 위주로 적습니다.
PM	PM 직무에 필요한 마인드셋을 적습니다. 추상적인 것보다 실제 갖춰야 할 특성 위주로 적습니다.	PM 직무에 필요한 스킬셋을 적습니다. 추상적인 것보다 실제 갖춰야 할 특성 위주로 적습니다.
디자인	디자인 직무에 필요한 마인드셋을 적습니다. 추상적인 것보다 실제 갖춰야 할 특성 위주로 적습니다.	디자인 직무에 필요한 스킬셋을 적습니다. 추상적인 것보다 실제 갖춰야 할 특성 위주로 적습니다.
생산 관리	생산 직무에 필요한 마인드셋을 적습니다. 추상적인 것보다 실제 갖춰야 할 특성 위주로 적습니다.	생산 직무에 필요한 스킬셋을 적습니다. 추상적인 것보다 실제 갖춰야 할 특성 위주로 적습니다.
마케팅	마케팅 직무에 필요한 마인드셋을 적습니다. 추상적인 것보다 실제 갖춰야 할 특성 위주로 적습니다.	마케팅 직무에 필요한 스킬셋을 적습니다. 추상적인 것보다 실제 갖춰야 할 특성 위주로 적습니다.

애프터모멘트 Culture Deck 2022

채용 기준

인재상의 원칙을 적는 곳입니다. 단순히 키워드로 된 추상적 키워드보다 한 단계 더 들어간 형태의 문장입니다. 예시 페이지는 저희 회사의 인재상입니다. 이 페이지에 적는 채용 기준은 행위와 성격 위주로 적습니다. 대표적 인재상인 성실, 도전, 학습, 공정, 상생 등의 키워드는 '갖춰야 할 소양' 느낌이 강합니다. 여기에는 소양보다는 '어떤 행동을 주로 하는 사람이면 좋겠다'는 내용이 담깁니다. 예를 들어 '커뮤니티 활동에서 어떤 영감을 얻은 경험이 있다', '워라밸보다 커리어 성장이 더 필요한 사람', '물이 쏟아지면 휴지를 뽑아 바로 닦는 사람' 같이 구체적이고 위트 있는 내용이 들어가면 더욱 좋습니다. 채용 파트의 글과 구성은 브랜드의 성격을 그대로 드러냅니다. 우리 회사가 세 줄 요약을 하는 내향형 집단이라면 내용도 간결하고 직관적일 것입니다. 반대로 방금 만난 사람과도 10년 지기 바이브를 낼 수 있는 극 외향형 집단이라면 내용 자체에 TMI가 많고 모든 문장에 위트가 가득하겠죠. 물론 이는 컬처덱 전체의 보이스 톤에도 녹아들겠지만 채용 파트에서는 좀 더 강하게 드러나야 합니다. 추상적인 내용보다는 내 성격을 스스로 판단하고 인지할 수 있도록 '어떤 상황에서 어떤 행동을 하는 사람'으로 규정하면 훨씬 흥미진진해질 것입니다.

Q. 우리 회사는 커피를 쏟았을 때 어떤 태도를 취하는 사람을 좋아하나요? 지금 필요한 인재는 어떤 사람인가요?

우리가 원하는 인재는 이런 모습입니다.
채용 기준

01 스스로 끊임없이 성장하려 노력하는

02 일에 대한 감각이 있는

03 문제점보다 해결 방법을 먼저 찾는

04 분명한 캐릭터를 지닌

05 주변 동료에게 영감을 주는

06 논리력이 강점인

07 독특한 취향과 취미를 가진

08 핵심만 얘기하기 좋아하는

09 트렌드에 민감한

면접 가이드

이 페이지가 포함되는 것에 대해서는 호불호가 있습니다. 컬처덱에 면접 가이드가 들어가는 것을 이해할 수 없다는 것이죠. 정해진 질문을 하는 것이 아니라 지원자의 스토리와 지원서에 맞춘 질문을 하는 것이 좋다는 생각에서 나온 의견입니다. 기업의 특성과 컬처덱의 성격에 맞춰 선택하기 바랍니다. 반대로 지원 서류를 극단적으로 간소화해 면접에서 일관된 반응을 관찰해야 한다면 정해진 면접 가이드가 필요할 수도 있습니다. 이런 내용의 공개 여부도 선택의 문제입니다. 사람의 지성과 품성을 나타낼 수 있는 것은 질문이라고 했습니다. 기업도 마찬가지입니다. 지원자에게 '좋아하는 가수가 누구냐, 한번 불러봐라' 따위의 질문을 하는 곳이 있는가 하면 성장했던 프로젝트에 대해 면밀히 관심을 가지고 깊이 있는 질문을 하는 곳도 있습니다. 장단점, 10년 뒤 비전 등 뻔한 것을 묻는 곳도 있고, 구글처럼 색다르고 창의적인 질문을 던지는 곳도 있습니다. 질문에는 그 조직의 정체성과 인재상이 고스란히 담기고, 구성원을 어떻게 바라보는지 관계성도 표현되죠. 이 때문에 여러분이 컬처덱에 면접 가이드를 담고자 한다면 우리는 지원자를 어떤 태도로 바라보는지, 함께 했을 때 어떤 관계로 발전하고 싶은지 먼저 결정하고 질문을 구성하는 것이 좋습니다.

Q.   여러분은 여러분 회사에 지원해 어떤 면접 질문을 받으셨었나요?

주로 이런 질문들을 하게 됩니다.
면접 가이드

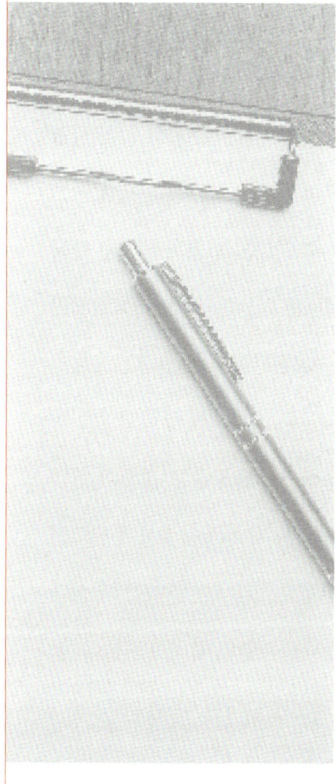

- 우리 회사의 어떤 점에서 매력을 느꼈는지

- 본인의 역량을 에피소드와 함께 어필

- 동기부여와 소통 스타일에 대해

- 업무에 몰입할 수 있는 조건

- 가장 의미 있었던 프로젝트나 업적

- 예상 외의 일을 겪었던 경험과 대처 방법

- 지원자가 하고 싶은 이야기

- 그 밖에 다른 질문

컬처핏 서베이

컬처덱에 들어가는 엔터테인먼트 요소 중 하나입니다. 컬처덱이 외부로 공개되고 지원자가 컬처덱을 열람할 수 있다는 전제하에 삽입되는 페이지죠. 10~20개 정도의 자가 진단표를 만들어 내가 이 회사와 얼마나 잘 어울리는지 체크할 수 있는 설문입니다. 예제에서는 단순하게 해놓았지만, 실제로는 굉장히 다양한 형태로 컬처핏 테스트를 구성합니다. 컬처덱을 읽고 가장 인상 깊었던 부분을 적으라는 주관식 문제도 있고, 모의고사 형태로 객관식 문제를 만드는 곳도 있습니다. 또는 테스트 대신 실제 구성원의 인터뷰를 통해 생생한 현장과 실무 이야기를 들려주는 경우도 있습니다. 형태는 다양하게 바뀔 수 있지만 지켜야 할 것은 3가지입니다. 첫째, 이 페이지는 채용 전형이 아닙니다. 그렇기 때문에 가볍고 유쾌하게 구성해야 합니다. 각 질문은 지나치게 무겁지 않아야 하죠. 둘째, 이 페이지에서 너무 많은 시간이 흘러가지 않도록 간결해야 합니다. 셋째, 이 테스트나 서베이가 차별, 비하, 성차별 등 사회적 감수성에 위배되지 않는지 꼼꼼히 체크해야 합니다. 어떤 클라이언트사에서는 '연애할 때 상대에게 주로 차이는 편이다'라는 질문을 넣어서 몹시 당황했던 적이 있습니다. 주도성을 파악하겠다는 의도라고 했지만 더 좋은 질문은 얼마든지 있습니다.

Q. 우리 조직과 컬처핏이 잘 맞는지 확인할 수 있는 가장 좋은 방법은 무엇일지 생각해봅시다.

당신은 우리와 어울리는 사람인가요?

컬쳐핏 서베이

- ☐ 트렌드에 민감하다.
- ☐ 스스로 개척해나가는 것을 좋아한다.
- ☐ 호기심이 많고 변화를 두려워하지 않는다.
- ☐ 집중해서 일하고 빨리 쉬는 편이다.
- ☐ 기록하는 습관을 가지고 있다.
- ☐ 정리정돈에 능숙하다.
- ☐ 친밀함보다 업무적 신뢰를 우선시한다.
- ☐ 전시나 미술관을 찾아다닌다.
- ☐ 집중하다가 시간 가는 줄 모를 때가 많다.

(70)　　　　　　　　　　　　　　　　**온보딩 프로세스**

온보딩 프로세스는 단순히 OJT 교육만을 의미히지 않습니다. 수습 기간 전체를 다룰 수도 있고 입사 후 1년 까지만 다룰 수도 있습니다. 온보딩의 정의에 따라 기업마다 프로세스를 구축하는 방식도 달라집니다. 흔한 방식은 수습 기간을 온보딩으로 잡는 것입니다. 입사 후 바로 정규직으로 넘어가지 않고 컬처핏과 업무 역량을 서로 맞추며 일정한 목표를 세우는 경우가 많았습니다. 조금 냉엄할 수 있지만, 수습 기간이 끝난 후 스스로 세운 목표와 전사 평가를 합쳐 최종 합류 여부를 결정하기도 하죠. 더 좋은 인재를 유치하려는 기업의 전략이랄까요. 이 페이지에서는 전체 온보딩 여정을 일정별로 정리해줍니다. 만약 수습 기간 이후 합류 여부 평가가 있다면 그 이유와 어떤 방식으로 진행되는지 설명하는 것도 좋은 방법입니다. 이런 온보딩 프로세스는 지원자 입장에서는 꽤 묵직한 부담으로 다가올 수 있습니다. 물론 회사에 적응하기 위한 과정이고, 환영 의식이기도 하지만 낯선 환경에서 겪는 첫 경험인 만큼 친절하고 부드러운 경험이 필요할 것입니다. 기업에 따라서는 이 온보딩 프로세스를 일정별로 체크할 수 있는 다이어리 형식으로 만들기도 합니다. 입사와 동시에 컬처덱을 나눠주고, 3개월의 수습 기간 동안 교재처럼 사용하는 것이죠. 이런 경우에는 무언가를 적을 수 있는 공란이 많아야 할 것입니다.

Q.　　　우리 조직에 입사한 사람은 어떤 과정을 통해 정식으로 구성원이 되나요?

새롭게 구성원이 된 사람들을 위한 프로그램

온보딩 프로세스

계약서 작성
업무 환경 세팅(이메일, 명함, 소프트웨어 설치)
프로젝트 현황 안내
Office tool 사용 안내 (microsoft, notion, slack 등)

사내 캐주얼 면담
업무 관련 Q&A
적응 관련 Q&A
수습 평가

마지막 온보딩 면담
수습 기간 피드백
이후 성과 목표 논의
업무 배정

(71)　　　　　　　　　　　　　　　**상세 프로세스**

이곳에는 온보딩 프로세스의 상세 내용을 적습니다. 모든 단계의 진행 과정을 다 담지는 않더라도, 중요한 일정의 진행 방식은 꼼꼼히 적어야 합니다. 이는 구성원을 안심시키거나 성장시키려는 목적도 있지만, 기업 입장에서 온보딩 프로세스가 잘 진행되고 있는지 내부적으로 체크할 수 있는 기준이 됩니다. 입사 일자가 다른 구성원의 프로그램 진도를 파악할 수도 있고, 과제를 빠르게 수행한 구성원은 빠르게 온보딩을 진행해 업무 투입 속도를 높일 수도 있습니다. 상세 프로세스는 프로그램, 진행 시간표, 진행 목적, 진행 방식, 과제, 과제 제출 방식 등으로 나뉩니다. 보통 컬처덱에서는 이를 표로 표현합니다. 조금 더 인쇄물에 공을 들이고 싶다면 펼칠 수 있는 접지 페이지를 이용할 수도 있습니다. 또는 노션 링크와 연동해 온라인에서 프로세스를 확인하는 방식도 있습니다. 때로는 뒷표지에 별책부록을 삽입할 수 있는 공간을 만들어 책 속의 책으로 활용하는 경우도 있습니다. 아무래도 온보딩 관련 내용은 구성원의 초기 경험과 연결되어 있고, 피플팀 입장에서도 이 프로그램 운영을 위해 쏟는 리소스가 많은 만큼 최대한 직관적으로 표현하려는 경향이 있습니다. 화려한 구성보다 운용 효율과 읽는 사람의 이해 정도를 고려해 상세한 프로세스를 적어봅시다.

Q.　　우리의 첫 온보딩 프로그램은 무엇인가요?
　　　그것은 몇 시간 동안 진행되나요?

구체적인 온보딩 프로세스를 알려드려요.

상세 프로세스

Summary +30일까지 총 9회에 걸친 온보딩 프로그램이 진행됩니다.
이때 신규 입사자는 반드시 지정된 파트너와 함께 참여합니다.

Step 01	Opening	60min	인사, OJT취지와 회사 소개
Step 02	History&Vision	20min	창브랜드스토리. 방향성과 비전 공유
Step 03	Role&Direction	60min	역할 설정과 팀 구성, 협업 방식
Step 04	Regulations	60min	우리 회사에서 지켜야 할 규정들
Step 05	Details	30min	기타 프로그램을 적어줍니다.
Step 06	Details	60min	기타 프로그램을 적어줍니다.
Step 07	Details	30min	기타 프로그램을 적어줍니다.
Step 08	Details	30min	기타 프로그램을 적어줍니다.
Step 09	Details	60min	기타 프로그램을 적어줍니다.

- 온보딩 프로그램이 진행될 땐 반드시 컬쳐덱을 지참합니다.
- 메모가 필수는 아닙니다. 하지만 필요할 경우가 있을 것입니다.
- 우리는 제시된 시간을 반드시 지킵니다.온보딩 프로그램이 업무에 지장을 주지 않도록 최선을 다할 것입니다.
- 모든 온보딩 프로그램은 열려 있고 구성원은 해당 프로그램에 대한 의견과 질문을 자유롭게 개진할 수 있습니다.

출퇴근 원칙

(72)

기업이 근로자의 시간을 사는 것이 아니라, 능력을 사는 개념으로 바뀌면서 일하는 시간보다 업무 시간 중 창출하는 퍼포먼스에 더 집중하기 시작했습니다. 유연 근무제, 재택 근무, 해외 근무, 코어 타임 등 새로운 제도가 생기면서 자신에게 맞는 근무 시간을 스스로 설정할 수 있게 되었죠. 이 페이지는 일반 출퇴근 원칙, 재택(원격) 근무 원칙, 코어 타임 원칙을 기재합니다. 코어 타임은 필수 업무 시간을 의미하는데, 유연 근무제라고 할지라도 필수 업무 시간을 지키지 않을 경우 지각 처리됩니다. 유연 근무제와 정시 출퇴근제의 중간쯤 되는 제도죠. 재택 근무 규칙은 단순히 시간뿐 아니라 재택 근무 시작과 종료 시 보고 절차를 함께 포함하기도 합니다. 이외에도 다음과 같은 출퇴근 방식이 있습니다.

· 집에서 근무하는 재택 근무(상시형, 수시형으로 구분)
· 주 사무실이 아닌 코워킹 스페이스, 지사에서 일하는 스마트 워크
· 고객사, 거래처 사무실 또는 그들 소유 공간에서 근무하는 고객사 근무

우리 회사의 근무 형태에 맞춰 각각의 출퇴근 가이드라인을 명확히 설정합니다. 형평성과 업무 효율성을 극대화하기 위한 노력이므로 가이드 자체에 집중하기보다 구성원과의 협의에 의해 내용이 정리되면 더욱 좋을 것입니다.

Q.   여러분의 회사는 어떻게 출퇴근을 하고 있나요?

우리는 일을 이렇게 시작하고, 마무리합니다.

출퇴근 원칙

자신에게 맞는 근무 방식을 직접 설계합니다.

코어 타임(11시~17시) 이외에는 스스로 근무 시간을 조절할 수 있습니다. 우리는 업무 장소에 제한을 두지 않습니다.
재택 근무 또한 업무의 성격이나 개인의 업무 스타일에 맞춰 자유롭게 가능합니다. 재택 근무 시 주4회 원격 근무, 주 1회 오프라인 회의를 원칙으로 합니다.

성장과 기회

구성원이 회사에서 어떻게 성장할 수 있고, 어떤 기회를 가질 수 있는지 적습니다. 최초 온보딩 프로세스가 끝나고 정식 구성원이 된 이후 인사 평가 주기와 평가 방법, 평가 내용을 간략하게 적어줍니다. 인사 평가 주기는 기업마다 다릅니다. 최근에는 연 2회 이상 인사 평가를 진행해 빠른 성장을 메리트로 내세우는 곳도 많습니다. 인사 평가 방식은 대외비에 해당하는 경우가 많기 때문에 제도 자체만 설명하는 경우가 많습니다. 셀프 리뷰나 피어 리뷰가 무엇인지 개념을 설명하고 어떤 질문을 주고받는지 적습니다. 이때 리더급과 일반 구성원을 평가하는 기준이 다를 것이므로 이런 부분도 구분해서 적어줍니다. 리더의 경우, 구성원의 경우 어떤 것을 평가하는지 항목과 합산 방식 등을 납득할 수 있게 설명해야 하죠. 평가를 했다면 어떤 보상과 기회가 주어지는지 설명해야 합니다. 연봉 협상에 반영된다거나, 승진에 반영된다거나 하는 리워드가 존재해야 할 것입니다. 예를 들면 연 1회 평가를 통해 자신의 레벨을 상승시킬 수 있거나, 보너스로 환산해 받을 수 있을 것입니다. 최근에는 승진에 큰 매력을 느끼지 못하는 젊은 구성원을 위한 선택적 리워드를 제시하는 기업도 많아졌답니다. 이는 협의의 대상이 아닌 회사의 제도로 규정하면 되는 부분입니다. 혼란이 없도록 바뀐 성장 제도는 반드시 상세하고 쉽게 풀어 설명합니다.

Q.   여러분의 조직은 열심히 일한 보상이 어떤 식으로 주어지나요?

우리는 이렇게 성장하고 변화합니다.

성장과 기회

온보딩 게이트란?
온보딩 프로그램 수료 이후 본격적인 크루로써 진입한 상태를 말합니다.

셀프 리뷰란?
스스로의 목표를 설정하고 정량화해 분기별로 평가하는 것을 말합니다.

피어 리뷰란?
상호 평가 정도로 비난보다 칭찬의 횟수, 피드백 커뮤니케이션 수준을 측정합니다.

종합 평가란?
위 모든 내용을 상하반기에 진행한 후 이를 종합해 수치화합니다.

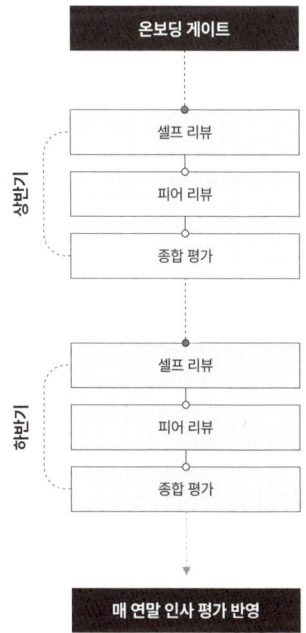

이별을 맞이하는 법

> 74

많은 클라이언트사가 이 페이지 삽입을 두려워했습니다. 퇴사 이야기를 꺼내는 것이 꺼려진다는 의견이었죠. 그러나 만남이 있으면 이별도 있는 법이고, 퇴사는 조직과 구성원이 가장 신경 써야 할 중요한 이벤트 중 하나입니다. 이별의 종류는 다양합니다. 크게는 자발적 퇴사, 권고 사직, 해고 등이 있습니다. 시기적으로는 수습 기간 중, 1년 미만, 1년 이상으로 나뉘고 상황별로는 휴직 중 퇴사, 병으로 인한 퇴사, 산재, 무관용 원칙에 의한 해고 등이 있습니다. 경우의 수가 상당히 많죠. 뿐만 아니라 실업 급여 처리 정책, 연차 소진, 퇴직금 정산, 인수인계 정책 등 퇴사 과정에서 필요한 다양한 의사 결정이 존재합니다. 이별 과정에 대해서는 명확한 프로세스로 기준을 잡아줍니다. 예외의 경우는 FAQ로 따로 정리합니다. 예제 처럼 보통 6가지 정도로 나뉩니다. 먼저 의사 표명이 있고, 사직서 제출과 면담이 있습니다. 인수인계를 통해 업무를 정리하고, 해당 구성원의 계정 및 장비 반납 등의 과정이 있습니다. 그리고 회사마다 어떤 리츄얼이 있다면 그것을 적어줍니다. 서로의 성장을 위한 이별이라면 잘 인사하고 응원하면서 이별을 맞이하는 것이 예의니까요. 마지막은 퇴직금, 실업 급여, 마지막 급여, 위로금, 유급 휴가 및 연차 정산 등의 작업이 있습니다.

Q. 우리 조직은 구성원과의 이별을 어떻게 준비하나요? 잘 짜여진 프로세스가 존재하고 있나요?

우리는 이렇게 이별합니다.

이별을 맞이하는 법

만남만큼이나 중요한 것이 이별입니다. 우리는 서로의 성장을 위한 이별을 아름답고 깔끔하게 마무리하는 것을 소중하게 생각합니다. 퇴사는 여러분이 의사 표명을 한 순간부터 별도의 컨펌 절차 없이 진행되며, 다음과 같은 순서로 정리합니다.

STEP 01 사직 의사, 면담
그만두고 싶은 의사를 밝히고 필요에 따라 면담이 진행될 수 있습니다.

STEP 02 사직서 제출
온라인으로 사직서를 제출할 수 있고, 사직서 제출일로부터 퇴사일을 협의합니다.

STEP 03 인수인계 사항 파악
인수인계 사항이 있는지 확인하고, 작업 파일 정리 및 백업을 진행합니다.

STEP 04 Last Mail
구성원과 리더에게 전하는 전사 메일을 작성합니다.

STEP 05 Say goodbye
회사 계정과 분리되며, 모든 사내 물품을 반납하고 이별을 고합니다.

STEP 06 정산
사직 형태에 따라 30일 내로 위로금, 퇴직금, 실업 급여 승인 등의 작업이 이루어집니다.

애프터모멘트 Culture Deck 2022

75 문화와 제도 챕터

오피스 라이프 파트는 회사 업무 외 생활에 관련된 내용을 모은 곳입니다. 회사에서 어떻게 일만 하고 살겠습니까. 얘기도 하고 친목도 생길 수 있고, 복지 정책도 있고, 간식도 먹어야 합니다. 그리고 이 모든 것이 업무와 별개가 아니라 하나의 맥락 안에서 움직여야 합니다. 그렇기 때문에 오피스 라이프도 우리의 정체성과 핵심 가치와 방향성이 같아야 하고, 모든 제도가 핵심 가치와 정렬되어야 합니다. 이 파트에서는 미팅, 특수 정책, 문화 지향점, 전파 방식, 복지, 분위기, 사옥 소개 등 업무를 둘러싼 분위기와 브랜드 캐릭터에 관련된 부분을 이야기합니다. 보통 컬처덱의 뒷부분에 위치하다 보니 중요도가 떨어진다고 생각할 수도 있겠지만, 해야 할 일과 하지 말아야 할 일, 우리 문화의 지향점과 전파 방식 등 상당히 핵심적이고 강한 메시지가 담깁니다. 마지막까지 긴장감을 늦출 수 없게 하는 부분이죠. 정말 작은 회사의 경우 나갈 때 보일러나 에어컨 전원을 껐는지 확인하는 것부터 사무실 청소는 누가 담당할지 적는 경우도 있었고, 규모가 커질수록 문화 전파와 분위기 형성으로, 더 커지면 복지 및 미팅, 부가 서비스 활용 정책 등 제도적 측면으로 규정하고는 했습니다. 회사의 성장에 따라 오피스 라이프도 유연하고 흥미롭게 업데이트될 것입니다.

문화와 제도   **CULTURE**

우리가 문화를 성장시키는 법

사내 미팅 정책

(76)

사내 미팅에는 업무적 미팅만 있는 것이 아닙니다. 고충을 털어놓는 1:1 미팅, 정기 미팅, 평가와 피드백을 위한 미팅, 친목을 위한 미팅, 방향성 수립을 위한 전사 미팅 등 수없이 많은 커뮤니케이션이 진행됩니다. 커뮤니케이션 파트에서 이미 기재한 미팅 정책은 제외합니다. 이때 미팅의 이름, 목적, 주기, 방식이 필요하죠. 저희 회사의 경우 구성원 1:1 미팅이 이루어집니다. 이는 회복, 라포, 커리어, 성과 피드백, 건의 및 요청 사항 확인 등 다양한 목적으로 진행되는데, 매 미팅마다 어젠다가 조금씩 다릅니다. 매월 말일에 진행하고, 말일이 휴일인 경우 그 전 영업일에 진행합니다. 보통 1시간 정도 소요됩니다. 사무실이 아닌 근처 카페에서 노트북 없이 프리토킹 형식으로 진행하며, 구성원 1:1 미팅 어젠다에 관련한 사전 질문이 미리 주어집니다. 미팅의 목적과 방식을 명확히 알려줘야 서로 어색하지 않고 생산적인 이야기를 나눌 수 있습니다. 준비 없이 미팅을 하면 개인적인 이야기로 웃고 떠들다 끝나거나 자칫 한쪽만 이야기를 하게 되어 소통보다 통보나 질책의 시간처럼 느껴질 위험이 크거든요. 생각보다 구성원은 사내에서 진행하는 미팅의 일관성, 체계, 미팅 자체를 중요하게 생각합니다. 소중한 개인 업무 시간을 대체하는 시간인 만큼 컬처덱에도 정성스럽게 담아보도록 합시다. 미팅 사진이 곁들여지면 더욱 좋겠네요.

Q. 여러분 회사의 미팅 정책은 어떤 것들이 있나요? 그것은 잘 유지되고 있나요?

우리는 이런 만남을 가집니다.

사내 미팅 정책

▶ 원온원 미팅

구성원과 팀장이 1:1로 진행하는 미팅으로 매월 말에 진행됩니다. 라포는 물론, 업무의 고충, 피드백, 커리어 등 매달 다른 어젠다로 미팅이 진행됩니다.

▶ 할말하않 미팅

제안과 건의를 위한 미팅으로 피플팀과 비공개로 진행됩니다. 필요할 경우 온라인으로 미팅을 진행할 수 있습니다.

▶ 타운홀 미팅

매달 23일에 진행되는 미팅으로 전사가 모여 방향성과 주요 어젠다를 공유하고, 점검하는 시간입니다. 각종 시상식도 이때 진행됩니다.

▶ 위드 커피 미팅

커리어나 업무적 고민은 물론 개인적인 고민이 있을 때 진행하는 미팅으로 사외 카페에서 피플팀 담당자와 진행됩니다.

사내 개발 정책

간혹 사내에서 특수한 서브 컬처가 발생하기도 합니다. 개발자, 디자이너, CX 분야 등 독특한 업무 방식과 특수한 환경에서 비롯되죠. 특수 정책 중 하나로 개발 정책을 예로 들어보겠습니다. 이는 일반 문화와 마찬가지로 입사부터 온보딩, 성장, 각종 활동 분야로 나뉩니다. 입사 시 코딩 테스트, 인터뷰 정책, 장비 선택 옵션, 프로그래밍 언어나 사용 플랫폼 선택 여부를 말해줍니다. 개발 방향에 대해 개발자가 직접 프로젝트에 참여할 수 있는지, 지속적인 통합과 배포가 가능한지, 다른 팀의 소스코드에 기여할 수 있는지 등 업무적 측면도 다룹니다. 더불어 개발자의 경력과 레벨 관리는 어떻게 진행되는지, 개발을 이해하는 매니저가 있는지, 개발자의 커뮤니티 활동은 어떻게 운용되는지 등도 함께 설명합니다. 또한 세부 개발 가이드를 만들거나 기획자, 디자이너와의 협업구조를 설명하는 페이지도 들어갑니다. 이 페이지의 목적은 특수한 직군을 유치하고 그들에게 매력적인 브랜드로 어필하기 위한 메시지입니다. 다만, 아무리 서브 컬처라고 할지라도 기존 기업 철학, 방향성과 어긋나거나 타 구성원과의 형평성에 어긋난다면 컬처덱 전체를 무너뜨리게 될 것입니다. 특혜가 아닌 직무 특성에 맞는 특수성 반영이라는 핵심을 놓치지 마세요.

Q. 여러분 조직에는 특수 직군을 위한 별도의 문화 정책이 존재하고 있나요? 또는 그럴 필요성이 있나요?

개발자들을 위한 별도의 규칙들이 있습니다.

사내 개발 정책

우리는 가장 원활한 개발 환경 구축을 위해
기획자와 개발자들 간의 커뮤니케이션을 위한
개발 가이드를 만듭니다.

01	개발이 필요한 서비스에 대한 가이드를 반드시 작성해야 합니다.
02	화면 설계서에 포함된 설명은 가이드가 아닙니다.
03	가이드에는 각 항목에 대한 용어 설명이 반드시 포함되어야 합니다.
04	페이지 단위로 원하는 개발 항목을 표시해줍니다.
05	기능을 표시할 땐 상호 작용되는 부분과의 논리 과정을 함께 적어줍니다.
06	해당 개발 가이드는 반드시 전체 공유합니다.
07	개발 가이드의 수정이 있을 경우, 원본을 보존하고 날짜와 버전을 옆에 적어줍니다.
08	수정 직후 개발자와 소통할 경우 개발 가이드의 버전과 날짜를 상호 확인합니다.

우리 문화의 현재 상태

한 클라이언트사와 일하면서 대대적인 전시 워크숍을 진행했던 적이 있었습니다. 하루 4시간씩 7일간 계속되었죠. 당시의 목표는 각 팀별 업무 현황과 컬처 핏, 팀별 특징, 문화 인식 정도를 파악해 현재 회사의 문화 상태를 정확히 표현하는 것이었습니다. 델파이 조사 기법으로 진행한 설문은 익명으로 진행되었고 직군별, 연차별, 팀별 무작위로 다수의 데이터를 모아 만들었습니다. 5가지 항목으로 분류해 최종 결과를 냈죠. 이처럼 우리 문화의 상태를 인바디처럼 분석할 수 있다면 몹시 유의미한 페이지가 될 것입니다. 이 페이지의 핵심은 단순히 그래프로 정리된 상태표 자체가 아닙니다. 그 그래프를 도출해내는 과정의 복잡성과 당위성이 있어야 하죠. 내부 구성원은 고생을 많이 해야 하고, 우리의 현재 상태를 진단하기 위해 어떤 방법론을 도입해 계산 중인지 알려야 합니다. 설문을 하더라도 단순히 일회적 설문에 의한 것이 아니어야 합니다. 사내 FGI(focus group interview) 미팅을 해도 단순히 질문과 대답만 하고 끝나지 않고 깊고 진솔한 피드백이 되어야 합니다. 다수의 의견이 합쳐져 하나의 결론에 다다랐다는 경험적 근거가 있어야 결과를 신뢰할 수 있습니다. 그렇기 때문에 이 페이지를 만들 때는 상당히 많은 시간과 노력을 들이는 편입니다.

Q. 여러분의 사내 문화를 측정할 수 있는 방법론을 모색해봅시다. 어떻게 이것을 정량화할 수 있을까요?

우리는 현재 이런 상태에 놓여 있습니다.
우리 문화의 현재 상태

이 페이지를 채우려면 기본적인 전사 서베이가
진행되어야 합니다. 단순히 어떻게 생각하는가를 묻는
것이 아니라, 그 이유와 사례 등을 면밀히 묻습니다.
또한 한 번이 아닌 다회 설문을 통해 신뢰도를 높일
수도 있습니다.

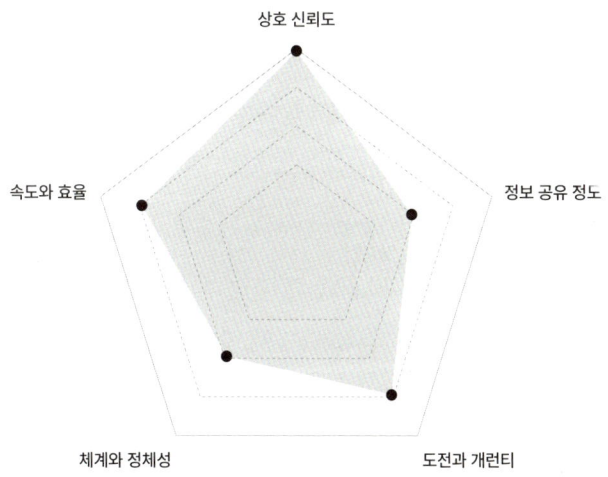

[2022.12.05 구성원 150명 대상 설문결과]

(79)　　　　　앞으로 나아가야 할 상태

앞서 현재 상태를 표현했다면 이제는 나아가야 할 상태에 대해서 표현합니다. 역시 구성원과 조직의 지향점을 함께 조사할 수 있습니다. 조직의 지향점은 핵심 가치나 전사적 방향성, 목표를 달성하기 위한 문화 요소가 될 것입니다. 예시 페이지를 보면 이 회사는 현재 속도가 굉장히 빠르고, 서로를 꽤 신뢰하고 있음을 알 수 있습니다. 속도를 현재와 같이 유지하되, 체계와 공유 정도를 더욱 늘리는 방향을 지향해야 합니다. 성장하는 기업이라 소수의 인원이 눈빛으로 일하고 있었던 모양입니다. 그러나 급격하게 규모가 커지기 시작하면서 소수의 눈빛이 아닌 체계적 시스템이 필요해진 것이죠. 100명, 200명으로 성장하기 위해서는 소수의 강한 신뢰가 오히려 독이 될 수 있거든요. 정보 공유의 비대칭도 여기에서 비롯되었을 것입니다. 자신이 알고 있는 정보를 자신이 알아서 처리한 것이죠. 그러나 정보의 비대칭은 업무 비효율과 정보에 의한 권력을 만들 위험이 높습니다. 이 기업은 인원을 급격히 충원할 계획이고, 이제 이런 것이 필요하다는 것을 가시화했습니다. 이제부터는 실제로 업무의 체계를 만들면서 정보의 공유 원칙도 새롭게 세울 것입니다. 그리고 1년 뒤 동일한 조사를 다시 한번 진행해 1년 전에 비해 얼마나 달라졌는지 평가할 수 있겠죠.

Q.　　구성원이 원하는 우리의 지향점과 회사가 원하는 지향점은 과연 같을까요?

그리고 앞으로 이러한 모습으로 나아가고자 합니다.

앞으로 나아가야 할 상태

현재의 상태를 진단했다면 우리가 지향해야 할 문화적 상태도 규정할 수 있습니다. 물론 모든 것이 완벽한 조직을 만들 수는 없습니다. 현재 우리에게 가장 필요한 가치를 골라 강화할 방법을 찾는 것이 중요하겠죠. 나아가야 할 상태를 정해 모두가 알 수 있도록 선언해주세요.

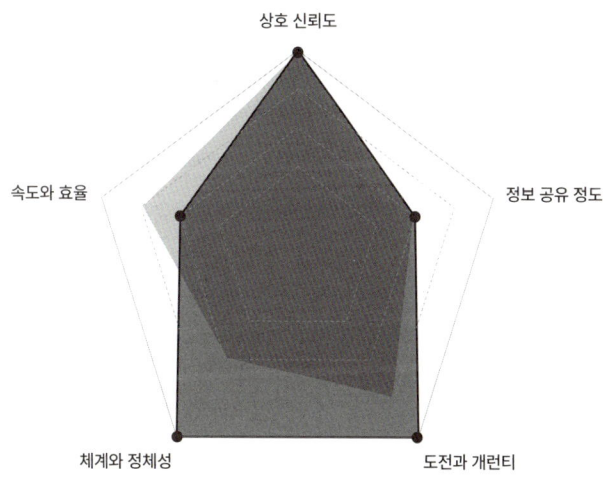

(80)　　　　　　　　　　**지향점에 도달하기 위한 노력**

앞서 소개한 내용을 두 페이지로 나눈 것입니다. 페이지가 허락한다면 '앞으로 나아가야 할 상태' 페이지와 통합해도 무관합니다. 내용이 많다면 따로 구분합니다. 기존 상태와 지향점의 격차가 큰 요소를 구분해 어떻게 하면 이 간극을 채울 수 있을지 액션 플랜을 제시하는 것입니다.

- 컬처덱을 통해 전사가 인지할 수 있는 방향성과 미션을 선포합니다.
- 사내 조직을 세분화해 업무 전문성과 문제에 빠르게 대응하도록 합니다.
- 미팅, 성장, 보고 등 사내 제도를 효율적으로 개선하고 일원화합니다.
- 재택, 유연 근무 등 근무의 효율적 원칙을 새롭게 세웁니다.

이것은 실제로 이루어져야 하고, 전사 타운홀 미팅 때 이렇게 말해야 하죠.

"컬처덱에 기재된 문화 발전을 위한 1-2 항목, 사내 조직 구성의 개편 작업을 시작하겠습니다. 이것은 다음 달 말까지 진행될 프로젝트로 각 팀의 팀장님, C레벨, 피플팀 전원의 주도로 진행할 계획입니다."

컬처덱에 기재한 것은 구색이 아니라 To-do List에 가깝습니다. 그렇기에 실천 가능하고 필요한 것을 선택하는 것이 필요합니다. 컬처덱을 만들면서 피플팀이 상태 분석을 진행했다면 이를 통한 전략은 대표님과 함께 나누며 액션 플랜을 도출해야 합니다.

Q. 　　지향점에 도달하기 위해서는 어떤 것들이 이루어져야 할까요?

어떠한 점을 개선해야 그러한 모습이 될까요?
지향점에 도달하기 위한 노력

01 의사 결정 체계를 정비합니다.

OKR 선정 및 기업 방향성 설정 시 챌린지와 합의의 프로세스를 마련합니다. 모든 의사 결정은 의사 결정 체계에 따르며 수립 후 3일 이내 누구든 챌린지와 이의를 제기할 수 있고 수립자는 이에 응답해야 합니다.

02 정체성을 드러낼 콘텐츠와 가이드를 만들 것입니다.

정체성을 명확히 규정하기 위해 컬처덱을 제작하고 있습니다. 더불어 우리를 표현하는 주요 언어, 형용사, 정의 등을 재정비하여 전사에 공유할 예정입니다.

03 도전에 대한 개런티를 드릴 예정입니다.

새로운 프로모션이나 프로젝트 기획을 진행함에 있어 도전을 장려하고 누구든 가능하도록 슬랙 상에 제안 채널을 오픈합니다. 도전 받은 제안은 의사 결정 과정을 통해 수락되며, 수락된 제안은 1회에 한해 성과지표에 포함되지 않습니다.

문화 전파를 위한 필수 요소

사회에서도 하나의 현상이 문화로 자리잡기 위해서는 전파라는 과정이 필요합니다. 예를 들어 〈오징어 게임〉 등의 콘텐츠가 성공하고, 수많은 패러디 등 2차 제작물이 만들어지면서 시청자와 비 시청자 모두에게 인지됩니다. 〈오징어 게임〉이 하나의 밈(Meme)으로 자리를 잡으며 대화 속에 녹아들고 '살아남기 위한 경쟁 게임'을 상징하는 메타포처럼 쓰이기 시작합니다. 이처럼 전파와 인식, 활용, 정착 등의 과정을 거쳐 문화 요소가 퍼져나갑니다. 사내 문화도 비슷합니다. 컬처덱에서 선언한 내용이 왜곡 없이 퍼져나가고, 우리 문화를 해치는 안티컬처(Anti-culture) 요소를 막기 위한 방법을 제시하는 페이지입니다. 문화를 지키고 퍼뜨리는 과정은 매우 다채롭지만, 가장 대표적인 것은 '활용'입니다. 사내 문화는 자연 발생하기보다 인공적으로 만들어지기 마련입니다. '우아한형제들'의 위트 넘치고 재미있는 문구도 치밀한 기획하에 수많은 사람의 노력으로 만들어진 결과물이죠. 우리는 우리의 문화를 극대화할 방법을 찾아야 합니다. 컬처덱을 숙지할 방법, 활용할 방법, 문화 전파를 위해 만들어야 할 것, 지켜야 할 것, 막아야 할 것을 규정합니다. 구성원을 문화의 수호자로 규정하고 이를 전도할 전략을 찾는 것이죠. 새로운 구성원이 우리 문화에 쉽게 녹아들 수 있도록 인도하는 파트너 제도 등 제도적 측면도 함께 기록할 수 있습니다.

Q. 우리 조직 문화를 퍼뜨리기 위해서는 어떤 전략이 필요할까요?

어떻게 하면 이 문화를 전파할 수 있을까요?
문화 전파를 위한 필수 요소

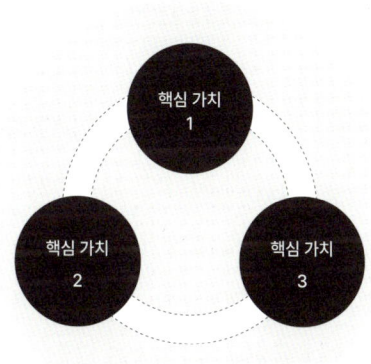

01
우리는 핵심 가치와 방향성을 공유합니다.

02
우리는 문화를 해치는 행동을 견제합니다.

03
우리 문화에 부합하는 툴과 시스템을 구축합니다.

04
분쟁이 생겼을 때의 해결 기준은 컬쳐덱입니다.

05
예외와 원칙을 명확히 규정합니다.

06
핵심 가치에 맞지 않으면 공론화해 제거합니다.

하지 말아야 할 것

예제 페이지에 있는 'Don't' 규정은 저희 회사의 것입니다. 제목에서도 알 수 있듯이 이 페이지에는 조직 문화를 해치는 케이스를 적습니다. 금지 규정은 컬처덱 중에서도 매우 강력한 힘을 지닙니다. 단순히 문화를 해치는 관점의 행동에서부터 무관용 원칙까지 어느 수준의 내용을 적을지 자유롭게 선택할 수 있습니다. 주로 리스트 형태로 적으며, 금지 규정에는 이유를 함께 적을 수도 있습니다. 다만 금지 규정이 너무 많아지면 구성원이 소극적으로 변하고, 결국 아무것도 하지 않는 상태가 되어버립니다. 그렇기 때문에 최소한의, 그러나 반드시 지켜야 할 내용을 추려 간략하게 적도록 합니다. 사내 문화 특성에 따라 금지 규정도 제각각입니다. 저희의 경우 야근 문화를 철저히 금하고 있습니다. 만약 한 사람이 자발적으로 야근을 하고 싶다고 해도 결국 다른 구성원이 눈치를 보게 할 수도 있습니다. 근무 시간을 늘리기보다 근무 시간 내에 주어진 일을 해낼 수 있는 효율적인 방법을 찾는 것이 더 중요하다고 생각합니다. 이는 절대적으로 옳은 것은 아닙니다. 저희의 문화가 그렇다는 것이죠. 모든 기업은 각자의 대전제와 가설이 있습니다. 때론 이 가설이 나비 효과처럼 예상치 못한 효과를 부르기도 합니다. 때문에 Don't 규정은 강력하지만, 영원한 것은 아닙니다. 합의에 의해 바뀔 수 있죠. 컬처덱에는 이 점도 함께 기재해야 합니다.

Q. 우리 조직에서 절대 하지 말아야 할 3가지를 생각해보세요.

우리 회사에서는 이런 행위를 금지합니다.
하지 말아야 할 것

- ✓ 일이 남아도 야근하지 않습니다. 야근은 전체 분위기를 해치고, 서로를 눈치보게 합니다. 일은 시간 내에 끝냅니다.

- ✓ 장인정신은 마지막 단계에서만 부립니다. 과정은 빠르고 직관적이어야 합니다.

- ✓ 주말, 퇴근 후 연락은 하지도 받지도 않습니다. 절대 금물입니다.

- ✓ 증오/혐오 발언, 성인지 감수성이 떨어지는 발언은 물론, 업무 외 원하지 않는 사적 대화를 나누지 않아요.

- ✓ 자존심을 지킵니다. 클라이언트가 원하는 것을 반영하는 것과 굽신거리는 것을 분명하게 구분합니다.

- ✓ 3번 이상 내가 주장하려고 하는 것에 확신이 있는지 자문합니다.
  세 번 이상 숙고했음에도 뭔가를 주장해야겠다면 끝까지 주장합니다.
  그게 누구든, 무슨 프로젝트든 괜찮습니다.

- ✓ 출근도 퇴근도 휴가도 자유롭게 씁니다. 단 반드시 알립니다. 무단 공석은 절대 안 됩니다.

- ✓ 세컨드 잡을 개의친 않으나, 업무 시간 내에 하는 건 용납하지 않습니다. 끝나고 하세요.

경영 원칙

경영 원칙은 대표가 구성원에게 약속하는 메시지이자 절대적으로 지켜야 할 선택의 대전제를 의미합니다. 이는 앞서 말했던 문화의 대전제와는 조금 다릅니다. 경영 원칙은 문화보다 상위에 존재합니다. 도덕, 윤리, 법적 이야기들이죠. 기업을 운영하다 보면 수많은 선택지를 맞이합니다. 그중에는 위험한 함정도 존재하기 마련이죠. 환경을 파괴하거나 법을 우회해 꼼수를 만들 수도 있습니다. 경쟁사의 정보를 도용해 우리 데이터처럼 쓸 수도 있죠. 또는 협력 업체를 쥐어짜거나, 근로자를 과도하게 착취할 수도 있습니다. 이렇게 위험한 행동이 결국 회사를 망가뜨리죠. 컬처덱은 구성원뿐 아니라 업계 관계자, 주주, 투자자도 함께 볼 수 있습니다. 이 페이지는 구성원을 비롯한 모든 이해관계자에게 선언하는 내용입니다. 우리는 도덕적으로 어긋난 행위를 하지 않고, 사회적 가치를 추구하며, 공정하고 정직한 방법으로 회사를 운영하겠다는 것이죠. 큰 틀에서의 선언인 만큼 내용이 창의적이거나 흥미진진하지는 않을 것입니다. 그러나 조직의 의지와 약속을 적는 것은 큰 의미가 있습니다. 구성원에게 안전하고 건강한 조직에 몸담고 있다는 안정감을 선사할 수도 있죠. 위치는 컬처덱의 제일 앞에 삽입할 수도 있고, 이처럼 뒤에 삽입할 수도 있습니다. '하지 말아야 할 것'이 구성원이 지켜야 할 사항이었다면, 경영 원칙은 회사가 지켜야 할 것들이니까요.

Q. 여러분의 조직은 구성원에게 무엇을 약속하고 싶은 가요?

반면, 이러한 사항은 반드시 준수해야 합니다.

경영 원칙

구성원과의 약속은 소중합니다.
이 컬쳐덱은 그 약속을 명문화한 것입니다.

우리는 법과 도덕적 의무를 지킵니다.
우리는 어떠한 경우에도 법률에 어긋나는 행위를 하지 않습니다.
우리는 공정하게 경쟁하며, 도덕적 기준을 지킵니다.
우리는 정확한 회계 기록과 공유를 통해 투명한 경영을
유지합니다.

우리는 고객, 주주, 협력사와의 신의를 지킵니다.
우리는 주주는 가치 실현을 위해 최선의 노력을 다합니다.
우리는 협력사를 존중하고, 신뢰를 기반으로 관계를 유지합니다.
우리는 고객의 의견을 적극 수렴하며 그들을 만족시킵니다.

우리는 환경을 생각하고 혐오와 차별에 대항합니다.
아무리 좋은 제안이라도 환경에 극심한 악영향을 미치거나 특정
대상을 혐오, 차별하는 메시지를 담아야 하는 경우라면 반드시
거절합니다. 이는 프로젝트 진행 중이라도 동일합니다.

우리 구성원의 성향

(84)

이 페이지는 구성원 인터뷰를 통해 직접 언급할 수도 있고, 일하는 방식이나 행동 양식을 통해 간접적으로 정의할 수도 있습니다. 가장 스트레스가 되는 것은 업무가 아니라 사람이라고 했습니다. 어떤 성향의 사람이 모여 있는지는 외부 사람들에게 무척 궁금한 일일 것입니다. 특히 입사를 고려하는 이에겐 더욱 그렇죠. 예제에서 '일하는 방식'에 맞춰 성향을 적은 것은 사람들의 성격이 직장 안과 밖이 몹시 다르기 때문입니다. 직장 밖의 성향까지 우리가 알 필요는 없습니다. 회사의 제도와 방향성 안에서 각각 어떤 성향을 선택했는지가 중요하죠. 예를 들어 평소에는 둘도 없는 완벽주의자 성향이라고 할지라도 조직 내에서는 선택적으로 일해야 합니다. 모든 일을 완벽하게 해서는 안 되죠. 때로는 속도와 러프한 아이디어가 더 중요할 때가 많습니다. 이처럼 회사의 특성에 맞춰 인재의 성향도 일부가 강화된 형태로 존재하게 됩니다. 이 페이지에 적을 것은 바로 이런 구성원의 사회적 성향입니다. 회사의 정책과 합의한 상태의 적절한 페르소나죠. 물론 그런 건 싫고 그냥 우린 완전히 자유로운 개인을 묘사하고 싶다면 그렇게 해도 좋습니다. 컬처덱에는 정답이 없으니까요. 어느 쪽이든 구성원의 '행위'를 중심으로 적어주는 것이 이 페이지의 핵심입니다.

Q.   여러분의 조직에는 어떤 사람들이 모여 있나요?

우리 구성원이 지니고 있는 공통적인 성향입니다.

우리 구성원의 성향

01 힘을 줄 때와 뺄 때를 알고 있습니다.
우리의 빠름은 '결과물'이 아니라 '커뮤니케이션'입니다. 조금이라도 의문이 들면 바로 물어보고, 초안에 힘을 들이지 않습니다. 손그림도 좋고, 대강 그린 느낌도 좋습니다. 빠르게 방향성을 결정하고 확신이 생겼을 때 제대로 만듭니다.

02 우리는 업무적 신뢰를 우선합니다.
우리는 수다가 많지 않습니다. 회식이나 간식 타임도 많지 않습니다. 사교적인 태도보다 업무에서의 믿음이 훨씬 중요한 곳입니다. 말수가 없거나 내성적이어도 좋습니다. 제시간에 분명한 퀄리티를 도출한다는 믿음이 우리의 업무를 자유롭게 만듭니다.

03 집중해서 일하고 빨리 쉽니다.
애프터모멘트는 '쉼'을 중요하게 생각합니다. 빙빙 도는 고민으로 머리를 싸매는 것을 원치 않습니다. 쭉쭉 뻗어나가는 생각과 과감한 시도와 포기, 속도감있는 업무로 짧고 치열하게 일합니다.

04 우리는 제안과 기획에 진심입니다.
디자이너는 툴을 다루는 기술자가 아닙니다. 우리는 누군가의 '손'이 되는 것을 경계해야 합니다. 우리는 그들의 머리 일부가 되어야 하고, 생각을 정리해서 제안하고 그들이 보지 못한 영역을 기획해야 합니다.

05 배움과 경험을 사랑합니다.
우리는 정말 다양한 클라이언트를 경험합니다. 기술, 금융, 의료, 커머스, 플랫폼, 콘텐츠, 제품, 유통 등 다양한 카테고리의 산업을 만나게 될 것입니다. 우리는 뉴스와 트렌드에 민감해야 하고, 어떤 주제로도 이야기할 수 있어야 합니다.

06 우리는 '함께 일한 경험'을 전달합니다.
애프터모멘트는 '결과물'을 주는 회사가 아닙니다. 우린 미팅 시점부터 계약, 정산에 이르는 모든 순간의 경험을 선사하는 회사입니다. 우리는 클라이언트에게 '영감과 명쾌함'을 선사하는 곳입니다.

내부 분위기

저희 회사는 내향형으로 가득합니다. 사무실이 정말 조용하죠. 사적인 대화도 거의 없고, 쉼을 중요하게 생각합니다. 그 대신 업무 시간에 강력하게 집중하는 편입니다. 다른 대표님은 저희 사무실을 보고는 숨 막혀서 어떻게 일하냐고 하시는데, 각자 이어폰 꽂고 슬랙으로 대화하면 되는지라 그리 숨 막힌다는 생각은 들지 않습니다. 구성원 또한 말 거는 사람이 없어서 좋다는 의견이 지배적입니다. 그럼에도 가끔 같이 모여 밥이라도 한 끼 먹었으면 좋겠다는 건의가 종종 나오곤 합니다. 인원이 늘어나면 점점 평균에 수렴하지만, 50명 내외의 조직은 일관된 하나의 무드가 존재했습니다. 내부 구성원은 잘 인지하지 못하지만, 외부 미팅 차 방문한 저는 그 이질감을 금방 눈치챌 수 있죠. 조직 문화에서 이질감이란 무척 중요합니다. 우리가 해외 여행을 가서 긴장과 쾌감을 느끼는 이유는 허들이 높고 이질적인 공간에 있기 때문입니다. 이처럼 조직 문화는 떨어진 섬에서 발생한 생태계처럼 독특하고 단절된 형태여야 합니다. 문화의 독보성이 높아야 조직력이 높아지고, 우리가 지켜야 할 대상이 무엇인지 분명해집니다. 누구나 쉽게 와서 쉽게 적응할 수 있다면 '우리만의 문화'라고 외치기 어려울 것입니다. 이 페이지는 새로운 구성원에게 조직의 분위기와 문화적 허들을 알려주고, 기존 구성원에게는 자기 관찰의 기회를 선사합니다.

Q. 여러분의 조직 내 사람들이 만들어내는 분위기와 특수한 문화적 허들이 있나요?

우리가 만들어내는 사무실 분위기입니다.

내부 분위기

조용함을 어색해하지 않는 사람들입니다. 개인의 영역과 시간을 매우 중요하게 생각하지만, 그만큼 동료의 시간과 공간 또한 배려합니다. 무엇보다 치열하게 팍! 일하고 시원하게 끝내는 것을 좋아합니다.

01	우리는 말이 없을 때가 많지만, 기분이 나쁜 것은 아닙니다.
02	피드백은 반영이 가능한 부분만 정확하게 말합니다.
03	랩톱을 들고 언제 어디서든 일할 수 있습니다. 원격 근무 룰만 지켜주세요.
04	하루에 해결해야 할 일이 끝나면 집에 갑니다.
05	새로운 제안과 피드백은 언제나 가능합니다.
06	사안의 결정은 매월 말일 퍼스널 미팅에서 진행합니다.
07	밥 먹는 시간은 무조건 편해야 합니다. 각자 편한 방법으로 누려주세요.
08	이어폰을 꽂고 일할 때가 많습니다. 육성보다는 슬랙을 먼저 이용해주세요.
09	저희는 회식이 팀웍을 높인다고 생각하지 않습니다. 치맥은 집에서.

애프터모멘트 Culture Deck 2022

지원 정책

직장인 1,208명을 대상으로 실시했던 한 조사에서는 '복지 제도가 장기 근속에 영향을 끼친다'는 응답이 무려 93.4%였습니다. 아이러니하게 10명 중 7명은 현재 다니는 회사의 복지 제도에 만족하지 못한다고 말하기도 했죠. 이처럼 복지나 혜택은 구성원의 행복에 엄청난 영향을 줍니다. 기업 입장에서는 모두가 비용이기에 신중할 수밖에 없습니다. 복지는 도입했다 취소하기 어렵거든요. 하지만 퍼주기 복지는 분명 좋은 방법이 아닙니다. 복지 프로그램에는 회사의 방향성과 핵심 가치와 연결되어야 합니다. 회사의 업무 스타일이 '집중'이라면 그것을 위한 장비, 의자, 책상을 세팅하는 것입니다. 허먼 밀러 의자를 제공하는 것도 그런 이유 중 하나여야 하죠. '일하는 공간은 최고가 되어야 한다', '내 능력 부족이 아닌 하드웨어의 불편함으로 일이 지장을 받는 것은 용납할 수 없다' 이러한 가치가 중심이 되어야 합니다. 맥락이 없으면 그냥 전시 행정 또는 남들이 다 하니까 당연히 하는 복지 문화가 되어버리고 맙니다. 우리의 문화와 충돌하는 복지 프로그램이 섞여 들어오거나, 꼭 필요한 것을 제대로 챙기지 못해 오히려 불만을 야기하기도 하죠. 따라서 이 페이지는 각각의 복지 제도와 이용 방법, 제한 사항, 이 프로그램이 존재하는 이유를 상위의 가치와 연결해 표현하는 것이 좋습니다.

Q. 여러분 조직의 복지 제도를 떠올려보고 그것이 생산성, 핵심 가치, 방향성, 문화적 특징 중 무엇에 기여하는지 생각해보세요.

우리는 핵심 가치 수호를 위해 이러한 정책을 운영합니다.

지원 정책(사내 복지, 주요 혜택)

01	휴식은 자유롭게 연차 무제한
02	경조사와 생일 기념일 보너스
03	성장을 위한 사내 도서관 운영
04	지방 근무자를 위한 전세 대출 지원
05	허먼 밀러 의자와 아이맥 프로
06	조식 뷔페 / 무한 간식 카페테리아 운영

휴가 정책

구성원이 가장 선호하는 복지는 역시 상여금이었습니다. 2위는 휴가였죠. 상여금은 매번 금액이 달라지고, 선언의 대상이라고 하기에는 민감한 부분이 많아 컬처덱에 적기 어렵습니다. 대신 휴가 제도는 꽤 명쾌합니다. 휴가는 5가지 종류로 나뉩니다. 연차, 휴가, 공휴일, 리프레쉬 휴가, 병가 등입니다. 각각 어떤 방식으로 사용해야 하는지 구체적으로 적어줍니다. 휴가를 갈 때 어떤 방식으로 업무를 정리하는지, 업무 인수인계는 누구에게 어떻게 전달하는지도 중요합니다. 요즘엔 휴가계나 연차계 같은 번거로운 서류 절차가 거의 사라졌지만, 그럼에도 많은 기업에서 휴가 시 보고 절차를 거칩니다. 이러한 보고 절차도 정리해서 적습니다. 휴가는 어떤 리워드보다 즉각적이고 매력적입니다. 그래서 지정된 필수 휴가 정책 외에 회사에서 별도로 운용하는 휴가도 있죠. 이는 보상의 개념으로 자주 쓰입니다. 조직 문화에서는 패턴화가 매우 중요합니다. 어떠한 행위를 했을 때 휴가가 주어진다면 일관성 있게 운용해야 합니다. 프로젝트가 하나 끝날 때마다 하루의 휴가를 주는 회사도 있고, 특정한 성과를 달성했을 때 휴가를 부여하기도 합니다. 그리고 이러한 경우 형평성에 어긋나지는 않는지, 잘못 사용하는 경우는 없을지 잘 고민하고 제도화해야 합니다. 한번 선언하면 돌이키기 어렵기 때문이죠.

Q.   여러분 조직의 연차 제도는 어떤 특징이 있나요?

마땅히 누려야 할 것

휴가 정책

01 연차

- 1년 미만 근무한 경우
  1개월 개근 시 1개의 연차가 발생하며
  다음 달 사용할 수 있습니다.

- 1년 이상 근무한 경우
  매해 1월 1일을 기해 한 주에 하루(한 달 아니예요)의
  휴무가 주어집니다.

- 연차는 눈치보지 않고, 어떤 요일이든
  자유롭게 사용할 수 있습니다.

02 휴가

- 휴가는 5일을 부여합니다. 이는 연차 외에 별도로
  주어지는 휴일입니다. 주말에 붙여도 되고, 연차를
  붙이셔도 됩니다. 푹 쉬는 것은 좋은 영감의 원천입니다.

03 공휴일

공휴일은 당연히 쉽니다. 대체 공휴일도 당연히 쉽니다.

사옥 소개

우리가 매일 출근하는 사옥을 굳이 사진으로 다시 보여줄 필요는 없습니다. 사옥 소개는 구성원이 상주하지 않는 곳을 소개합니다. 특히 공장, 협력 업체, 물류 센터, 직영 센터, 해외 지사 등 오피스 외의 네트워크가 있는 기업이 많을 것입니다. 그리고 오피스에 있는 구성원은 방문할 기회가 많지 않죠. 전화나 메일로만 커뮤니케이션을 하거나, 그마저도 하지 않는 경우도 많습니다. 함께 고생하고 있지만 서로 누군지도 모르는 상황인 것이죠. 물론 규모가 너무 커지면 사실상 서로를 인지해야 할 필요도 사라집니다. 그러나 적어도 오피스 이외에도 수많은 이들이 땀 흘리고 있는 현장이 있다는 사실을 알려주는 것은 인간적인 의미가 있습니다. 그래서 사옥 소개 페이지에는 외부 네트워크를 소개합니다. 사옥, 공장 사진, 구성원의 사진이 들어가는 것은 물론이고 그들의 이야기, 어떤 일을 하고 있는지, 어떤 메시지를 서로 전하고 싶은지 롤링 페이퍼 같은 느낌으로 채울 수도 있습니다. 이 페이지를 풍성하게 채울수록 인간적인 감동이 더해집니다. 컬처덱은 오피스 인원만 보는 것이 아닌 현장, 외부에 있는 모든 구성원에게도 전달되기 때문이죠. 떨어져 있지만 같은 방향성과 코드를 공유하고 있다는 것이 묘한 친밀감을 불러일으킬 것입니다.

Q. 여러분의 조직은 외부 네트워크가 어떻게 구성되어 있나요? 그들의 이야기를 컬처덱에 담아봅시다.

우리의 공간
사옥 소개

역삼 오피스
본사는 역삼 오피스에 있으며
브랜드 정체성과 방향을 수립하고, 제품의
생산 관리를 담당하는 섹터가 있습니다.

강릉 오피스
강릉 오피스는 워케이션을 위한 로컬
스팟입니다. 1년 중 60일에 한해 누구든
방문해 원격 근무를 진행할 수 있습니다.

컴퍼니 인포 챕터

컴퍼니 인포는 기업의 기본 정보입니다. 협력사나 지사의 주소, 연락처, 각각의 역할 등을 적고 사내 연락처, 조직도, 연혁, 투자 유치 현황, 주주 현황 등을 삽입하죠. 이 챕터는 부연 설명을 더 넣지 않았습니다. 문화나 핵심 가치 등과 분리된 형태로 존재하며 삽입 여부도 자유롭게 결정할 수 있습니다. 그럼에도 이 파트를 가이드에 포함한 이유가 있습니다. 기업의 컨택 포인트나 지사 연락처, 사업자등록번호는 물론이고 우리가 현재 어디에서 얼마만큼의 투자를 받았고, 지분을 누가 어떤 형태로 가지고 있는지 등의 정보는 관심을 가지지 않으면 쉽게 알기 어렵습니다. 하지만 직장 생활을 하다 보면 이런 정보를 급히 찾아야 할 일이 종종 발생하죠. 이런 정보가 여기저기 흩어져 있기보다 한 곳에 모여 있는 것이 훨씬 효율적입니다. 기왕이면 컬처덱에 넣어 한 번이라도 더 보게 하려는 목적이죠. 보통 이 파트는 가장 뒷부분에 자리하고 있으며, 이 책에서 언급한 6가지 정보 외에 더 상세하고 많은 정보가 들어갈 수 있습니다. 일례로 기업 공식 SNS 계정, 출입 카드 재발급 절차, 장비 교체 신청 방법 등 세세한 내용을 담을 수도 있습니다. 이럴 때는 엔딩 메시지까지 완료한 후 부록 형태로 삽입할 수도 있습니다. 부록의 목차를 별도로 구성해 책 속의 책으로 구성하는 것이죠. 정보량에 따라 자유롭게 선택할 수 있습니다.

컴퍼니 인포   **INFORMATION**

기억해야 할 회사 정보

비즈니스 파트너
주요 협력사

마산공장 : 공장의 연락처와 주소 등
광주공장 : 공장의 연락처와 주소 등
구미공장 : 공장의 연락처와 주소 등

일산센터 : 센터의 주소와 역할, 연락처
용인센터 : 센터의 주소와 역할, 연락처
하남센터 : 센터의 주소와 역할, 연락처

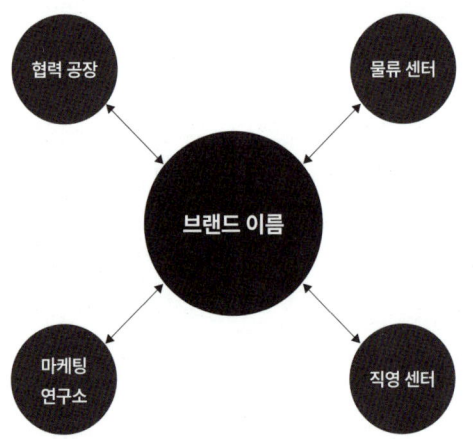

사내 R&D 센터로 협력사와 계열사간의 시너지를 만들고, 본사 HQ의 마케팅 전략 자문, 중국 내 프로모션 및 캠페인 등을 진행합니다.

광화문, 역삼의 2개 직영 센터가 존재하고 있으며 역삼 센터는 HQ 본부가 위치, 광화문 센터는 워케이션 스팟으로 활용합니다.

애프터모멘트 Culture Deck 2022

연락은 여기로
컨택 포인트

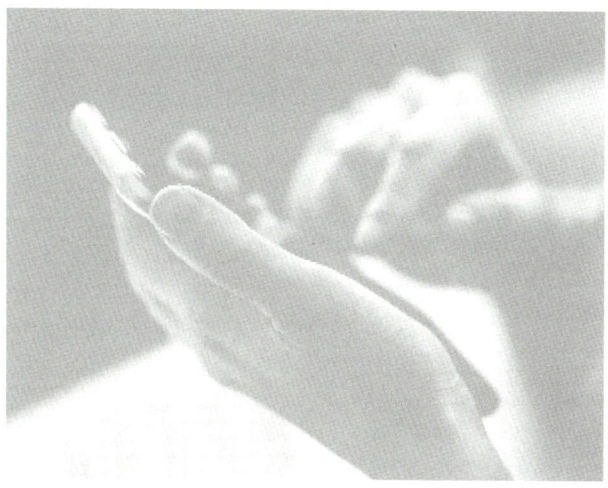

ADRESS 서울특별시 마포구 잔다리로 127-1 4층
KAKAO @AFTERMOMENT
EMAIL head@aftermoment.kr
PHONE 010.9876.5432
WEB aftermoment.kr

조직 구성
조직도

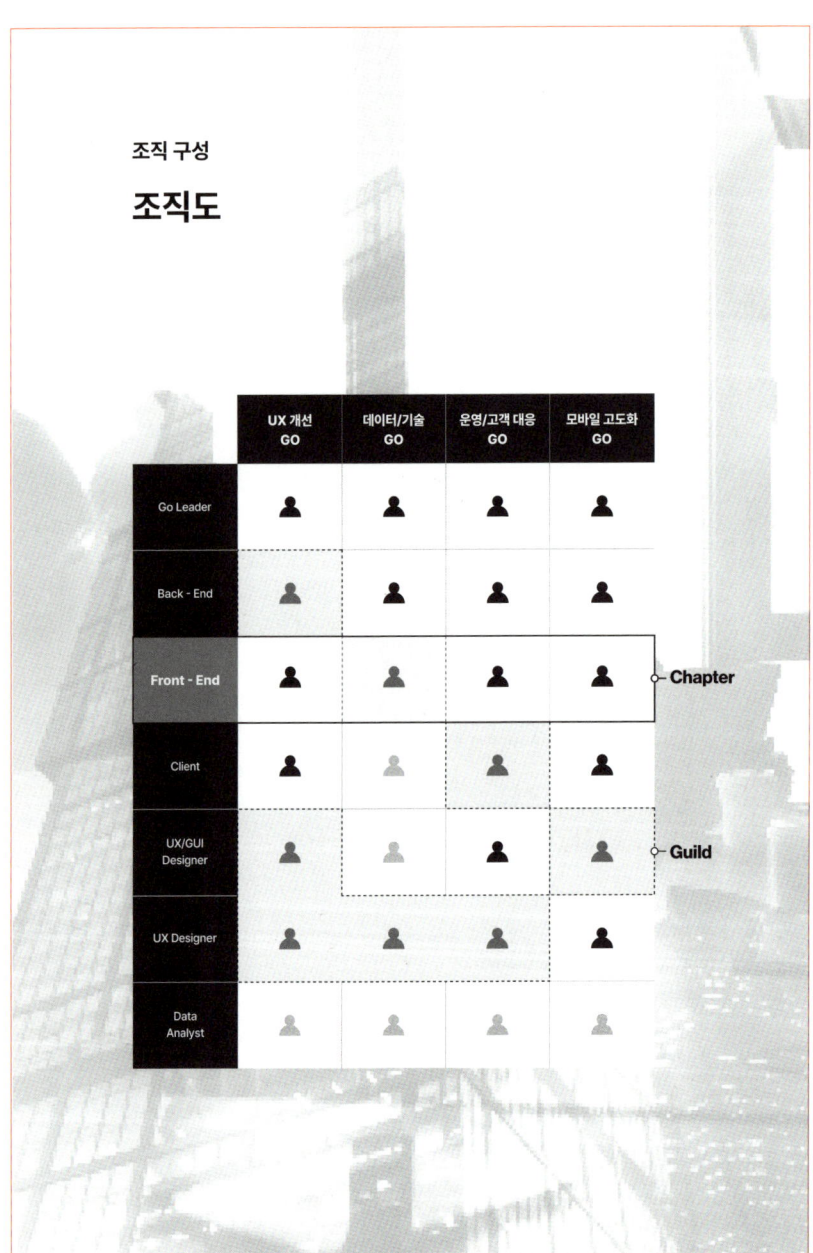

우리의 발자취
연혁

2022
- 02 당연히 최신 정보를 제일 위로
- 09 연혁을 적어줍니다.

2021
- 06 주요 터닝포인트를 위주로 서술합니다.
- 12 인증이나 성과도 좋습니다.

2020
- 07 이해하기 어려운 것들은 제외합니다.

2018
- 01 주요 사건을 적어줍니다.
- 04 주요 사건을 적어줍니다.
- 08 너무 자세하게 적지 않아도 됩니다.

2016
- 03 주요 사건을 적어줍니다.
- 09 주요 사건을 적어줍니다.

2015
- 06 주요 사건을 적어줍니다.
- 12 주요 사건을 적어줍니다.

2013
- 02 주요 사건을 적어줍니다.
- 09 주요 사건을 적어줍니다.

2012
- 02 주요 사건을 적어줍니다.
- 09 주요 사건을 적어줍니다.

애프터모멘트 Culture Deck 2022

투자 현황

투자 유치 현황

| **Seed** | 1억 원 투자 유치 | 2018.05 |

　　　　　　투자사　HB인베스트먼트 / 시너지랩

| **Pre-A** | 5억 원 투자 유치 | 2019.03 |

　　　　　　투자사　HB인베스트먼트 / 로움엑셀러레이터 / 유콘

| **Series A** | 24억 원 투자 유치 | 2020.03 |

　　　　　　투자사　HB인베스트먼트 / 로움엑셀러레이터 / 유콘

| **Series B** | 80억 원 투자 유치 | 2022.02 |

　　　　　　투자사　HB인베스트먼트 / 에이트인베스트먼트 / 유콘

우리 회사의 주주들
주주 현황

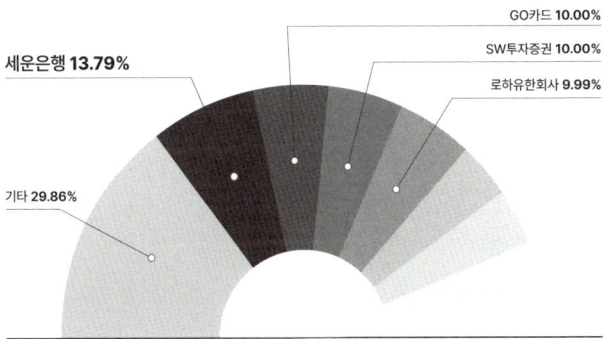

- 세운은행 13.79%
- GO카드 10.00%
- SW투자증권 10.00%
- 로하유한회사 9.99%
- 기타 29.86%
- 더마생명보험 7.32%
- CK리테일 7.20%
- FD이니시스 5.92%
- 더널 5.92%

구분 주주명	증자 전			증자 후 (2022년 12월 1일부 예정)		
	주식 수(주)	금액(백만)	지분율(%)	주식 수(주)	금액(백만)	지분율(%)
A 회사	135,352	676.8	96.68	193,360	966.8	96.68
B 회사	4,508	22.5	3.23	6,440	32.2	3.23
C 회사	140	0.7	0.10	200	1	0.10
계	140,000	700	100	200,000	1,000	100

* 5,000원 / 1주 당

90 드리는 말씀

이제 모든 컬처덱이 마무리되었고, 에필로그만 남았습니다. 이 삽입지는 모든 페이지를 마무리하는 뒷표지 역할을 합니다. 크게 엔드 메시지와 서명란 정도가 들어갑니다. 저는 컬처덱을 제작할 때 프롤로그와 에필로그를 대구 형태로 맞추는 것을 좋아합니다. 프롤로그를 통해 컬처덱이 우리의 문화를 어떻게 단단하게 만들 수 있는지 기대감을 불어넣었다면, 에필로그에서는 컬처덱을 잘 활용해 우리 고유의 문화를 지키고 전파하는 메시지로 마무리합니다. 물론 이는 어떤 톤 앤 매너로 컬처덱이 만들어졌느냐에 따라 달라질 것입니다. 정말 유쾌한 형태의 컬처덱이라면 큼지막한 일러스트나 키치한 메시지를 던질 수도 있습니다. 어떤 곳은 단체 사진을 삽입하거나, 누군가의 명언을 적기도 합니다. 방식에 상관없이 엔드 메시지를 멋지게 적어보도록 합시다. 마지막 서명란은 옵션입니다. 컬처덱 제작이 끝나면 모든 프로젝트의 종료를 알리는 엔딩 세리머니를 합니다. 지금까지 어떤 과정에 의해 이것이 만들어졌고, 어떤 내용이 담겼는지 하나씩 회고하는 자리죠. 구성원은 탄생한 컬처덱을 드디어 손에 쥐게 됩니다. (실물이 주는 상징성을 무시할 수 없기에 PDF라고 할지라도 선언식에 필요한 컬처덱은 소량 인쇄하기도 합니다.) 그리고 각자 문화의 수호자가 되어 건강한 문화를 만들고 지켜가겠다는 의미로 사인을 하죠. 자신의 사인이 담긴 컬처덱을 아무 데나 놓거나 잃어버리기는 쉽지 않을 것입니다.

드리는 말씀 　　　　　　　　　　　　　　　　　　　　　　　　　TAIL

컬처덱을 마치며

마지막 인사
구성원 분들께

끝마치며.

당연했던 것들이 글로 적히는 순간 어색해질
것입니다. 우리는 이번에 컬쳐덱을 만들면서
우리가 지켜왔던 모든 것들을 다시 의심하고
그 기원을 살펴보았습니다. 당연한 것들에
저항하고 효율과 생산성이 아닌, 우리를
관통하는 코드에 집중하기 시작했습니다.
우리 조직은 더욱 단단해질 수 있으며,
더 건강한 팀이 될 수 있습니다. 컬처덱은
시작일 뿐, 이것조차도 관습이 되지 않게
깨어 있어야 합니다. 문화를 바라보세요.
단순히 업무만 하는 공간이 아닌 당신이 선택한
새로운 세계가 보일 것입니다.

우리의 약속

서명란

이 방대한 컬쳐덱은 우리 브랜드의 문화를 오롯히 담은
소중한 자료입니다. 어디로 가야 할지, 무엇을 해야 할지,
수많은 선택의 기로 가운데, 분명하고 자신감 있는
발걸음을 위해 이 컬쳐덱을 펼칠 것입니다. 문화를 만들고
지켜가는 한 사람으로써, 여러분의 의견과 마음 또한
고스란히 담았습니다. 함께해주셔서 감사합니다.

우리의 문화를 지키고 올바른 방향으로 발전시켜 나갈 것입니다.

에필로그

　지금까지 우리는 컬처덱의 시작과 기획, 제작까지 조직 문화를 기록하는 가장 강력한 방법에 대해 알아보았습니다. 이 프로젝트는 결코 쉽지 않습니다. 컬처덱 제작 프로젝트를 진행하신다면 3가지 어려움에 봉착하실 것입니다.

　우선 분량이 많습니다. 컬처덱은 기본적으로 50~100페이지가 넘어가요. 회사의 거의 모든 내용을 총정리하는 셈이니까요. 단순히 분량만 많은 것이 아니라 하나하나 치밀하게 짜여져야 합니다. 활용 부분도 고민해야 하죠. 앞으로도 디테일한 부분이 계속 업데이트 되어야 하므로 '편집 가능'해야 하고, 모두가 '접근 가능'해야 합니다. 그래서 PDF 버전으로도 제작하지만, 대부분은 사내 노션 채널과 연동해서 쓰기도 한답니다.

다음은 협업의 긴장감이 굉장할 것입니다. 대표가 모든 팀의 상세 내용까지 모두 파악할 수는 없습니다. 결국 팀장과 선임급의 역할이 중요해지죠. 각 팀의 목표, 문화, 제도, 과업 등을 정리하는 작업이 필수거든요. 그리고 우리의 행동 원칙을 설정하는 데에는 다수의 합의가 필요합니다. 구성원 전체가 아니라고 할지라도 리더급의 의견을 하나로 모으는 것도 쉽지 않은 일입니다. 핵심 가치를 얼마나 이해하고 있는지 파악하고 그 간극을 좁혀가는 과정들에는 구성원과 함께 하는 프로그램이 있죠. 자주 해보지 않으면 어디에서부터 손을 대야 할지 막막할 수도 있습니다. 더불어 이 모든 것을 중간에서 정리하는 최종 실무자(데스크)가 있어야 합니다. 외부 업체에게 맡긴다고 해도 우리가 손 놓고 다 맡길 수는 없습니다.

마지막으로 오래 걸립니다. 이 모든 것을 수행하려면 적어도 3~4개월 정도 필요합니다. 물론 시간과 퀄리티가 반드시 비례하는 것은 아니지만, 실제로 단어 하나, 표현 하나까지 디테일하게 들어가면 피드백과 논의하는 시간이 길어지기 마련이죠. 또한 분량이 많은 만큼 텍스트 제작과 디자인 분량도 많아집니다. 그러면 비용도 상승하겠죠. 컬처덱 디자인은 대부분 가독성과 내용 정리 수준에서 진행되지만 종종 비즈니스 개요를 설명하거나 유저 시나리오 등을 설명할 때는 복잡하고 고도화된 페이지가 들어가기도 합니다. 제작에 걸리는 시간도 만만치 않을 것입니다.

컬처덱은 만드는 과정도 중요하지만, 만들고 난 후가 훨씬 중요합니다. 컬처덱이 완성되었으면 다음 작업을 해야 합니다.

- 선언해야 합니다.
- 공유해야 합니다.
- 꾸준히 업데이트해야 합니다.

이것이 필수입니다. 이것을 왜 만들었는지, 어떻게 진행되었는지 히스토리를 공유하고 컬처덱의 탄생을 알리는 선언식을 약식으로라도 진행하실 것을 적극 추천드립니다. 누군가는 이런 것이 만들어졌는지도 모를 수 있거든요. 그리고 공유를 해야 해요. PDF로 개별 공유하는 것은 물론이고, 대외적으로도 알리고, 누구나 쉽게 접근할 수 있는 채널에 공유해 열람할 수 있도록 만들어야 해요.

컬처덱의 업데이트와 변경은 누가, 언제, 어떻게 할지도 규정해야 하죠. 리디렉션 작업은 현재 우리 팀이나 조직의 상태를 점검하고 이 방향성에 맞추기 위해 어떤 일을 해야하는지 구체화하는 작업입니다. 컬처덱을 만드는 과정에서 꽤나 불편한 모순을 만날 수 있습니다. 만들어진 후에도 이 불편함은 한동안 계속될 수 있습니다. 컬처덱은 '기준'과 같습니다. 만능 열쇠가 아니죠. 기준이 만들어졌을 뿐 실제 문화가 바뀌거나 발전한 것은 아닙니다. 만연하던 인습이나 문화를 해치는 행동이 계속 발견될 것입니다. 이제부터 이것들을 견제하고 하나하나 맞춰가야 합니다. 컬처덱을 근거로 말이죠.

컬처덱을 만드는 일을 누군가는 시간 낭비, 돈 낭비라고 말할 수 있습니다.

'지금 그런 거 할 때냐.'
'그럴 시간에 영업을 더 뛰어라.'
'그런 거 해도 안 본다.'
'허세다 허세.'

이런 이야기도 분명 있습니다. 하지만 컬처덱의 효용은 남들이 평가하는 것이 아니라 우리가 내부에서 어떻게 활용하는지에 달려 있습니다. 솔직히 말씀드리면, 초기에는 강한 의지와 기획으로 제작했다가 시간이 지나면서 점점 형식적인 문서로 변할 수도 있습니다. 서로 지치니까요. 그래서 컬처덱은 가급적 속도감 있게 만들고자 하는 편입니다. 컬처덱을 만들기 위해서는 지치지 않는 체력과 정신력이 필요합니다. 컬처덱은 우리 회사의 기둥을 세우고 선포하는 일과 같기 때문이죠. 물론 컬처덱 없이도 회사는 잘 굴러갑니다. 보이지 않는 암묵적인 룰, 그것에 균열을 주는 몇몇의 아나키스트의 조화가 회사를 굴러가게 만들거든요. 오히려 모두 룰을 지키면 회사의 문화는 고이고 썩기 마련입니다. 컬처덱이 만들어져도 그걸 지키지 않는 사람은 분명히 존재하고, 우리는 그런 존재를 소중히 여겨야 합니다. 컬처덱을 살아 있게 만드는 사람이거든요. 컬처덱은 모든 구성원을 완벽하게 통제하는 구속구가 아닙니다. 브랜드와 함께 역동적으로 살아 움직이는 생명체여야 하죠. 자주 열어보고 업데이트해줘야 합니다. 읽고 외우는 게 아니기 때문에 필요할 때마다 꺼내볼 수 있는 가이드가 되어야 해요. 오류가 있다면 함께 논의해서 이를 발전시켜 나가야 합니다.

여러분이 컬처덱을 만들겠다고 결심하셨을 때는 바로 이런 살아 움직이는 브랜드의 법전을 상상하셨을 것입니다. 컬처덱을 만든다는 것은 분명 쉬운 일이 아니지만, 그 이상의 가치가 있는 기록물임은 분명합니다.

이제 준비가 되셨다면 이 책을 곁에 두고 자신 있게 시작해봅시다. 고되지만, 의미 있는 길을 가려는 여러분과 조직의 건승을 기원합니다.

CULTURE
DECK

컬처덱

초판1쇄 발행 2023년 1월 6일
초판2쇄 발행 2023년 2월 24일

지은이	박창선
펴낸이	이가희
책임편집	김선도
디자인	studio forb
템플릿 디자인	홍지윤
마케팅	조히라

펴낸곳	AM
출판등록	2022년 1월 10일 제2022-000010호
E-Mail	publish@newdhot.com

ⓒ 박창선
ISBN 979-11-978286-2-1 (03320)

- 책값은 뒤표지에 적혀 있습니다.
- 잘못 만든 책은 구입하신 서점에서 바꾸어 드립니다.
- AM은 쩌판사의 레이블입니다.
- 이 책은 저작권법에 따라 보호받는 저작물이므로 무단전재와 무단복제를 금합니다.